江西经济管理干部学院2013～2015年度

U0576457

探索江西经济管理发展新道路

EXPLORING THE NEW
ROAD OF JIANGXI
ECONOMIC
MANAGEMENT

秦夏明　刘光华◎主编

经济管理出版社
ECONOMY & MANAGEMENT PUBLISHING HOUSE

图书在版编目（CIP）数据

探索江西经济管理发展新道路/秦夏明，刘光华主编．—北京：经济管理出版社，2016.12
ISBN 978 - 7 - 5096 - 4734 - 9

Ⅰ.①探…　Ⅱ.①秦…②刘…　Ⅲ.①地方经济—经济发展—研究—江西　Ⅳ.①F127.563

中国版本图书馆 CIP 数据核字（2016）第 289550 号

组稿编辑：杜　菲
责任编辑：杜　菲
责任印制：司东翔
责任校对：雨　千

出版发行：经济管理出版社
　　　　　（北京市海淀区北蜂窝 8 号中雅大厦 A 座 11 层 100038）
网　　址：www. E - mp. com. cn
电　　话：(010) 51915602
印　　刷：北京玺诚印务有限公司
经　　销：新华书店
开　　本：720mm×1000mm/16
印　　张：19.75
字　　数：386 千字
版　　次：2016 年 12 月第 1 版　　2016 年 12 月第 1 次印刷
书　　号：ISBN 978 - 7 - 5096 - 4734 - 9
定　　价：88.00 元

学术文库编委会

序　言

　　"所谓大学者，非谓有大楼之谓也，有大师之谓也"，清华大学校长梅贻琦的著名论断为世人熟知，他还明确提出："办学校，特别是办大学，应有两种目的：一是研究学术，二是造就人才。"换句话说，大学是一个培养人才和进行科学研究的地方。尽管到目前为止国内外衡量大学办学水平高低还没有统一的标准，但综观国内外影响广泛的各类大学排行榜，学生培养和教学水平、科研情况及声誉（学术领域的同行评价及单位教职工的论文引用数）、社会声誉评价、国际视野是大学评价体系中四个重要的衡量指标。

　　经过一轮轰轰烈烈的高校兼并、重组之后，我国大学已由规模扩张转向了深层次的内涵建设。内涵建设看什么？高校比拼比什么？看的和比的就是这些指标所反映的水平和质量，靠的是教职工们的共同努力。

　　"经师易得、人师难求。"高校的人师由何而来？从教书匠到名师的蜕变又由何而来？苏霍姆林斯基说："如果你想让老师的劳动能够给老师带来乐趣，使天天上课不至于变成一种单调乏味的义务，那你就应当引导每一位教师走上从事研究这条幸福的道路上来。"科研成果反映高校的办学定位、学科发展水平、师资研究能力。实践证明，教师的专业成长离不开教师对教育教学工作的思考与研究，离不开不断总结与反思，离不开努力进行理论提升，只有这样，教师才能不断从中得到发展和进步，进而提升对专业和教学的热爱，以科研促教学，进而不断提高大学人才培养质量，提升大学的内涵建设，这已成为学界共识。

　　与人才培养和科学研究一样，社会服务也是高校办学水平评价的重要指标，向政府提供决策参考本来就是高校履行智库职能的一种形式。江西经济社会发展过程中难免出现各种难题，破解难题需要围绕经济展开评估研究，需要智库提供对策研究报告，需要理论工作者提供研究成果，需要高校培养一大批具有实战能力的高素质人才。江西经济管理干部学院作为省直属正厅级事业单位，在承担江西省干部及企业家培训、学历教育任务的同时，还兼有服务社会的综合职责。多年来，学院培养了一大批社会需要的应用型人才，也十分重视教职工专业发展，鼓励他们从事科研工作。在紧张纷繁的日常工作之余，教职工们笔耕不辍，将自己的研究与思考写成论文，分别发表在省内外公开出版的各类杂志及我院自办内部刊物上。这不单是教职工们专业实践工作总结、反思的过程记录，更是他们教育教学智慧的结晶。学院还主动向省政府提供决策服务，得到省领导批示，体现了服务社会的水平，也是学院的又一笔宝贵财富。

为珍惜和保护这些财富，学院将这些成果集结成册，一方面为这些已有优秀科研成果的展示及交流、推广提供平台，弥补学院尚无公开刊物的缺陷；另一方面更是为了鼓励教职工积极、深入开展科学研究，促进专业水平的提升，使学院内部刊物有更多高质量的文章。今后，学院还将进一步积累经验，定期编印系列化文库，并将此项工作制度化。

本期学术文库收录了学院广大教职工近三年在学院自办内部刊物《经管要参》和《江西企业家》所发表的文章，以及部分公开刊发的文章。文库分三册，分别为《江西经济社会发展应用对策研究》、《探索江西经济管理发展新道路》和《江西经济管理应用型人才培养及其教学研究》，共计收录各类科研论文 100 篇，70 余万字。因篇幅有限，还有许多优秀论文未及收录，甚为遗憾！文库编印过程中，得到了有关领导、专家和学院教职工的关心、支持、配合，在此一并衷心感谢！凡此不妥不当之处，敬请批评指正。

2016 年 12 月 28 日

目　　录

管理理论与实践研究

我国财政政策与货币政策组合的实践应用与效应强化
　　王慧华 ……………………………………………………………………… 3
我国房价问题的供求分析
　　胡　芳　高永莉 ………………………………………………………… 9
投融资链条的并联偶合系统构建
　　聂小红 ……………………………………………………………………… 16
住房按揭贷款最佳还款方式选择
　　龚鹏腾 ……………………………………………………………………… 23
考虑缺货风险的耐用品闭环供应链网络均衡模型
　　吴海翔 ……………………………………………………………………… 34
消费者导向下企业营销战略变迁与创新
　　彭　越 ……………………………………………………………………… 49
人力资源成本会计在企业绩效评价中的运用
　　聂小红 ……………………………………………………………………… 55
企业财务管理创新模式初探
　　罗国萍 ……………………………………………………………………… 62
劳务报酬与工资、薪金的税负均衡点分析
　　胡　芳 ……………………………………………………………………… 67
公务员薪酬诉求利益表达的价值评析
　　肖发武 ……………………………………………………………………… 74

商家与消费者在销售心理较量中提升营销水平

　　帅赞杰　黄俐级 …………………………………… 82

浅析会计监管

　　李彩霞 ……………………………………………… 89

《财富》500 强中美日三国企业比较分析

　　钟小根 ……………………………………………… 94

浅析在华跨国公司的社会责任

　　周　慧 ……………………………………………… 101

景德镇古代陶瓷行业帮规研究

　　黄筱蓉　陈　晋 …………………………………… 108

江右商消费性支出经济学分析及启示

　　曹国平 ……………………………………………… 114

江右商帮纸业老字号调查研究

　　严　琦　林　芸 …………………………………… 120

基于统计学习优化 SIFT 的面部遮挡人脸识别

　　魏　林 ……………………………………………… 126

区域经济发展研究

国内外工业园区发展经验对江西的启示

　　黄小平 ……………………………………………… 143

浅析江西民俗文化旅游的开发和利用

　　黄红英 ……………………………………………… 150

南昌轨道交通集团综合一体化运营实践模式的探索

　　黄小平 ……………………………………………… 157

长江中游城市群高等教育与区域经济的协调度研究

　　席元凯 ……………………………………………… 166

台商投资与两岸制造业产业内贸易的关系研究

　　胡　敏 ……………………………………………… 172

上海自贸区新型贸易业态发展的启示

　　熊　焱 ……………………………………………… 184

略论城镇化与新农村建设协同发展的理论依据与实施策略

　　黄俐波　吕　辉 …………………………………… 192

向莆铁路对赣闽旅游业竞合发展空间布局的影响研究
　　许　静　王　珏　白彩全 ················ 198
向莆铁路优化沿线旅游交通网络的实证分析
　　许　静　王　珏　白彩全 ················ 207
江右茶叶类老字号品牌文化的传承与创新
　　——以林恩茶业有限公司为例
　　林　芸　严　琦 ···················· 217

现代服务业发展研究

利率市场化下我国商业银行利率风险管理探析
　　聂小红 ························· 227
关于我国逆向物流发展问题的国内外策略研究
　　张俐华 ························· 235
江西省冷链物流发展趋势研究
　　余浩宇　徐细凤 ···················· 242
海尔物流现代化管理
　　周　微 ························· 250
移动电子商务发展探析
　　罗　娜 ························· 257
基于物联网的物流管理信息系统优化研究
　　陈　磊 ························· 263
基于移动互联网的微信电子商务发展研究
　　魏　林　徐佳丽 ···················· 272
房地产估价行业产业组织角度分析
　　龚鹏腾 ························· 280
新型城镇化与房地产业互动协调发展对策探讨
　　余　杰　黄小平 ···················· 289
江西省服装文化创意产业研究
　　袁　欣 ························· 295
经济型酒店在中国的发展现状与策略研究
　　黄红英 ························· 300

管理理论与实践研究

我国财政政策与货币政策组合的实践应用与效应强化

王慧华

摘 要: 作为现代国家政府宏观调控的主要手段及宏观经济管理的重要工具,财政政策与货币政策两者存在十分密切的关系。正确制定和有效实施运用好财政政策与货币政策,使之组合协调发展,以形成合力,直接影响国民经济的运行状况,关系到经济的健康持续稳定发展和社会的长治久安。同时,它们又各具特点和差异,导致在组合运用中出现一些问题。对此,笔者建议建立科学合理的财政政策与货币政策,以促进我国经济稳定运行和社会健康快速发展。

关键词: 财政政策 货币政策 组合运用 实施效果 宏观调控

引 言

在市场经济条件下,一个国家的经济要正常运行,市场调节对资源整合配置可谓功不可没。但市场不是万能的,其在调节过程中所出现的自发性和盲目性,也是导致市场运行失衡的重要原因之一。要保持经济的稳定运行和社会的健康快速发展,有必要进行国家宏观调控加以调整和解决,而财政政策与货币政策是国家在经济方面进行宏观调控的两种非常重要的政策和工具。作为最大的发展中国家和新兴经济体,改革开放30多年来,在经济运行中更加重视财政政策与货币政策的组合运用,在不同的历史阶段,国家通过扩张或紧缩的财政政策和稳健的货币政策,对经济运行进行适时适度调整,从而保证经济的健康、稳定、快速发展。

原文刊登于《商业时代》2014年第12期。

【作者简介】王慧华:会计系讲师,研究方向:财务、经济管理。

财政政策与货币政策的基本内容及其组合运用的必要性

西方主流学者普遍认为，政府要想实现既定的经济发展目标，应运用各种政策间的组合与协调。作为两种最主要的宏观调控工具——财政政策与货币政策，政府在制定经济目标和经济政策时，首先应该熟悉的是相应政策的内容、手段及功能，否则，财政政策一旦与货币政策发生冲突，就可能偏离预定目标，导致政府的宏观调控政策失利。针对财政政策与货币政策，下面笔者略加介绍。

财政政策（Fiscal Policy），是国家根据一定时期的政治经济政策、社会发展需求和宏观调控目标而制定出来的指导财政工作的基本方针和准则，通过财政支出和税收政策等变化来影响和调节总需求，是由税收政策、支出政策、投资政策、财政信用政策、补贴政策等构成的政策体系。通过财政政策，可以减轻经济波动，防止通胀，实现经济稳定增长，和金融政策、产业政策、收入分配政策一道，成为国家经济政策的重要组成部分。货币政策（Monetary Policy），是一国政府（多数国家由中央银行来执行）或经济体的货币权威机构为实现特定经济目标，利用控制货币供应量，调控利率等行为，来达到影响其他经济活动所采取的措施的总称，包括信贷政策、利率政策和外汇政策等构成的有机政策体系。货币政策分为激进政策促进经济增长、中性政策保持经济稳定、从紧政策降低通货膨胀。我国货币政策的最终目标是保持货币币值稳定，并以此促进经济增长。

世界各国在遇到经济问题时，无不利用财政政策与货币政策进行调整与解决。我国也不例外，加强二者组合，充分发挥其组合效应具有重大的现实意义。一是财政政策与货币政策调节的领域、目标、侧重点、方法及工具各不相同，两种政策存在的这些差异，要求在实际运用中要密切配合，发挥综合调控作用；二是市场经济发展的客观变化，提出了进一步加强财政政策与货币政策组合协调配合的要求；三是国际经济环境出现新变化，国内经济发展面临新问题，对提高财政政策与货币政策组合协调力度提出了更高的要求；四是国内百姓结构性消费不足，且国民经济对外依存度不断提高，国际经济环境对我国经济影响日益增加，需要加强财政政策与货币政策组合协调减少政策的波动。可见，财政政策与货币政策组合运用很有必要。

美国、中国财政政策与货币政策的组合实践运用

美国之所以能成为世界头号经济大国，自有其成功的理由。其非常重要的原因之一，就是政府能根据不同时期经济运行的需要，灵活运用、组合协调好财政

政策与货币政策，适时适度搞好宏观调控。当经济萧条时，为刺激经济增长，运用税收手段调节，实施降低税率、缩小税基、提高起征点和增加免税额等减税政策，在里根和小布什执政时都采用过；当经济增长过热、过快时，为减少财政赤字，在克林顿执政时期实施提高税率、扩大税基的增税政策。但不管是增税还是减税，都要启动繁琐、严格的司法程序，经国会批准才可以。同样，在货币政策方面，美国也有很成功的经验，如货币政策目标稳定，即预防通胀，保持物价稳定；利用利率调节，经济过热就加息，经济疲软就减息；建立高效完善灵敏的货币政策机制和实行信贷资产证券化，缓解银行"短存长贷"的矛盾。但美国次贷危机后实施的量化宽松的财政政策与货币政策，等于变相地向世界各国输出通货膨胀和转嫁危机，为世人所诟病。

我国改革开放以来的30多年间，经济得到长足发展，取得了骄人成绩，这与财政政策与货币政策的有效组合运用息息相关。我国政府审时度势，根据经济和社会的发展变化，适时适度地对财政政策与货币政策进行调控，在不同的历史阶段实施了不同的财政政策与货币政策组合。如在十一届三中全会后的1979～1988年，我国进入改革开放的新时期，走上了改革开放的道路，为促进经济发展，扩大就业，在总体上实行双松政策，期间配合其他组合方式；随后经济出现波动，冷热交替，在1989～1997年主要实行双紧政策，让经济平缓发展，避免大起大落；至2006年实行双稳健政策，更加注重两种政策的协调配合，政府在政策工具的组合运用上越发成熟，两种政策相互融合、优势互补，保障经济增长更加健康稳定；2009年以后，经济增长出现下滑趋势，为保持经济平稳较快发展，政府采取灵活审慎的宏观经济政策，提出保持经济稳定、金融稳定、资本市场稳定、社会大局稳定的"四稳定"方针，实施积极的财政政策和适度宽松的货币政策，使我国经济回升向好。

我国财政政策与货币政策组合存在的问题与不足

第一，两种政策组合模式主观性强，"松"、"紧"运用尚不娴熟。在传统的计划经济向市场经济转变过程中，旧有的思想影响根深蒂固，在进行财政政策与货币政策组合搭配时也不免受其影响，急于求成，脱离实际，在政策落实过程中，缺乏稳定性、连贯性；在财政政策与货币政策组合搭配中，常采用"双紧"、"双松"这样极端严厉的政策。可以看出，我国在政策组合运用上还不够娴熟，应该随着经济运行的变化，适时适度灵活运用各种组合搭配方式。

第二，财政政策与货币政策功能定位不准确、调控分工不清晰。我国政府在运用财政政策与货币政策之前，并未在区分及界定上给出明确而清晰的标准，导致在宏观经济调控过程中，两种政策组合运用时出现相互干扰的现象，而且对财政政策进行结构调整，货币政策进行总量调整的分工不清晰，造成宏观经济运行紊乱，产业结构调整缓慢，未完全达到预期目标。

第三，财政政策与货币政策调控领域越位，调控功能不到位，组合搭配不够充分。政府常不自觉地越位，以银行贷款来充任财政拨款，以支付各项改革中所需成本，影响了货币政策的正常调控效果；相反，在社会资金总量增长，资金规模增大时，政府没有充分发挥出财政政策与货币政策的调节效力，导致资金结构失衡，资金盲目流动。同时，财政政策与货币政策不协调，步伐不一致，在国企改革等高水平、深层次问题上存在配合不当，造成在宏观调控中难以形成合力。

后危机时代强化财政政策与货币政策组合效应的对策建议

经历了由美国次贷危机引起并波及世界的金融海啸之后，当前我国经济发展正处在企稳回升的关键时期。进入后危机时代，我国所面临的外部经济环境的不确定性依然严峻，经济回升的基础尚不稳固，随市场机制和社会发展的变化，政府宏观调控的重点与方式也要与时俱进。坚持积极的财政政策与稳健的货币政策，进一步加强财政政策与货币政策的组合协调，提高财政政策与货币政策宏观调控的运行效应。

第一，建立和完善财政政策与货币政策组合机制，保证政府宏观经济顺利调控。财政政策与货币政策组合后的效应能发挥到什么程度，除了两者搭配是否合理之外，更多地取决于体制机制的完善与否，故要进一步深化财政政策与货币政策的体制改革，注重国民收入分配，健全相应的税收机制，保证国家财政收入稳步增长，这样国家才有充足的财力应对各种复杂的经济问题；政府宏观调控既要重视经济总量，还要关注经济结构，加强财政政策与货币政策的协调配合，防止经济结构失衡；根据国内、国际经济市场环境的变化，在保证财政政策与货币政策调节稳定性的基础上，对国际经济变化趋势进行预测，适时适度灵活地调整我国的财政政策与货币政策，两者相互配合，防止其他国家经济变动带来的冲击，维护我国经济的健康稳定运行。

第二，政策组合多元化，加快工具新型化，合作领域重点化，发挥政策的综合效应。当前我国经济总量仅次于美国，居世界第二位。经济运行中存在的主要问题是经济结构不合理，故在国家宏观调控时，既要高度重视财政政策与货币政策的组合效应，还要关注其他经济政策如产业政策、汇率政策等的协调，合理配置有限资源，优化经济结构，发挥政策的综合效应；还要开发、运用新型政策工具，积极推进政策工具创新，在财政政策方面，将预算、税收、贴息等工具组合运用，挖掘资本流动方面的潜力，在货币政策方面，对差别存款准备金、金融衍生产品等进行创新，促进调控手段的多样化。

第三，积极推进体制市场化，完善政策传导机制，实施信贷资产证券化。深化金融体制改革，加快发展金融资本市场，大力开发金融产品，鼓励和引导各种金融机构进行产品创新，加快推进利率市场化；借鉴美国成功的货币政策调控经验，完善中央银行利率体系，理顺货币政策传导机制，加强中央银行货币政策的权威性，明确中央银行对金融监管机构的业务领导地位，同时深化金融改革，加快银行业务创新，加快社会保障体制改革，稳步推进利率市场化；充分认识信贷资产证券化的重要意义，正确选择能够证券化的资产，提高银行总体盈利水平，优化商业银行资源配置等。

结 论

面对国内外政治经济发展的新形势、新变化以及经济全球化的影响，如何更好地运用财政政策与货币政策对宏观经济进行调控，以促进经济健康发展？李克强总理在博鳌亚洲论坛报告中阐述我国将继续实施积极的财政政策和稳健的货币政策，并针对我国经济发展现状，表示将重在坚持"稳中求进"，统筹"稳增长、调结构、促改革、惠民生"，推动中国经济行稳致远。

参考文献

[1] 黄燕芬，顾严，翁仁木．近期我国财政政策与货币政策组合效应研究 [J]．经济研究参考，2006（8）．

[2] 肖莉梅．浅析财政政策与货币政策"组合出击"对宏观调控的影响 [J]．中国经贸导刊，2009（18）．

[3] 崔斐．财政政策与货币政策配合实施问题——金融危机下的财政政策与货币政策配合问题 [J]．中国商界，2010（19）．

[4] 贾康．当前财政政策与货币政策的协调配合 [J]．中国金融，2011（6）．

[5] 崔惠民．财政政策与货币政策的组合效应 [J]．学术交流，2009（6）．

[6] 杨涛．如何协调发挥财政政策与货币政策的作用 [J]．中国金融，2008（5）．

[7] 王新霞，黄显林，何旭波．我国财政政策与货币政策实施效果的实证分析［J］.统计与决策，2009（24）.

[8] 杜凤华．应对金融危机的财政政策与货币政策研究［J］.财政研究，2009（7）.

[9] 程实．基于均衡视角的财政政策与货币政策搭配研究［D］.复旦大学硕士论文，2007.

[10] 陈胜男．我国财政政策与货币政策的组合效应研究［D］.吉林大学硕士论文，2010.

[11] 王柳希．近年来我国货币政策与财政政策协调配合中的问题与对策探讨［D］.西南财经大学硕士论文，2011.

[12] 方悦．金融危机下我国财政政策与货币政策的搭配研究［D］.东北师范大学硕士论文，2009.

[13] 张跃辉．财政政策与货币政策的协调配合研究［D］.河北经贸大学硕士论文，2011.

[14] 张龙．我国财政政策与货币政策及其配合效应分析［D］.西北大学博士论文，2010.

[15] 郭庆旺．积极财政政策及其与货币政策配合研究［M］.中国人民大学出版社，2004.

我国房价问题的供求分析

胡　芳　高永莉

摘　要： 历经数次调控，房价依然坚挺，本文从供求方面分析了住房价格居高不下的原因：住房有效供给不足导致刚性需求得不到满足，加上垄断的供给方定价和繁杂的交易环节税费使得房价不断上涨，政府 2008 年调控政策的反复又使人们对调控信心不足，产生了房价上涨的预期，催生出投资投机性购房需求，供求缺口进一步扩大，房价屡创新高。笔者认为政府应该从保障房建设和挤出空置房两个方面入手，扩大住房供给；取消重复征收的房地产开发流转环节税费，简化行政审批，降低住房成本；完善金融市场，引导中高收入家庭理财投资，抑制住房投资需求；判定投机行为违法，打击楼市投机活动。

关键词： 住房价格　需求　供给　措施

1998 年开始实施的住房制度改革开启了住房货币化分配，我国房地产业市场化运作应运而生。这顺应了市场经济发展的要求，同时，也带来了房价的不断攀升。2003 年以前的房价上涨还算是温和的，2003 年以后尽管政府出台了调控措施，但房价还是在 2003～2008 年初出现了快速上涨，在 2008 年房价上涨稍有回落时由于政策方向逆转，2009 年房价狂飙。之后，虽然政府出台了所谓的"史上最严厉的调控政策"——限购令等措施，由于对政府调控信心不足，房价还是持续攀升甚至陷入越调控越上涨的怪圈。

原文刊登于《江西企业家》2015 年第 1 期。

【作者简介】胡芳：会计系讲师，研究方向：财税金融；高永莉：会计系讲师，研究方向：财税金融。

一、房价居高不下的原因

（一）需求方面

1. 刚性需求

21 世纪以来，我国城镇化发展迅速，2002～2011 年，我国城镇化率每年提高 1.35 个百分点，城镇人口平均每年增加 2096 万人。根据邓小平提出的到 21 世纪中叶中国要达到中等发达国家水平，初步实现现代化的目标要求，届时中国城镇化率要达到 70%，即 2050 年以前每年将有 1000 万～1200 万人从农村转移到城市。2011 年城镇人口为 69079 万人，其中还包括 2 亿多农民工，他们中大多数住房问题还未得到解决。随着生活水平的提高，人们也开始改善居住条件。改革开放 30 多年来，我国城市人均住房面积从 1978 年的 6.7 平方米提高到了 2011 年的 36 平方米。已经进入城市以及将要进入城市的人口或买或租都会产生对城市住房的刚性需求。

2. 投资需求

2008 年波士顿发布的报告显示，截至 2007 年，我国家庭资产超过 100 万美元的家庭达 39.1 万户。在满足家庭消费开支后，这些富裕的家庭就会选择投资。众多的家庭投资方式中，储蓄由于多年来的实际负利率被越来越多的家庭抛弃。在经历了 2007 年下半年股市的暴跌和持续低迷后，资金从证券市场抽出开始在市场上乱窜，投机盛行。针对保险业的消费者投诉连续几年位居各行业前列，所以保险也不是投资的理想选择。住房兼具消费和投资属性，近十年来，虽然经历了政府的多次调控，房价总体还是呈上涨趋势甚至陷入越调控房价越涨的怪圈。在房价涨价预期下，越来越多的中高收入家庭选择投资房产进行资产保值。投资性购房已经成为助推房价上涨的重要因素。

3. 投机需求

我国长期以来超发的货币形成了市场上过剩的流动性，这些"游资"具有逐利的本性，在 20 世纪 90 年代初我国房地产市场刚刚起步时就已经进入投机阶段。2003 年房地产被确定为国民经济支柱产业后迅速发展，投机活动也随即盛行。房地产投机活动与投资活动不同，投机者都具有雄厚的资金，大量购进，影响市场需求，造成商品房供不应求的假象。在房价上涨后再大量抛售，赚取差价。2000 年以后我国其至出现了温州炒房团，在炒高了上海、杭州等地房价后又转战国内各大城市。2003 年以来国家虽然多次出台调控政策，但真正涉及炒房的却不多，甚至连投机炒房的合法性都未给出一个明确的说法。由于国家没有对投机炒作者采取强有力的限制措施，越来越多有经济实力的人在丰厚的投机回报的诱惑下加入房地产投机的阵营。

（二）供给方面

1. 住房供应垄断

一是土地供应垄断。在我国，城镇土地归国家所有，要用于住房建设就得经过政府相关部门的批准并出让。农村（包括城市郊区）的集体土地必须经过政府依法征用成为国有土地再出让后才能进入土地交易市场，那些没有经过征用、出让程序的土地上建成的小产权房由于不能进行产权登记而转让受限。因此，住宅用土地每年的供应量由地方政府根据城市规划决定。1994 年分税制改革后，中央政府与地方政府财权与事权分配的不合理使地方政府陷入财政困境。2002年《招标拍卖挂牌出让国有土地使用权规定》发布实施后，商品住宅用地必须以招标、拍卖或挂牌的方式出让，土地出让金划归地方财政。在利益的驱使下，土地价格大幅上涨并不断被推高，甚至通过压低土地供给抬高地价以增加土地出让金收入（见表 1）。

表 1   2010 ~ 2012 年住宅用地供应情况

年度	计划（万公顷）	实际（万公顷）	完成情况（%）
2010	18.47	12.54	68
2011	21.8	13.59	62
2012	17.26	11.08	64

注：2012 年 8 月国土资源部将住房用地计划下调为 15.93 万公顷。

资料来源：国土资源部网站。

二是行政程序繁琐，开发建设权被垄断。虽然法律并没有禁止个人在国有土地上建房，但是土地从出让到建房取得产权，报批手续多达 20 多项，要盖 100 多个印章，涉及 20 多个部门，在行政部门办事效率低下、官僚主义作风盛行的情况下，这些无疑会对多数人构成难以逾越的障碍。随着我国住房商品化的推进，国家对企事业单位自建住房用地已经明令禁止，对城市私人建房也停止了用地审批，房地产开发建设权被开发商垄断。

三是住房供应垄断。知名房地产代理和顾问服务公司莱坊发布的"全球楼价指数"指出，2012 年香港房价上涨 23.6%，位居全球首位。香港前十大房企占市场份额的 80%，这会让人把香港的高房价跟供应商垄断联系起来。反观内地，随着 2010 年以来房地产调控政策的持续，企业的优胜劣汰也在逐步推进，市场集中度越来越高。2013 年 3 月，中国房地产信息集团出炉的"中国房地产 500 强测评报告"显示，2012 年前十强房地产开发企业销售额占 500 强销售总额的 32%，相比 2011 年提高了 4 个百分点；销售面积占 500 强销售面积总额的 36%，相比 2011 年提高了 7 个百分点。在住房市场需求总量不断提高的情况下，供应方垄断程度的加剧势必会加大房地产商的定价权。

住房供应中的垄断如图 1 所示，根据经济学中垄断市场产品价格决定的原理，处在垄断地位的供给方会抬高商品定价，以获取最大化的利润。

图 1　住房供应垄断

2. 住房供应结构不合理，低价房供应不足

1998 年，国务院颁布《关于进一步深化城镇住房制度改革、加快住房建设的通知》，开始了以经济适用房和货币化分房取代福利分房为特征的中国住房制度改革。文件强调要建立和完善以经济适用住房为主体的住房供应体系。按照建设部当时的保守估计，可以买经济适用房的中低收入家庭要占到居民总数的 80% 以上，10% 上下的高收入家庭的住房问题由市场解决。1998～2003 年，经济适用房解决了 600 多万户家庭的住房问题。由于政策落实不到位，建成了面积不等的经济适用房，寻租腐败行为滋生，使得经济适用房陷入"既不经济，也不适用"的尴尬境地。2003 年出台的《关于促进房地产市场持续健康发展的通知》将经济适用房由"住房供应的主体"重新定位为"具有保障性质的政策性商品住房"，意味着政府将"为 80% 以上的家庭提供经济适用房"的政策调整为"为多数家庭购买或承租普通商品住房"。2006 年 5 月，"国六条"发布实施，开始着力调整住房供应结构，试图构建"最低收入阶层靠廉租房，低收入阶层靠经济适用房，其他阶层靠房地产市场"的解决方案。这意味着，政府保障房的覆盖人群变成了少数人，多数人的住房问题被扔给了市场。由于廉租房和经济适用房的投入大、利润低，地方政府和开发商都没有积极性，供给量远远不足。

3. 房地产税费繁杂，提高开发商成本

上海财经大学教授胡怡建指出，我国现阶段实际征收的房地产税种有 12 项之多，涉及房地产的收费平均多达 50 项，两者共计 62 项，这些税费占房价的 15% 左右，最终也都由购房者负担。居民已经纳税，市政配套基础设施、教育、人防等准公共品本身应该由政府提供，再向开发商征收进而转嫁给购房者就是重复征收。政府在出让土地时已经收了土地出让金，而根据财政部发布的《国有土地使用权出让收支管理办法》，土地出让收入使用范围包括征地和拆迁补偿支出、土地开发支出、支农支出、城市建设支出以及其他支出，政府再向开发商收取拆迁费用也是重复征收。对三手房交易征收的营业税及其附加也如数转嫁到购房者身上。

二、稳定房价政府应采取的措施

（一）供给方面应采取的措施

1. 扩大保障性住房供给

在国外，政府有责任为大多数人提供住房，保障住房也是我国政府的责任。华远地产董事长任志强指出，在过去的"十五"、"十一五"期间，商品房开发用地占 30%，住房供地的 70% 事实上是供给了保障房方面。然而在市场中，只有相当于商品房供给量不到 1/4 的经济适用住房面向社会，其余用地都变相地进入政府决策部门的口袋，成了腐败与贪污的渠道，并罩以合规分配的"保护"伞。鉴于保障房供给中存在的种种问题，笔者建议，第一，应定期公开拟供应土地信息，接受社会的监督，防止腐败的发生；第二，为解决地方政府在保障房建设方面配套资金不足的问题，应加大中央资金支持力度；第三，方式上应采取租的形式，因为出售的话需要一次性支付较大金额，对低收入家庭来说难以承受，而且保障房与商品房价格"双轨"易诱发腐败；第四，设定家庭收入、现有居住条件等为享有保障房标准的分配制度，并严格执行，对违反相关规定的工作人员和家庭给予相应处罚；第五，设定保障房退出机制，对居住保障房的家庭进行定期检查，不符合条件的家庭应适时退出保障房。要做好保障房工作只有在建设和分配上都落到实处，才能真正使最需要住房保障的群体受益。从长期来看，应控制我国房地产供给中的垄断，实行土地私有，让公民有建房的自由。

2. 挤出空置住房，扩大住房供给

2010 年 7 月 7 日新华网的一篇报道称，国家电网公司在全国 660 个城市的调查显示，有高达 6540 万套住宅的电表连续 6 个月读数为零，这些空置房足以供 2 亿人居住。出于最大限度地利用有限的住房资源，打击住房囤积，抑制投机，节约土地等目的，国外对空置房都采取了严厉的限制措施。国际上，通常将 10% 作为住房空置率的危险警戒线。在我国，对空置房的界定还处在争议之中，更没有官方统计数据公布。但是，从频见报端的"鬼城"及上述 6540 万套连续 6 个月读数为零的住房看，我国住房空置已经非常严重，通过对空置住房罚款或者以住房保有环节征收房产税的方式挤出这些空置住房，将会扩大住房供给，缓解住房供应不足。

3. 降低房地产开发流转环节税费，简化行政审批

我国主要集中在开发流转环节征收的房地产税费是抬高房价的一个重要原因，政府应该全面整治，取消重复征收、各种巧立名目收取的不合理税费，降低购房者交易环节税费负担。现行房地产开发审批制度手续复杂，审批缓慢，拉长了房地产开发周期，这也会影响房地产的供给量。政府部门应制定相关政策，简化审批程序，提高房地产开发效率。

（二）需求方面应采取的措施

1. 完善金融投资市场，引导中高收入家庭投资

2003 年以来，相对于其他投资品而言，投资楼市是保值的，这也是历经数次房地产调控，投资需求依然坚挺的原因。投资者用自己的合法收入投资住房，只是希望自己的劳动成果不会随着时间的推移而缩水，他们虽然影响了房价，但是并没有操纵房价。对这些投资者，政府应采取疏导的方式，为人们开辟多种投资渠道，引导资金流向实体经济。20 世纪 70 年代，美国出现了现代意义的理财规划，通过金融投资专业人才设计的理财产品提高个人、家庭财富配置效率。根据投资组合理论，多样化的投资能够分散风险并获取合理回报。目前，我国银行、证券、保险、信托等行业处于分业经营状态，投资者在一家金融机构所能选择的理财产品有限，而在多家机构购买又会增加交易成本，降低收益。建立综合性的金融投资市场能够促进投资的多样化，吸引中高收入家庭投资，使他们不再把投资商品房作为主要的投资方式，降低购房需求。

2. 打击投机性购房行为

对于投机性购房需求，笔者认为应该判定违法并没收违法所得，通过有效的措施打击这种干扰市场的违法活动。我国政府对投机行为的打击并非无招可出，

新中国成立初期对投机倒把、囤积居奇资本家所采取的措施，以及 20 世纪 90 年代初期海南房地产投机过热时出台的政策都可以借鉴。

参考文献

［1］2011 年中国大陆城镇人口数量首超农村［EB/OL］．新华网，2012 - 01 - 17.

［2］北京大学中国社会科学调查中心中国民生发展报告［R］．2012.

［3］陈甜蜜．穆进峰论控制房价与引导中高收入家庭投资［J］.经济研究导刊，2010（15）.

［4］潘文娟．完善我国房地产价格形成机制的思考［J］．财会研究，2012（15）.

［5］中国房地产研究会，中国房地产业协会，中国房地产测评中心．2012 中国房地产开发企业 500 强测评研究报告［R］.

［6］房地产调控政策回顾［EB/OL］．http：//finance. sina. com. cn/leader-ship/mroll/20101011/14468758127. shtml.

［7］曹怡婷．房地产相关税种共 12 项 100 万元房款需交税费 15 万［N］．理财周报，2011 - 01 - 28.

［8］郑书耀．控制房价的关键在于控制预期［J］经济论坛，2012（4）.

［9］李一戈．可以不出招但别出昏招［N］.21 世纪经济报道，2013 - 01 - 31.

投融资链条的并联偶合系统构建

聂小红

摘　要： 投融资研究大多集中在微观企业投资与融资方式、效率和外部宏观环境条件的分析等方面，而较少从资金链条的中观角度进行研究。本文从资金链角度出发，在生物链的并联偶合机制解决串联偶合的低效率和非稳定性问题的启示下，尝试构建投融资活动中高效、有序的资金并联偶合链条系统。

关键词： 投融资　资金链条　并联偶合

一、基于资金链条系统的投融资分析

在现有的文献中，投融资研究一般都偏向企业财务、资信度、投资效率，投融资渠道与趋势或是单纯的投融资外部支撑的经济、政治、政府政策、法律、文化等环境条件从微观或宏观的角度展开，而较少涉及投融资中资金链条系统的生成与构建的中观研究。按产业链观点，可以把投融资过程分成被融资企业的盈余资金提供、融资企业的短缺资金获得以及资金投向三个链条，这三个链条结构成了投融资的整个资金链条。投资和融资一般都被看作是资金流动及使用的两个方面，不可任意分割；但站在中观研究角度，资金链条上的三个结节相互关联，但又是各自分离的。而结节间可以分离主要就在于这些活动可以直接或间接地提升资金活动的差异化程度或降低资金成本而创造价值，这也解释了银行与非银行金融中介机构在现实经济生活中的存在与发展。结合金融深化论观点，在一定程度上也可以预见，当投融资技术活动分工得越细，则投融资越活跃，相应地也将越有效。

原文刊登于《江西企业家》2013 年第 3 - 4 期。

【作者简介】迈克尔·波特. 竞争优势 ［M］. 中国财政经济出版社，1998.

现实中的投融资活动也正是沿着这个路径展开与不断深化的。这是投融资活动在资金链条纵向上拓展的思路，且在金融活动中也已运转得比较好；但同样地，也还存在着资金链条结点横向上拓展的思路，主要是在同一环节层面上不同投资、融资方式上的丰富与完善。投融资链条上的纵向深化、分工度的提高固然可以提高资金流效率，但也同时让人担心资金链的可靠性会随着分工度的提高而下降，其理由在于，按杨格给出的专业化分工第三个概念，分工度越高，间接链条的长度越长。按经济系统论观点看，串联的元件随着分工度的提高而增多，由于整个系统的信息传输效率和反馈是各个串联通道效率之积，因而整个系统的反馈效率即可靠性会随着分工度的提高而迅速下降。资金链条系统的可靠性保证和效率提高问题也正是本文要做的分析。在对链条系统的串联偶合与并联偶合两种偶合机制介绍、比较后，分析与阐述通过投融资资金并联偶合链条系统的构建将能有效地解决投融资链条系统的有效性和稳定性。

二、不同投融资链条偶合系统介绍

（一）链条的串联偶合

在投融资的资金链中，按纵向三个单独链条结构的模式分析，从融资到投资的整个过程中，被融资方（资金盈余方）与融资方（资金短缺方）构成了一个串联，融资方（资金短缺方）与投资去向（资金的项目投向）又构成了一个串联，所以整个系统由三个串联元件构成。这个系统的运转、信息传递仅是资金由资金盈余的被融资方传给资金短缺的融资方，再最终到达真正需要资金使用的项目上的单层次串联关系过程来表现。信息的传递效率完全取决于三个链条结点的共同有效参与，系统的可靠性也完全依赖于三个链条结点的正常运转，一个出问题，整个系统都将遭到致命的影响，资金链条将断裂。所以这隐藏着该系统模式的低效率与不稳定性。假设每个串联之间的信息通道的可靠性均为 0.9，则整个系统的可靠性将变为 0.81；倘若资金链纵向链条中有四个模块，则又将下降为 0.729。整个系统的可靠性就随着 $P = P1，P2，P3，\cdots，Pn$ 的公式衰减。按这样的思路下去，资金链条纵向发展是有害、不可取的。这也告示我们单条、单向由串联关系构成的投融资资金链是危险的。第一表现为：就算链条在纵深方向的发展只有几个元件构成，但低微的传递效率使纯粹的不良传递效果产生；第二表现为；在第一层次结果出现后倘信息接受（本文中资金接受者）的不良传递效果反馈到信息传递者（资金提供者）不敢或不愿意再发送优秀信息，导致每个传递环节的可靠性在次次传递博弈后而不断下降，如由原来的 0.9 降到 0.8、0.7 甚至更低。两个层次的逆反馈将导致链条的断裂。这在现实经济社会中表现为不良贷款导致没有或很少放款、恶劣三角债务等经济现象的出现。但生物系统中生物体采用的"可选择并联偶合"办法解决串联偶合元件增多造成的大系统可靠性下降问题[①]。

（二） 并联偶合机制

在生物系统中生存的生物间分工协作的社会偶合系统不仅是串联的，即每个个体生物除与其他生物进行串联协作之外，也存在着广泛的自给自足的可能性，也就是所谓的可选择并联偶合，即某生物认为某项分工协作不如自给自足的效率高时，就会毫不犹豫地选择自力更生的旧路。这在投融资关系链条中表现为资金链条上的被融资方、融资方以及资金投向间模块与模块衔接时有不同的结节路线的选择。如资金盈余方作为被融资方可以把资金融通给作为资金需求方的融资方的 A、B 或 C 等，而非只能固定化地融通给单独的某方，同样地作为资金需求方的融资方照样可以选择或银行贷款，或发行证券，或自有资金的提用等方式进行融资，而非必须单独采取银行贷款的唯一方式，且就算在确定采取银行贷款的融资方式，同样地既可向银行 1 贷款，又可向银行 2 贷款，在资金投向上，也又有投向项目甲、项目乙或项目丙等的资金投向选择。所以并联偶合就表现在两个层面上：一是元件与链条上下不同种类元件间的偶合，这是元件种类的选择；二是在选定某一种类元件后，从中选出某一具体元件的选择，这是某一具体元件的选择。投融资的经济活动最明显的可选择并联偶合就是同业竞争，特别是在中国金融分业经营的背景下，竞争更激烈。

并联偶合机制作用的发挥就是依靠竞争，失去市场、客户的企业（包括银行类）就成为一种备用元件，当备用元件的效率高于工作元件，或工作元件的效率降低到备用元件之下时，则工作元件失效，即使它能运转，也是失效的，因为它将被备用元件取代。机制作用在平均的市场竞争中才能发挥，而只有在存在一定垄断的情况下，经济竞争中的可选择性并联偶合才会出现元件失效但仍在运转的结果，此时备用元件（企业）是没有太多提高效率的主动性的，工作元件也不感到要提高效率的竞争压力，因为它不会因效率低而丧失工作元件的地位，这与现实的经济竞争的选择性偶合效果相同。但并非说明了垄断情况并联偶合作用的有效性，而是从另一个侧面揭示了经济的不完善性。在平等竞争的投融资环境中，备用元件有自动提高效率以取代工作元件的机制，而工作元件若效率停滞了，对它也有被取代的压力。这就是说，通过构建并联偶合机制会驱使不同种类型元件间、同种类元件与元件间的竞争以及服务的改善、标准化也会越来越高。这又从另一个侧面描述了投融资活动中活动主体共同构建，相互认可的标准化行为、信用等制度的形成。

三、投融资链条并联可选择偶合系统构建

投融资链条的可选择并联偶合设计最重要的功能是，使串联偶合的各个模块元件组成的资金（本）流动总系统的信息传输效率即反馈效率的提高，使整个系统信息传输中的信息损失减少，使整个系统的反馈效率在金融活动分工度增加时不至于下降。基于投融资活动的现实选择，设计投融资可选择并联偶合系统如图1所示。

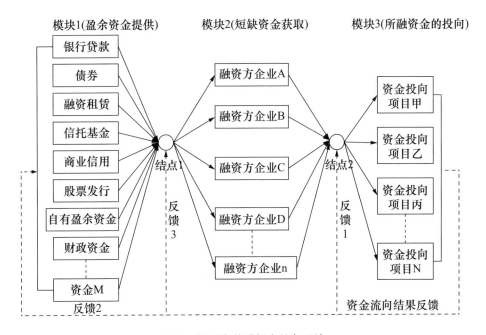

图1 投融资并联偶合链条系统

在图中，投融资活动过程是一个循环相关的完整系统。资金的流动终始将整个活动过程分为盈余资金提供、短缺资金获取和所融资金投向相对独立的三个模块，三个模块之间为专业分工结果的串联偶合关系。系统中各模块内是同业（更大范围来说）竞争的可选择并联企业（更大范围来说是单位组织）。其中在模块1中从银行贷款到资金 M 表示资金提供方式有 M 种；模块2中从融资方企业 A 到融资方企业 n 表示因资金短缺需要融资的企业 n 个的企业数；模块3中的资金投向项目甲到资金投向项目 N 表示融资方企业获得融资后的资金可使用投向选择的项目数 N。

结点1、结点2代表资金流向选择的逻辑算子，它从系统模块间串联的上级盈余资金提供模块中的银行贷款、发行股票、财政资金或其他资金方式等多个元件中挑选出相互衔接效率最高（资金盈余方最大安全获利、资金需求方最小安全成本获得资金）的元件输出，而将其输入到短缺资金获取模块，而下一个模块所融资金投向输入又处于另一个选择逻辑算子，它从资金投向项目甲、资金投向项目乙或其他投资项目等资金投向中挑选出效率最高元件（资金短缺方获取所需资金后的资金投入最大安全获利使用）作为工作元件。这时元件有输入输出流通关系，而其他备用元件为没有发生流通。结点的这种并联选择逻辑提高了，系统效率也更稳定了，只有当所有关联的元件全部失效时，整个系统才会失效，而非像单条串联系统中只要有一个元件出问题，整个系统就会都出问题。按每个元件的可靠性 p 算，则整个系统的稳定性：$p = [1-(1-p)M] \times [1-(1-p)n] \times [1-(1-p)N] > p \times p \times p = P/$，其中 $0 < p < 1$。

$P/ = p \times p \times p$ 是单条串联偶合条件下的系统可靠性，并且由方程中可看到当 M、n、N 越大时，p 将越大，系统将越稳定。

并联偶合系统图中还有资金流向结果的反馈线。反馈线1是指在某初始资金短缺方将所获资金投向其所选的某项目后的结果会反馈到资金短缺方的下次所获资金投向上，调整融资方企业与项目间的结点2选择逻辑算子。反馈线2是指所获资金投向其所选的某项目后的结果会反馈到模块1中的盈余资金提供方，对模块2中获取资金的元件企业的效率最终评估。反馈线3描绘的是将所获资金投向其所选的某项目后的结果通过反馈线1和反馈线2分别反馈给模块2中的各融资企业与模块1中的盈余资金提供方，并对当初做出的效率选择的最终效果认定，以致使此结点1的选择逻辑算子调整与重新生成。

整个过程衔接高效有序，资金从盈余方转到短缺方，短缺方再把资金进行项目（可以是实业也可以是其他运作）投资利用，资金投向的使用结果又将反馈给模块中的各方促使资金供给与需求、资金与项目的匹配的结果认定与再次选择。串联偶合资金链条系统同样照着这个资金流向逻辑运转，但正如前面演示过的，这个系统会有衰弱或加强的趋势以致停止运转。并联偶合机制的最大作用就在于使系统稳定与提升，而这个作用发挥来源于模块与模块间在结点偶合前的模块内可选择并联元件间的充分竞争，这个竞争有内在的效率约束性。低效率者只能做备用元件，生存的唯一手段是元件自身的高效率争取。按照这个机制，投融资系统也就有了系统稳定性与内在提升的保证。

四、结论与启示

在前面的分析中，并联偶合系统很好地演示了资金在投融资活动中的供给、需求投向的相互并联选择机制下能高效、有序的运转，并进行内在的系统效率和稳定性的提升。但并非暗示它已能解决投融资活动中的所有问题，或其他的融资体制、企业信用记录、社会信用制度和信用评级等中介机构发展以及企业信用观念缺失、未形成科学的管理制度等具体问题。它的意义或许更多地不在于解决某一具体的投融资事件，而更多的是在整个经济社会中资金链条的有效中观系统的构建对投融资活动效率和可靠性提高的必要性与可能性。系统过程构建和构建后的资金链条分析从另一个侧面告诉了我们其他相关问题在构建资金链条系统中的基础地位。没有外部宏观环境的支持、企业内部微观环境的改善，中观环境只能是空谈。但纯粹的资金链条的并联偶合作用机制也给了我们相关的结论与启示：

第一，随着系统中各模块内元件数目的增加，各结点的可选择并联机制的作用发挥与实现将加强，这也是竞争出效率的体现。在操作上可隐射为拓宽资金来源渠道、允许各种可控的盈余（闲置）资金进入投融资的资金流动链条。对企业来说资金来源主要还是内部资金、商业银行借款占很大比例，而投资银行"过桥融资"、发行债券、发行股票、信托资金与保险业资金等多种渠道的资金还未大量进入，使得提供资金的元件企业数目偏小，资金链条未能自动、高效地运转。

第二，在元件数目较小时，降低新元件的进入门槛或是提供各模块内元件间竞争的平等与公平地位，能补偿因数目小而带来的效率损失，保证系统的有效与稳定。在前文中只做出对数目上的要求主要是基于大数竞争选择定律：只要有足够多的竞争者，投融资市场会自动达到有效均衡。但在元件数目小时，就会有很强的"马太效应"、极化效应，优秀者胜出，单独生存，最终导致竞争的不充分以致投融资资金链条的断裂。在这种状态下，需要的是新元件的产生与进入，或是尽量使各元件有投资地位或融资地位的平等性，人为地促进模块内的元件的竞争。在融资渠道上，尽管已有或多或少的内部资金、商业银行借款，投资银行"过桥融资"、发行债券、发行股票、信托资金与保险业资金等不同种类的资金存在，但正因不同性质资金的本身发展历史以及政府监管、国家法律上的诸多规定，使得各种资金之间在竞争的可选择并联机制中表现出不同作用。如《公司法》规定，发行公司债券必须满足的条件是：①股份有限公司的净资产额不低于3000万元人民币，有限责任公司的净资产额不低于6000万元人民币；②累计债券总额不超过公司净资产额的40%；③最近三年平均可分配利润足以支付公司债券1年的利息等苛刻条件造成债券几乎没有发展。因而调低盈余资金进入资金链条的门槛，并使各种渠道资金只在效率上竞争比较的局面，是构建系统中第一模块所急需解决的问题。

第三，系统的第三模块资金投向使用结果的及时、公开反馈有助于第一模块、第三模块内元件企业的及时评价与反应，使三个模块间构成的两个选择逻辑算子发生调整。项目投资效果会反馈到资金盈余所有被融资企业单位的资金项目投向与借用对象的选择和资金短缺方所有企业的资金项目投向的重新选择，而且在并联偶合机制下会形成正反馈。

参考文献

[1] 任迎伟，胡国平．产业链稳定机制研究——基于共生理论中并联相合的视角 [J].经济社会体制比较，2008（2）．

[2] 郑敏华．我国风险投资的宏观环境障碍 [J].财经论坛，2004（7）．

[3] 唐际艳．论我国企业融资的趋势 [J].商业研究，2004（12）．

[4] 迈克尔·波特．竞争优势 [M].中国财政经济出版社，1998．

[5] 杨小凯．经济控制论初步 [M].湖南人民出版社，1984．

[6] 杨小凯．当代经济学与中国经济 [M].中国社会科学出版社，1997．

[7] 仇保兴．小企业集群研究 [M].复旦大学出版社，1999．

住房按揭贷款最佳还款方式选择

龚鹏腾

摘　要： 在住房按揭贷款的还款方式中，有两种最常见的还款方式，即等额本金还款法和等额本息还款法。有的人认为应当选择利息总额低的等额本金还款法，也有的人认为应当选择月还款压力轻的等额本息还款法。笔者认为，住房按揭贷款最佳还款方式的选择需要考虑的因素不仅仅是以上两个方面，还应当包括贷款利率、贷款期限、贷款总额、通货膨胀、借款人的现有收入水平、正常消费支出、与住房相关的支出（装修费用、家具家电的购置、结婚费用等）、未来收入增长预期、工作压力、是否计划提前还款等因素。本文将分别站在初次买房的年轻人和投资购房者的角度来讨论住房按揭贷款最佳还款方式的选择问题。

关键词： 等额本金还款法　等额本息还款法　提前还款　初次购房者　投资购房者

在购买住房时，如果手头的自有资金不足就会考虑向银行贷款来完成购买行为。无论是初次购房的年轻人，还是投资购房者都会考虑向银行借钱来解决资金不足的问题，但向银行借钱是要付出代价的，那就是要按月向银行支付贷款利息。为了保证还款者的财务风险最低、利息支付最低、生活质量受到的影响最小，我们必须再认识一下这两种还款方法。

───────────

原文刊登于《江西企业家》2013 年第 3 - 4 期。

【作者简介】龚鹏腾：建筑工程管理系讲师，房地产管理教研室副主任，研究方向：房地产经济、房地产经营管理、房地产估价、物业管理、建筑环境与测绘。

一、两种还款方式的比较

目前，住房按揭还款的方式有很多，如等额本金还款法、等额本息还款法、双周供、等额递增（减）还款法、组合还款法、无障碍还款法、宽限期还款法，但银行提供主要的还款方法还是等额本金还款法和等额本息还款法这两种还款方法。

（一）等额本金还款法

这种还款方法最大的特点是每个月所还的本金相同，随着贷款总额逐月等额减少，也使得利息等额减少（利息等于剩余贷款总额乘以月利率），每个月的还款额也在等额减少。其每月还款额公式如下：

$$A_{t+1} = \frac{P}{n} + \left(P - \frac{P}{n} \times t \right) \times i \tag{1}$$

式中：A_{t+1} 表示第 $t+1$ 个月的还款额，P 表示贷款总额，n 表示总月数，i 表示月利率，$\frac{P}{n}$ 表示每月所还的本金部分，$\left(P - \frac{P}{n} \times t \right) \times i$ 表示第 $t+1$ 个月所还的利息部分。

在式（1）中，P、n、i 为常量，A_{t+1}、t 为变量，对式（1）两边求导，可以求得相邻两个月还款额之间的差额为一个常数：$-\frac{P}{n} \times i$。

从等额本金还款法的计算过程中可以看出，等额本金计算利息时用的是近似于单利计息的方法，上一个月计算的利息并没有计算到下一个月里成为新的本金，下一个月的本金不但没有增加，而且还在不断减少。因为本金不断在减少，所以每月的利息也在减少，递减额为 $\frac{P}{n} \times i$。

（二）等额本息还款法

这种还款方法最大的特点是每个月的还款额相同，每个月的本金在逐渐增加，而利息在逐渐减少，两者之和始终都是一个常数（月还款额）。其每月还款额公式如下：

$$A = P \times \frac{i \times (1+i)^n}{(1+i)^n - 1} = \frac{Pi}{1 - \dfrac{1}{(1+i)^n}} \tag{2}$$

式中：A 表示月还款额，P 表示贷款总额，n 表示总月数，i 表示月利率。

该公式的推导过程如下

$$P = \frac{A}{(1+i)^1} + \frac{A}{(1+i)^2} + \frac{A}{(1+i)^3} + \cdots + \frac{A}{(1+i)^n} = \frac{A}{1+i} \times \left[1 + \frac{1}{(1+i)^1} + \frac{1}{(1+i)^2} + \cdots + \frac{1}{(1+i)^{n-1}} \right]$$

假设：$M = 1 + \dfrac{1}{(1+i)} + \dfrac{1}{(1+i)^2} + \cdots + \dfrac{1}{(1+i)^{n-1}}$，$q = \dfrac{1}{1+i}$

那么：$M = 1 + q + q^2 + \cdots + q^{n-1}$ ·················· ①

两边都乘以 q 得：$qM = q + q^2 + q^3 \cdots + q^n$ ·················· ②

①－②得：$(1-q)\ M = 1 - q^n$

$$M = \frac{1 - q^n}{1 - q} = \frac{1 - \dfrac{1}{(1+i)^n}}{1 - \dfrac{1}{(1+i)}} = \frac{1+i}{i} \times \left[1 - \frac{1}{(1+i)^n} \right]$$

代回原式：$P = \dfrac{A}{1+i} \times \dfrac{1+i}{i} \times \left[1 - \dfrac{1}{(1+i)^n} \right] = \dfrac{A}{i} \times \left[1 - \dfrac{1}{(1+i)^n} \right]$

上式变形可得：$A = \dfrac{Pi}{1 - \dfrac{1}{(1+i)^n}} = P \times \dfrac{i \times (1+i)^n}{(1+i)^n - 1}$

从推导过程中可以看出，等额本息还款法实际上是先用复利现值系数计算出 n 个月的月还款额现值后进行累加得到贷款总额，通过这个数学关系式来求出月还款额，这里面已经有了复利计算的过程，因此，我们认为等额本息还款法的计息方式属于复利计息方式。

第一个月的利息计算方法是用全部贷款乘以月利率，再用 A 减去第一个月的利息，就得到了第一个月需要偿还的本金。然后，从全部贷款当中扣除第一个月需要偿还的本金得到第一个月的贷款余额，用第一个月的贷款余额乘以月利率就得到了第二个月的利息，再用 A 减去第二个月的利息，就得到了第二个月需要偿还的本金。用第一个月的贷款余额扣除第二个月需要偿还的本金得到的第二个月的贷款余额，用第三个月的贷款余额乘以月利率就得到了第三个月的利息……就这样一直到第 n 个月的利息和需要偿还的本金的求法都是如此。

（三）两种还款方法的比较

通过两种还款方式的介绍，我们发现它们有以下三点不同之处：

1. 计息方式和利息总额不同

等额本金还款方式是单利计息方式，等额本息还款方式是复利计息方式，所以两者的利息总额不同，前者小于后者。这使得那些想省利息的还款者们选择了等额本金还款方式。

2. 第一个月还款额不同

等额本金还款方式第一个月还款额比等额本息还款方式的月还款额更高，这就使得月收入不高者不敢选择等额本金还款方式，而选择了等额本息还款方式。

3. 偿还贷款本金的速度不同

在等额本金还款方式中，每月所还本金都是一样的，贷款余额匀速递减，而在等额本息还款方式中，每月所还本金的递增速度是先慢后快，贷款余额递减的速度也是先慢后快。这使得那些急于偿还贷款余额的还款者们会选择等额本金还款方式，而那些准备打"持久战"的还款者们会选择等额本息还款方式。

我们举一个例子来说明以上三点不同之处。如果我们向银行借20万元贷款，期限20年，贷款年利率为6.55%（中国人民银行2012年7月6日公布商业性贷款5年以上期贷款利率）。

我们可以得知，此时 $P = 200000$ 元，$n = 20 \times 12 = 240$ 个月，$i = 6.55\%/12$，代入式（1）和式（2）求出第一个月的月还款额分别是 1925.00 元和 1497.04 元，两者差了 427.96 元，差距还是比较大的。

等额本金还款方式第一个月所还利息是 $P \times i$，第二个月是 $\left(P - \dfrac{P}{n}\right) \times i$，第三个月是 $\left(P - 2\dfrac{P}{n}\right) \times i$，…，第 n 个月是 $\left[P - (n-1) \times \dfrac{P}{n}\right] \times i$，经过整理可以发现这是一个有规律的数列 $n \times \dfrac{Pi}{n}$，$(n-1) \times \dfrac{Pi}{n}$，$(n-2) \times \dfrac{Pi}{n}$，…，$2 \times \dfrac{Pi}{n}$，$1 \times \dfrac{Pi}{n}$，将此数列求和得到等额本金还款方式利息总额计算公式为：

$$\frac{1+n}{2} \times Pi \tag{3}$$

将 $n = 240$，$p = 200000$，$i = 6.55\%/12$，代入式（3）得到 131545.83 元。

等额本息还款方式的利息总额计算公式为：

$$A \times n - P \tag{4}$$

将 $A = 1497.04$ 元，$n = 240$，$P = 200000$，代入式（4）得到 159289.60 元。两种还款方式的利息总额相差 27743.77 元，差距相当大。

等额本金还款方式每月偿还本金相同，都是 $\dfrac{P}{n}$，即 833.33 元。因此，贷款余额将匀速递减。

等额本息还款方式每月偿还本金递增速度先慢后快，贷款余额递减速度先慢后快。具体情况如表 1 所示。

表 1   20 年期等额本息还款方式贷款余额、

月还利息、月还本金变化情况 单位：元

月数	月还款额	贷款余额	月还利息	月还本金
1	1497.04	200000.00	1091.67	405.37
2	1497.04	199594.63	1089.45	407.59
3	1497.04	199187.04	1087.23	409.81
4	1497.04	198777.23	1084.99	412.05
5	1497.04	198365.18	1082.74	414.30
6	1497.04	197950.89	1080.48	416.56
7	1497.04	197534.33	1078.21	418.83
132	1497.04	122740.11	669.96	827.08
133	1497.04	121913.03	665.44	831.60
134	1497.04	121081.43	660.90	836.14
135	1497.04	120245.29	656.34	840.70
156	1497.04	101592.77	554.53	942.51
157	1497.04	100650.26	549.38	947.66
158	1497.04	99702.60	544.21	952.83
159	1497.04	98749.77	539.01	958.03
235	1497.04	8812.82	48.10	1448.94
236	1497.04	7363.88	40.19	1456.85
237	1497.04	5907.04	32.24	1464.80
238	1497.04	4442.24	24.25	1472.79
239	1497.04	2969.45	16.21	1480.83
240	1497.04	1488.61	8.13	1488.91

从表 1 中可以看到，到第 134 个月时，月还本金数额才与等额本金还款方式

中的月还本金数据相当，此时，已经是 11 年零 2 个月。到第 158 个月时，全部贷款才刚好还掉一半，此时，已经是 13 年零 2 个月。可见贷款总额的前半部分偿还速度较慢。我们以图形的方式来观察更直观，如图 1 所示。

从图 1 中可以看出，在第 134 个月以前，等额本息还款方式贷款余额递减速度比等额本金还款方式要慢，在第 134 个月以后，情况正好相反，等额本息还款方式贷款余额递减速度要快于等额本金还款方式。

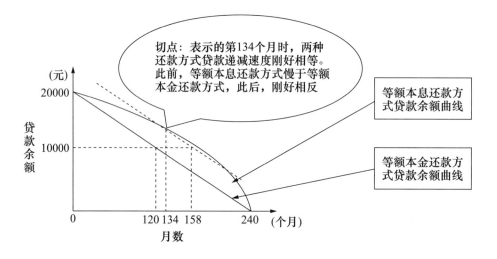

图1　两种还款方式贷款余额变化情况

二、初次买房的年轻人最佳还款方式选择

（一）初次买房的年轻人的经济特征

1. 积蓄不多

所有积蓄可能只够付房屋总价的首付部分（一般为 30%），如果连首付都不够，只能寻求长辈的经济支持。

2. 预期开销巨大

买房就是为了准备结婚，这就意味着还有一大笔开销等在后面，如房子装修的钱、购置家具家电的钱、结婚所需的各项开销等。

3. 预期未来收入呈增长趋势

随着工作经验的增长，工资水平不断提高，工作有余力的年轻人还可能会在工作时间之外兼职，这就意味着未来收入预期是会增长的。

（二）最佳还款方式为等额本息还款方式

鉴于以上经济特征，笔者建议最佳还款方式为等额本息还款方式。

初次买房的年轻人应当尽量多贷款，拿到 70% 的最高贷款限额，这样可以减轻首付的压力。选择等额本息还款方式可以帮助还款者减轻每月的还款压力，以较低的月还款额度过经济最紧张的那段时间。另外，也要做好打"持久战"的准备，贷款年限尽量地长些，最好能贷到 30 年，这样可以使月还款额再降低些。如果发现首付之后积蓄已经所剩无几，那么，只能是边还贷边积蓄，开源节流，以最快的速度攒够房子装修的钱、购置家具家电的钱、结婚所需的钱。

选择等额本息还款方式也有代价，那就是利息总额很高，从上面的例子就能看出，比等额本金还款方式的利息总额高了将近 3 万元。因此，笔者再提出一个建议：初次买房的年轻人可以进行多次提前还款，以减少利息压力甚至可以少付给银行五成以上的利息。

我们以中国农业银行为例，农行规定，最初的 6 个月是不能提前还款的，每次提前还款至少要达到 2 万元才可以办理提前还款手续。假设一位年轻人在正常还款 6 个月后，通过兼职额外赚到了 2 万元，他就可以进行提前还款了。还是继续前面的例子，20 万元的贷款还了 6 个月后，提前还 2 万元，根据表 1 可知此时的贷款余额是 197534.33 元，将其扣减 2 万元后作为新的贷款余额代入式（2）得到新的月还款额为 1345.47 元（此时 $n = 240 - 6 = 234$）比原月还款额 1497.04 元省了 151.57 元，一年后，就能省下 $12 \times 151.57 = 1818.88$ 元。我们再把 $P = 197534.33 - 20000 = 177534.33$，$n = 234$，$A = 1345.47$ 代入式（4）得到后 234 个月的利息总额为 137305.70 元，再加上前 6 个月已经还的利息得到 143822.20 元，比没有提前还款前的利息总额 159289.60 元省了 15467.40 元。我们把一年后省下的 1818.88 元，再加上工资增长或是兼职收入，又可以凑出一个 2 万元，再次进行提前还款，又可以使每月还款额降低 100 多元，照这样的速度下去，省下来的钱会越来越多，加上工资增长和兼职收入，还款的速度会越来越快，利息的支付会越来越少，到最后可能不需要 20 年就能全部还清，支付的利息也会减少至少五成以上。当然年轻人也会因此变得比较辛苦，工作压力也会变大，身体方面可能会吃不消。如果年轻人不想增加工作压力，那提前还款的速度就会变得慢些，利息节省的就不多，具体情况完全要看个人决策了。这里我们可以借助 Excel 表格办公软件来完成具体的还款方案设计，有兴趣的读者可以继续深入思考，或是与笔者联系探讨。

表 2 为月还款额、利息总额提前还款前后情况对比（等额本息还款方式，贷款期限 20 年，贷款总额 20 万元，年利率 6.55%，第 7 个月提前还款 2 万元，提前还款后贷款总期限仍然保持不变）。

表2　月还款额、利息总额提前还款前后情况对比　　　　　单位：元

	提前还款前	提前还款后	提前还款前后差额
月还款额	1497.04	1345.47	151.57
利息总额	159289.60	143822.20	15467.40

三、投资购房者最佳还款方式选择

（一）投资购房者的经济特征

这里要说明一点，投资购房者的投资目标是住房（与初次购房的年轻人一样），而不是商业房地产（商业房地产一般采用等额本息还款方式，以减轻还款资金压力），其投资行为不带有商业盈利性，完全是出于资金的保值增值考虑。

1. 积蓄很多，月收入较高且稳定

根据国家规定，购买第二套房必须首付 60%，而且贷款利率还要上浮 10%，反之说明投资购房者自有资金实力必须要很强，未来还款实力也要很强，否则无法实现投资行为。

2. 未来无大的开支项目，资金需要寻找稳定回报渠道

这类人往往正处于中老年，人生大事已经完成，一套房贷款早已还清，已经没有什么重大的开支项目需要进行现金储蓄，再加之通货膨胀的影响，他们需要为手上的闲钱寻找一个保值增值的渠道，所以选择了投资住房。

3. 预期未来收入会下降，想尽快还清贷款

这类人距离退休已经比较近了，一旦退休，工资收入就会下降许多，投资购房者不想因为还房贷降低自己的生活质量，所以希望在退休之前就还清贷款。另外，银行也有规定，贷款期限不能长于从贷款日期到退休日期的那段时间，因

此，贷款期限为 5～10 年的情况较多。

（二）最佳还款方式

1. 不考虑提前还款

鉴于以上经济特征，当投资购房者不考虑提前还款的情况下，应当采用的最佳还款方式为等额本金还款方式。

贷款期限很短，无论是等额本金还款方式，还是等额本息还款方式利息总额都比较低，而且比较接近，有的投资购房者资金实力确实很强，他们可能会放弃提前还款降低利息的想法。

我们再举一个例子，贷款 20 万元，期限为 5 年，银行贷款年利率为 6.40%（中国人民银行 2012 年 7 月 6 日公布商业性贷款 3～5 年期贷款利率）。即 $P = 200000$，$n = 5 \times 12 = 60$，$i = 6.40\%/12$，将这些数据代入式（3）得到等额本金还款方式下利息总额为 32533.33 元。将这些数据代入式（2）得到等额本息还款方式下的月还款额为 3903.87 元，再将 $A = 3903.87$，$P = 200000$，$n = 60$ 代入式（4）得到等额本息还款方式下利息总额为 34232.11 元，两种还款方式的利息总额相差 1698.78 元，相比贷款期限为 20 年的情况来说，利息总额少了 10 多万元，二者利息总额的差额也减小了 2 万多元。在这样的情况下利息总额大为缩减，两种还款方式的利息总额又比较接近，如果不考虑提前还贷，那么最佳的选择当然是等额本金还款方式，因为等额本金还款方式的利息总额始终都比等额本息还款方式少。

表 3 为 20 年期和 5 年期两种还款方式利息总额比较（贷款总额都是 20 万元，20 年期贷款年利率为 6.55%，5 年期贷款年利率为 6.40%）。

表 3　20 年期和 5 年期两种还款方式利息总额比较　　　　　单位：元

	等额本金还款方式	等额本息还款方式	两种方式的差额
20 年期利息总额	131545.83	159289.60	27743.77
5 年期利息总额	32533.33	34232.11	1698.78

2. 考虑提前还款

鉴于以上经济特征，当投资购房者考虑提前还款的情况下，应当采用的最佳还款方式为等额本息还款方式。

理由一：毕竟等额本金还款方式第一个月的月还款额比较大，如果大到超出了投资购房者的家庭月收入的 50%，建议还是采用等额本息还款方式，以免因减少正常的消费支出，导致生活质量下降。

还是延续上面的例子，把 $P=200000$，$n=5\times12=60$，$i=6.40\%/12$，代入式（1）得到等额本金还款方式第一个月还款额为 4400.00 元，这比等额本息还款方式下的月还款额 3903.87 元高出了 496.13 元。

表 4 为两种还款方式第一个月还款额比较（贷款总额都是 20 万元，贷款期限为 5 年，贷款年利率为 6.40%）。

表4 两种还款方式第一个月还款额比较 单位：元

	等额本金还款方式	等额本息还款方式	两种方式的差额
第一个月还款额	4400.00	3903.87	496.13

理由二：与初次买房的年轻人一样，只要是提前还款就能获得节省利息的好处。

继续上面的例子，我们列出了前 7 个月的还款情况表格，如表 5 所示。

表5 5 年期等额本息还款方式贷款余额、月还利息、月还本金变化情况 单位：元

月数	月还款额	贷款余额	月还利息	月还本金
1	3903.87	200000.00	1066.67	2837.20
2	3903.87	197162.80	1051.53	2852.34
3	3903.87	194310.46	1036.32	2867.55
4	3903.87	191442.91	1021.03	2882.84
5	3903.87	188560.07	1005.65	2898.22
6	3903.87	185661.86	990.20	2913.67
7	3903.87	182748.18	974.66	2929.21

如果投资购房者第 6 个月提前还款 2 万元，将第 7 个月贷款余额 182748.18 元扣减 2 万元后代入式（2）得到 3476.63 元（此时），比原月还款额 3903.87 元省了 427.24 元，一年后，就能省下 5126.90 元，加上一些兼职收入和工资增长又可以提前还款 2 万元，以此循环，还款速度还会加快，利息总额还会进一步减少。把 $P=182748.18-20000=162748.18$，$n=60-6=54$，$A=3476.63$ 代入式（4）得到第一次提前还款后剩下 54 个月的利息总额为 24989.84 元，再加上前 6 个月已经还的利息总额得到 31161.24 元，比没有提前还款前的利息总额 34232.11 元省了 3070.87 元。而同样的情况下，等额本金还款方式提前还款后，

月还款额下降后的数值始终都比等额本息还款方式提前还款后的月还款额高。把 $P = 200000 \times 54/60 - 20000 = 160000$，$n = 54$，$i = 6.40\%/12$ 代入式（1）得到第一个月的还款额 3816.30 元，比等额本息还款方式的月还款额 3476.63 元还高出了 339.67 元，这不利于投资购房者省钱加速还贷。只要能够加速还贷，利息节省一定是最多的。

表 6 为月还款额、利息总额提前还款前后情况对比（等额本息还款方式，贷款期限 5 年，贷款总额 20 万元，年利率 6.40%，第 7 个月提前还款 2 万元，提前还款后贷款总期限仍然保持不变）。

表 6　月还款额、利息总额提前还款前后情况对比　　　　　　　　　单位：元

	提前还款前	提前还款后	提前还款前后差额
月还款额	3903.87	3476.63	427.24
利息总额	34232.11	31161.24	3070.87

表 7 为提前还款后两种还款方式第一个月还款额比较（贷款总额都是 20 万元，贷款期限为 5 年，贷款年利率为 6.40%，第 7 个月提前还款 2 万元，提前还款后贷款总期限仍然保持不变）。

表 7　提前还款后两种还款方式第一个月还款额比较　　　　　　单位：元

	等额本金还款方式	等额本息还款方式	两种方式的差额
第一个月还款额	3816.30	3476.63	339.67

考虑缺货风险的耐用品闭环供应链
网络均衡模型

吴海翔

摘　要：本文首先研究了由多个相互竞争的供应商、制造商和面临随机需求的零售商构成的耐用品闭环供应链网络均衡模型。其中，制造商负责产品生产，废旧产品的回收和再制造，零售商负责产品的销售且为缺货风险规避型企业。其次，通过缺货损失的方差乘以缺货风险规避度衡量不同零售商的缺货风险负效用。借助变分不等式理论和 Lagrange 对偶理论，刻画了供应商、制造商、零售商以及消费者的最优行为，建立了闭环供应链网络均衡模型。最后，通过算例分析，得出当缺货风险规避度增大时，产品订购量增加，产品零售价格降低，零售商利润和效用减少，供应商和制造商利润以及消费者福利增加。

关键词：风险规避　闭环供应链网络　Nash 均衡　变分不等式

一、引言

随着经济全球化的快速发展，企业的经营环境越发错综复杂，市场竞争日益激烈，技术革新及产品更新换代不断加剧，顾客需求向多样化发展等一系列因素给企业运作带来前所未有的挑战，企业运作面临诸多的不确定性，也给企业运作造成巨大的风险。企业面对风险的态度往往不一致。怎样刻画和衡量企业的风险和风险态度对其行为的影响，无疑是学术界亟待解决的问题。

早期有关供应链的文献多数假定供应链成员是风险中性的且以收益最大化或者期望利润最大化为目标，忽视了现实行为主体多数是风险规避者的特性，事实

原文刊登于《江西企业家》2014 年第 1 期。

【作者简介】吴海翔：基础课部讲师，研究方向：数学教育、决策分析、物流与供应链管理。

上，他们宁愿牺牲部分潜在收入以回避风险，从而达到实现自身效用最大化的目的。针对供应链成员的风险规避问题，一些学者进行了研究并取得了初步成果。但他们多数是以零售商的风险规避度乘以销售收入的方差衡量零售商的风险负效用，而针对销售耐用品的零售商，其更加担心的是缺货对企业信誉和长期利益造成的损失，并且当产品供过于求时，制造商将对零售商的过剩产品实施回购，这在很大程度上降低了产品供过于求造成的库存风险。

且当前风险研究仅限于供应链方面，关于供应链网络的风险研究未见报道。实际上，企业往往参与多个供应链的运作与管理，是多个供应链的结点，众多的供应链和企业结点交错形成具有层次结构的供应链网络。近年来，以 Anna Nagurney 为首的超网络研究中心运用变分不等式理论和均衡理论分析了供应链超网络的均衡问题。变分不等式在刻画复杂网络各成员的竞争与合作交互关系以其独特优势受到众多学者的青睐。

传统的以产品销售为目的的正向供应链加上以产品回收再制造和再销售为过程的逆向供应链形成闭环供应链，众多闭环供应链交错形成闭环供应链网络。研究闭环供应链网络均衡问题对于建设资源节约型、环境友好型社会具有重要的现实意义。本文对缺货风险规避的零售商和风险中性的制造商、供应商构成的闭环供应链网络均衡问题展开研究，以变分不等式和均衡理论为工具刻画闭环供应链网络中各方的行为并最终得出网络达到均衡的条件，其中制造商负责产品的生产、回收以及再制造，零售商负责产品的销售。零售商的效用为期望利润加上缺货风险规避度与缺货损失方差的乘积。

二、模型基本假设和符号说明

本文研究的闭环供应链网络由三层构成：第一层是 N 个负责原材料生产的供应商；第二层是 I 个负责产品生产及废旧产品回收和再制造的制造商；第三层是 J 个负责产品销售的零售商及对应的需求市场。其网络结构如图 1 所示，其中结点表示网络实体，向上指向的连接线表示原材料/产品的正向交易，向下指向的连接线表示废旧产品的逆向交易。

模型的基本假设如下：

（1）各制造商利用原材料和回收材料生产的产品和再制造产品同质无差异。

（2）同层网络成员间相互竞争，异层网络成员间相互合作，彼此间信息完全对称。

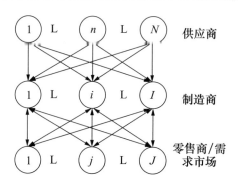

图1 闭环供应链网络结构

（3）制造商除利用原材料生产新产品外，还负责废旧产品的回收、清洁、拆卸和再制造，并且产品回收必须达到政府规定的最低回收率。制造商在制造和再制造过程中产生的废料将被运到填埋场掩埋，制造商必须支付废料填埋处理费。制造商未回收的废弃产品将由环卫部门处理，制造商将受到按未回收废旧产品量计的处罚。

变量和参数定义如下：

$n \in E\{1, \cdots, N\}$、$i \in \{1, \cdots, I\}$、$j \in \{1, \cdots, J\}$ 分别为供应商、制造商和零售商/需求市场的序号；q_{ni}^r、p_{ni}^r 分别为供应商 n 与制造商 i 的原材料交易量和交易价格，所有的 q_{ni}^r 归入 $N \times J$ 维列向量 $Q^r \in R_+^{NI}$；q_i^r 为制造商 i 从供应商处收集的原材料总量，且 $q_i^r = \sum_{n=1}^N q_{ni}^r$；$q_{ij}^v$、$p_{ij}^v$ 分别为制造商 i 与零售商 j 的产品交易量和交易价格，所有的 q_{ij}^v 归入 $I \times J$ 维列向量 $Q^v \in R_+^{IJ}$；p_j 为需求市场 j 的产品销售价格，所有的 p_j 归入 J 维列向量 $p \in R_+^J$；q_{ji}^b、p_{ji}^b 分别为制造商 i 与需求市场 j 中的消费者的废旧产品交易量和交易价格，所有的 q_{ji}^b 归入 $J \times I$ 维列向量 $Q^b \in R_+^{JI}$；q_i^b 为制造商 i 在需求市场收购的废旧产品总量，且 $q_i^b = \sum_{l=1}^J q_{ji}^b$；$\alpha$ 为政府向制造商规定的废旧产品最低回收率；δ 为政府向制造商收取的单位未回收废旧产品的处罚；β_r、$\overline{\beta_r}$ 分别为制造过程中原材料到产品的转化率和需要处理的报废材料所占比重；β_b、$\overline{\beta_b}$ 分别为再制造过程中废旧材料到产品的转化率和需要处理的报废材料所占比重；$\overline{\rho}$ 为单位废弃产品或废料的处理费；a_j 为缺货风险规避度，其数值越大反映零售商对缺货风险的心理承受能力越弱，或者说对缺货风险越敏感。

三、供应链网络均衡模型

（一）供应商最优行为和均衡条件

供应商 n 的决策变量为与 I 个制造商的原材料调拨量 q_{ni}^r，$i = 1$，L，I。供应商 n 的利润最大化模型为：

$$\max_{(q_{ni}^r)_{I \times 1} \in R_+^I} S_n(Q^r) = \sum_{i=1}^I p_{ni}^r q_{ni}^r - f_n^r(Q^r) - \sum_{i=1}^I C_{ni}^r(Q^r) \tag{1}$$

式（1）表示供应商的利润等于销售收入 $\sum_{i=1}^I p_{ni}^r q_{ni}^r$ 减去原材料采集成本 $f_n^r(Q^r)$ 和交易成本 $\sum_{i=1}^I C_{ni}^r(Q^r)$。为体现供应商的竞争性，假设 $f_n^r(Q^r)$ 和 $C_{ni}^r(Q^r)$ 与所有供应商的原材料调拨量 Q^r 有关，并且假定分别为自身采集量 q_n^r 和交易量 q_{ni}^r 的连续凸函数。

由于各供应商进行非合作博弈，则类似 Nagurney，可用变分不等式刻画所有供应商的 Nash 均衡。即确定 $Q^{r*} \in R_+^{NI}$，使其满足：

$$\sum_{n=1}^N \sum_{i=1}^I \left[\partial f_n^r(Q^{r*})/\partial q_{ni}^r + \partial C_{ni}^r(Q^{r*})/\partial q_{ni}^r - p_{ni}^{r*} \right] \times \left[q_{ni}^r - q_{ni}^{r*} \right] \geq 0$$
$$\forall Q^r \in R_+^{NI} \tag{2}$$

（二）制造商最优行为和均衡条件

制造 i 的决策变量与各个供应商的原材料调拨量 $q_{ni}^r(n = 1$，L，$N)$，与各个零售商的产品调拨量 $q_{ij}^v(j = 1$，L，$J)$，以及与各个需求市场上的消费者的废旧产品回收量 $q_{ji}^b(j = 1$，L，$J)$。制造商 i 利润最大化模型为：

$$\max_{((q_{ni}^r)_{N \times 1}, (q_{ij}^v)_{J \times 1}, (q_{ji}^b)_{J \times 1}) \in \mathbf{R}_+^{N+2J}} = \sum_{j=1}^J p_{ij}^v q_{ij}^v - \sum_{n=1}^N p_{ni}^r q_{ni}^r - \sum_{j=1}^J p_{ji}^b q_{ji}^b - \varphi_i(q_i^b) -$$

$$f_i^r(\beta_r, Q^r) - f_i^b(\beta_b, Q^b) - \sum_{n=1}^N \overline{C}_{ni}^r(Q^r) - \sum_{j=1}^J \overline{C}_{ij}^v(Q^v) - \sum_{j=1}^J \overline{C}_{ji}^b(Q^b) - \overline{\rho}(\overline{\beta}_b q_i^b +$$

$$\overline{\beta}_r q_i^r) - \delta\left(\sum_{j=1}^J q_{ij}^v - \sum_{j=1}^J q_{ji}^b \right) \tag{3}$$

$$s.t: \begin{cases} \alpha \sum_{j=1}^J q_{ij}^v \leq \sum_{j=1}^J q_{ji}^b, \\ \sum_{j=1}^J q_{ij}^v \leq \beta_r \sum_{n=1}^N q_{ni}^r + \beta_b \sum_{j=1}^J q_{ji}^b, \\ q_{ni}^r, q_{ij}^v, q_{ji}^b \geq 0, \forall j \in \{1, \cdots, J\}, n \in \{1, \cdots, N\} \end{cases}$$

式（3）表示制造商 i 的利润等于销售收入 $\sum_{j=1}^{J} p_{ij}^{v} q_{ij}^{v}$ 减去成本。成本包括：原材料收购成本 $\sum_{n=1}^{N} p_{ni}^{r} q_{ni}^{r}$ 和废旧产品收购成本 $\sum_{j=1}^{J} p_{ji}^{b} q_{ji}^{b}$；废旧产品拆卸、拣选、清洁费 $\varphi_i(q_i^r)$；利用原材料的制造成本 $f_i^r(\beta_r, Q^r)$ 和利用回收材料的再制造成本 $f_i^b(\beta_b, Q^b)$；与供应商、零售商和消费者的交易成本 $\sum_{n=1}^{N} \overline{C}_{ni}^{r}(Q^r)$、$\sum_{j=1}^{J} \overline{C}_{ij}^{v}(Q^v)$ 和 $\sum_{j=1}^{J} \overline{C}_{ji}^{b}(Q^b)$；制造和再制造过程中废料的处理费 $\overline{\rho}(\overline{\beta}_b q_i^b + \overline{\beta}_r q_i^r)$；因未回收废旧产品支付的处罚 $\delta(\sum_{j=1}^{J} q_{ij}^{v} - \sum_{j=1}^{J} q_{ji}^{b})$。为了体现制造商的竞争性，假设 $\overline{C}_{ni}^{r}(Q^r)$、$f_j^r(\beta_r, Q^r)$、$\overline{C}_{ji}^{b}(Q^b)$、$f_i^b(\beta_b, Q^b)$、$C_{ij}^{v}(Q^v)$ 分别与所有制造商原材料的交易量 Q^r、废旧材料交易量 Q^b 和新产品交易量 Q^v 有关，并且分别为原材料交易量 q_{ni}^{r}、自身原材料收集量 q_i^r、废旧产品交易量 q_{ji}^{b}、自身废旧产品收集量 q_i^b 和新产品交易量 q_{ij}^{v} 的连续凸函数。

约束条件 $\alpha \sum_{i=1}^{J} q_{ij}^{v} \leqslant \sum_{j=1}^{J} q_{ji}^{h}$ 为最低回收量约束，表明制造商的回收量应当满足政府规定的最低回收率。约束条件 $\sum_{j=1}^{J} q_{ij}^{v} \leqslant \beta_r \sum_{n=1}^{N} q_{ni}^{r} + \beta_b \sum_{j=1}^{J} q_{ji}^{b}$ 为产销约束，表明制造商与零售商的产品交易量不大于制造商利用原始材料和回收材料的生产量之和。

假定制造商间进行非合作竞争，因此产品批发市场的 Nash 均衡满足变分不等式。即确定 $(Q^{r*}, Q^{v*}, Q^{b*}, \xi_1^{*}, \xi_2^{*}) \in R_+^{NI+IJ+JI+2I}$，使其满足：

$$\sum_{i=1}^{I} \sum_{n=1}^{N} [\partial f_i^v(\beta_r, Q^{r*})/\partial q_{ni}^{r} + \partial \overline{C}_{ni}^{r}(Q^{r*})/\partial q_{ni}^{r} + \overline{\beta}_r \overline{\rho} + p_{ni}^{r*} - \beta_r \xi_{2i}^{*}] \times [q_{ni}^{r} - q_{ni}^{r*}] + \sum_{i=1}^{I} \sum_{j=1}^{J} [\partial C_{ij}^{v}(Q^{v*})/\partial q_{ij}^{v} + \delta - p_{ij}^{v*} + \alpha \xi_{1i}^{*} + \xi_{2i}^{*}] \times [q_{ij}^{v} - q_{ij}^{v*}] + \sum_{i=1}^{I} \sum_{j=1}^{J} [\partial f_i^b(\beta_b, Q^{b*})/\partial q_{ji}^{b} + \partial \overline{C}_{ji}^{b}(Q^{b*})/\partial q_{ji}^{b} + \partial \varphi_i(q_i^{b*})/\partial q_{ji}^{b} + \overline{\beta}_b \overline{\rho} - \delta + p_{ji}^{b*} - \xi_{1i}^{*} - \beta_b \xi_{2i}^{*}] \times [q_{ji}^{b} - q_{ji}^{b*}] + \sum_{i=1}^{I} [\sum_{j=1}^{J} q_{ji}^{b*} - \alpha \sum_{j=1}^{J} q_{ij}^{v*}][\xi_{1i} - \xi_{1i}^{*}] + \sum_{i=1}^{I} [\beta_r \sum_{n=1}^{N} q_{ni}^{r*} + \beta_b \sum_{j=1}^{J} q_{ji}^{b*} - \sum_{j=1}^{J} q_{ij}^{v*}][\xi_{2i} - \xi_{2i}^{*}] \geqslant 0,$$
$$\forall (Q^r, Q^v, Q^b, \xi_1, \xi_2) \in R_+^{NI+IJ+JI+2I} \quad (4)$$

式中，ξ_{1i} 和 ξ_{2i} 分别为最低回收量约束和产销约束的 Lagrange 乘子，所有的 $\xi_{1t}(i=1, L, I)$ 和 $\xi_{2i}(i=1, L, I)$ 分别组成 l 维列向量 ξ_1 和 ξ_2。

（三）零售商的最优行为和均衡条件

零售商从制造商处采购产品以满足消费者的需求。设零售商 j 处的需求 $d_j = d_j(p_j)$ 是以单位产品销售价格 p_j 为参数的随机变量，且其取值区间为 $[\underline{d}_j, \overline{d}_j]$，

密度函数为 $\varphi_j(x, p_j)$，分布函数为 $\Phi_j(x; p_j)$，期望为 Ed_j。记 $s_j = \sum_{i=1}^{I} q_{ij}^v$ 为零售商 j 处的产品订购量。为体现零售商间的竞争，假设零售商 j 处的广告展示费用 $C_j(Q^v)$ 与产品的所有交易量 Q^v 有关，且为自身订购量 s_j 的连续凸函数。零售商 j 与制造商 i 的产品交易成本 $\overline{C}_{ij}^v(Q^v)$ 与产品的所有交易量 Q^v 有关且为自身交易量 q_{ij}^v 的连续凸函数。记 $\lambda_j^h(>0)$ 和 $\lambda_j^s(>0)$ 分别为零售商 j 处的单位产品存储费和缺货费。另记 $(y)^+ = \max(y, 0)$。零售商 j 的决策变量为与各个制造商的产品交易量 $q_{ij}^v(i=1, L, I)$，其利润为：

$$R_j = p_j \min\{d_j(p_j), s_j\} - \lambda_j^h(s_j - d_j)^+ - \lambda_j^s(d_j - s_j)^+ - C_j(Q^v)$$
$$- \sum_{i=1}^{I} p_{ij}^v q_{ij}^v - \sum_{i=1}^{I} \overline{C}_{ij}^v(Q^v)$$
$$= p_j s_j - (p_j + \lambda_j^h)(s_j - d_j)^+ - \lambda_j^s(d_j - s_j)^+ - C_j(Q^v)$$
$$- \sum_{i=1}^{I} p_{ij}^v q_{ij}^v - \sum_{i=1}^{I} \overline{C}_{ij}^v(Q^v) \tag{5}$$

则期望利润为：

$$E(R_j) = p_j s_j - C_j(Q^v) - \sum_{i=1}^{I} p_{ij}^v q_{ij}^v - \sum_{i=1}^{I} \overline{C}_{ij}^v(Q^v)$$
$$+ \begin{cases} (-1)\lambda_j^s(Ed_j - s_j), & s_j \leqslant \underline{d_j} \\ (-1)\lambda_j^s(Ed_j - s_j) - (p_j + \lambda_j^h + \lambda_j^s)\int_{\underline{d_j}}^{s_j} \Phi_j(x; p_j)dx, & \underline{d_j} < s_j \leqslant \overline{d_j} \\ (-1)(p_j + \lambda_j^h)(s_j - Ed_j), & s_j > \overline{d_j} \end{cases} \tag{6}$$

记缺货损失为 $H_j = \lambda_j^s(d_j - s_j)^+$，其方差为：

$$Var(H_j) = Var[\lambda_j^s(d_j - s_j)^+] = (\lambda_j^s)^2\{E[(d_j - s_j)^+]^2 - [E(d_j - s_j)^+]^2\}$$
$$= \begin{cases} (\lambda_j^s)^2 Var(d_j), & s_j \leqslant \underline{d_j}, \\ -(\lambda_j^s)^2 [\int_{\underline{d_j}}^{s_j} \Phi_j(x; p_j)dx]^2 - 2(\lambda_j^s)^2 E(d_j)\int_{\underline{d_j}}^{s_j} \Phi_j(x; p_j)dx \\ + 2(\lambda_j^s)^2 \int_{\underline{d_j}}^{s_j} x\Phi_j(x; p_j)dx + (\lambda_j^s)^2 Var(d_j), & \underline{d_j} < s_j \leqslant \overline{d_j}, \\ 0, & s_j > \overline{d_j} \end{cases} \tag{7}$$

零售商 j 的效用最大化模型为：

$$\max_{(q_{ij}^v)_{I \times 1} \in \mathbf{R}_+^I} G(Q^v) = E(R_j) - a_j Var(H_j) \tag{8}$$

令：

$$U_{ij}(Q^{v*}) = \partial C_j(Q^{v*})/\partial q_{ij}^v + p_{ij}^{v*} + \partial \overline{C}_{ij}^v(Q^{v*})/\partial q_{ij}^v$$

$$+\begin{cases}(-p_j^*)-\lambda_j^s, & s_j^*\le \underline{d_j}\\ (-p_j^*)-\lambda_j^l+\big[p_j^l+\lambda_j^h+\lambda_j^l+2a_j(\lambda_j^s)^2(s_j^*-Ed_j(p_j^*))\big]\Phi_j(s_j^*;p^*)\\ -2a_j(\lambda_j^s)^2\Phi_j(s_j^*;p_j^*)\int_{\underline{d_j}}^{s_j^*}\Phi_j(x;p_j^*)dx, & \underline{d_j}<s_j^*\le\overline{d_j}\\ \lambda_j^h, & s_j^*>\overline{d_j}\end{cases}\tag{9}$$

假定零售商间进行非合作竞争，因此零售市场的 *Nash* 均衡满足变分不等式。即确定 $Q^{v*}\in R_+^{IJ}$，使其满足：

$$\sum_{j=1}^{J}\sum_{i=1}^{I}U_{ij}(Q^{v*})\cdot(q_{ij}^v-q_{ij}^{v*})\ge 0,\quad \forall Q^v\in R_+^{IJ}\tag{10}$$

（四）消费市场的最优行为和均衡条件

任何一个消费市场必须决定：①从零售商处购买多少产品；②为购买产品愿意支付多少的价格；③向制造商返还多少废旧产品。在正向物流中，类似于 *Nagurney*[6] 提出的空间价格均衡模型以及文献 [10]，消费市场 k 的均衡条件可以通过以下方程刻画：

$$Ed_j(p_j^*)\begin{cases}=\sum_{i=1}^{I}q_{ij}^{v*}, & p_j^*>0\\ \le\sum_{i=1}^{I}q_{ij}^{v*}, & p_j^*=0\end{cases}\tag{11}$$

$$h_j(Q^{b*})+C_{ji}^b(Q^{b*})\begin{cases}\ge p_{ji}^{b*}, & q_{ji}^{b*}=0,\\ =p_{ji}^{b*}, & q_{ji}^{b*}\ge 0.\end{cases}\tag{12}$$

$$E[\min\{d_j(p_j),s_j\}]\ge\sum_{i=1}^{I}q_{ij}^b\tag{13}$$

其中，$h_j(Q^b)$ 为消费市场 j 处消费者返还单位废旧产品的负效用，假设其为自身废旧产品返还量 q_j^{b*} 的单调增加函数，表示返还的废旧产品越多，消费者希望从回收商处获得更多的补偿。$C_{ji}^b(Q^{b*})$ 为消费市场 j 处消费者与制造商 i 交易废旧产品时由消费者承担的交易成本，并且为交易量 q_{ji}^b 的单调增加函数。

式（11）指当消费者愿意支付的价格大于零时，消费者的购买量应恰好等于零售商的销售量。式（12）指消费者与制造商发生废旧产品交易时，制造商的收购价应不低于消费者的索取的价格。式（13）表示回收商从需求市场回收的总量不超过消费市场上的产品总量。

令：

$$V_{ij}(Q^v) = \frac{\partial E[\min\{d_j(p_j), s_j\}]}{\partial q_{ij}^v} = \begin{cases} 1, & s_j \leqslant \underline{d}_j, \\ 1 - \Phi_j(s_j; p_j), & \underline{d}_j < s_j \leqslant \overline{d}_j, \\ 0, & s_j > \overline{d}_j. \end{cases} \tag{14}$$

结合消费市场的正向物流与逆向物流的行为，所有消费市场的均衡条件可以通过以下变分不等式刻画：决定 $(p^*, Q^{b*}, Q^{v*}, \xi_3^*) \in R_+^{J+JI+IJ+J}$ 满足：

$$\sum_{j=1}^{J} \left[\sum_{i=1}^{I} q_{ij}^{v*} - Ed_j(p_j^*) \right] [p_j - p_j^*] + \sum_{j=1}^{J} \sum_{i=1}^{I} [h_j(Q^{b*}) + C_{ji}^b(Q^{b*}) +$$

$$\xi_{3j}^* - p_{ji}^{b*}][q_{ji}^b - q_{ji}^{b*}] - \sum_{j=1}^{J} \sum_{i=1}^{I} \xi_{3j}^* V_{ij}(Q^{v*})[q_{ij}^v - q_{ij}^{v*}] +$$

$$\sum_{j=1}^{J} [E[\min\{d_j(p_j^*), s_j^*\}] - \sum_{i=1}^{I} q_{ij}^{b*}][\xi_{3j} - \xi_{3j}^*] \geqslant 0, \quad \forall (p, Q^b, Q^v, \xi_3) \in$$

$$R_+^{J+JI+IJ+J} \tag{15}$$

式中，ξ_{3j} 为约束条件（13）的 Lagrange 乘子，所有的 $\xi_{3j}(j=1, L, J)$ 组成 J 维列向量 ξ_3。

（五）供应链网络均衡模型

当供应链网络达到均衡时，各层成员间物量的愿意拨出量应当等于愿意接收量。换言之，网络均衡应是同时满足式（2）、式（4）、式（10）和式（15）。将四式相加即得闭环供应链网络均衡的条件。

定理供应链网络均衡为 $(Q^{r*}, Q^{v*}, Q^{b*}, p^*, \xi_1^*, \xi_2^*, \xi_3^*) \in R_+^{NI+IJ+JI+J+2I+J}$，且满足：

$$\sum_{n=1}^{N} \sum_{i=1}^{I} \left[\partial f_n^r(Q^{r*}) / \partial q_{ni}^r + \partial C_{ni}^r(Q^{r*}) / \partial q_{ni}^r + \partial f_i^v(\beta_r, Q^{r*}) / \partial q_{ni}^r \right.$$

$$+ \partial \overline{C}_{ni}^r(Q^{r*}) / \partial q_{in}^r + \overline{\beta}_r \rho - \beta_r \xi_{2i}^*] \times [q_{ni}^r - q_{ni}^{r*}]$$

$$+ \sum_{i=1}^{I} \sum_{j=1}^{J} \left[\partial C_{ij}^v(Q^{v*}) / \partial q_{ij}^v + \delta + \alpha \xi_{1i}^* + \xi_{2i}^* + \partial C_j(Q^{v*}) / \partial q_{ij}^v \right.$$

$$+ \partial \overline{C}_{ij}^v(Q^{v*}) / \partial q_{ij}^v + g_{ij}(Q^{v*})] \times [q_{ij}^v - q_{ij}^{v*}]$$

$$+ \sum_{j=1}^{J} \sum_{i=1}^{I} \left[\partial f_i^b(\beta_b, Q^{b*}) / \partial q_{ji}^b + \partial \overline{C}_{ji}^b(Q^{b*}) / \partial q_{ji}^b + C_{ji}^b(Q^{b*}) \right.$$

$$+ \partial \varphi_i(q_i^{b*}) / \partial q_{ji}^b + h_j(Q^{b*}) + \overline{\beta}_b \rho - \delta - \xi_{1i}^* - \beta_b \xi_{2i}^*$$

$$+ \xi_{3j}^*] \times [q_{ji}^b - q_{ji}^{b*}] \sum_{j=1}^{J} \left[\sum_{i=1}^{I} q_{ij}^{v*} - Ed_j(p_j^*) \right] [p_j - p_j^*] +$$

$$\sum_{i=1}^{I} \left[\sum_{j=1}^{J} q_{ji}^{b*} - \alpha \sum_{j=1}^{J} q_{ij}^{v*} \right] [\xi_{1i} - \xi_{1i}^*] + \sum_{i=1}^{I} \left[\beta_r \sum_{n=1}^{N} q_{ni}^{r*} + \beta_b \right.$$

$$\sum_{j=1}^{J} q_{ji}^{b*} - \sum_{j=1}^{J} q_{ij}^{v*}] [\xi_{2i} - \xi_{2i}^*] + \sum_{j=1}^{J} \left[s_j^* - \sum_{i=1}^{I} q_{ij}^{b*} + w_j(Q^{v*}) \right] [\xi_{3j} - \xi_{3j}^*] \geqslant$$

$$0,$$

$$\forall (Q^r, Q^v, Q^b, p, \xi_1, \xi_2, \xi_3) \in R_+^{NI+IJ+JI+J+2I+J} \tag{16}$$

其中，

$$g_{ij}(Q^{v*}) = \begin{cases} (-p_j^*) - \lambda_j^s - \xi_{3j}^*, & s_j^* \le \underline{d_j} \\ (-p_j^*) - \lambda_j^s + [p_j^* + \lambda_j^h + \lambda_j^s + 2a_j(\lambda_j^s)^2 \\ (s_j^* - Ed_j(p_j^*))]\Phi_j(s_j^*; p_j^*) \\ - 2a_j(\lambda_j^s)^2 \Phi_j(s_j^*; p_j^*) \int_{\underline{d_j}}^{s_j^*} \Phi_j(x; p_j^*) dx - \xi_{3j}^* \\ [1 - \Phi_j(s_j^*; p_j^*)], & \underline{d_j} < s_j^* \le \overline{d_j} \\ \lambda_j^h, & s_j^* > \overline{d_j} \end{cases} \tag{17}$$

$$w_j(Q^{v*}) = \begin{cases} 0, & s_j^* \le \underline{d_j}, \\ -\int_{\underline{d_j}}^{s_j^*} \Phi_j(x; p_j^*) dx, & \underline{d_j} < s_j^* \le \overline{d_j}, \\ -[s_j^* - E(d_j)], & s_j^* > \overline{d_j}. \end{cases} \tag{18}$$

类似 Dong 等[7]（2004），由变分不等式（2）可得供应商与制造商间的原材料交易价格为：

$$p_{ni}^{r*} = \partial f_n(Q^{r*})/\partial q_{ni}^r + \partial C_{ni}^r(q_{ni}^{r*})/\partial q_{ni}^r \tag{19}$$

由变分不等式（4）可得制造商与零售商产品交易价格为：

$$p_{ij}^{v*} = \partial C_{ij}^v(q_{ij}^{v*})/\partial q_{ij}^v + \delta + \alpha\xi_{1i}^* + \xi_{2i}^* \tag{20}$$

由变分不等式（15）可得消费市场的废旧产品回收价格为：

$$p_{ji}^{b*} = h_j(Q^{b*}) + C_{ji}^b(q_{ji}^{b*}) + \xi_{3j}^* \tag{21}$$

在求解式（16）之前，必须保证解的存在性和唯一性，对此类问题的详细介绍可参考 Nagurney 等人的研究，式（16）的证明甚易，本文不再赘述。

四、数值算例

He 于 1997 年提出的求解变分不等式的投影收缩算法具有自适应选择步长和计算简便的特点，且满足本文网络均衡计算的所有要求，因此本文采用此算法求解网络均衡模型（16）。

本节算例对 Nagurney 的算例进行修改，采用投影收缩算法编程求解，置收敛解为相继两部迭代获得的解绝对误差不超过 10^{-8}。

以两个供应商、两个制造商和两个零售商以及对应的需求市场组成的网络为例进行分析。设成本函数和其他各参数取值为：

$$f_1^r(Q^r) = 2(\sum_{i=1}^{2} q_{i1}^r)^2 + 1.5(\sum_{i=1}^{2} q_{i1}^r)(\sum_{i=1}^{2} q_{i2}^r) + 2,$$

$$f_2^r(Q^r) = 3(\sum_{i=1}^{2} q_{i2}^r)^2 + 1.3(\sum_{i=1}^{2} q_{i1}^r)(\sum_{i=1}^{2} q_{i2}^r) + 2,$$

$$f_1^r(\beta_r,Q^r) = 4(\beta_r \sum_{n=1}^{2} q_{1n}^r)^2 + 2(\beta_r \sum_{n=1}^{2} q_{1n}^r)(\beta_r \sum_{n=1}^{2} q_{2n}^r) + 2,$$

$$f_2^r(\beta_r,Q^r) = 3(\beta_r \sum_{n=1}^{2} q_{2n}^r)^2 + 3(\beta_r \sum_{n=1}^{2} q_{1n}^r)(\beta_r \sum_{n=1}^{2} q_{2n}^r) + 2,$$

$$f_1^b(\beta_b,Q^b) = 5(\beta_b \sum_{j=1}^{2} q_{1j}^b)^2 + 4(\beta_b \sum_{j=1}^{2} q_{1j}^b)(\beta_b \sum_{j=1}^{2} q_{2j}^b) + 3,$$

$$f_2^b(\beta_b,Q^b) = 7(\beta_b \sum_{j=1}^{2} q_{2j}^b)^2 + 3(\beta_b \sum_{j=1}^{2} q_{1j}^b)(\beta_b \sum_{j=1}^{2} q_{2j}^b) + 2,$$

$$\varphi_1(q_1^b) = 1.2(q_1^b)^2 + 0.7q_1^b, \varphi_2(q_2^b) = 1.5(q_2^b)^2 + 0.5q_2^b, h_j(Q^b) = 3$$

$$\sum_{i=1}^{2} q_{ij}^b, C_{in}^r(Q^r) = \overline{C_{in}^r}(Q^r) = 0.1(q_{in}^r)^2, C_{ji}^b(Q^b) = 3 + q_{ij}^b,$$

$$\overline{C_{ji}^b}(Q^b) = 0.1(q_{ij}^b)^2, C_{ij}^v(Q^v) = \overline{C_{ij}^v}(Q^v) = 0.1(q_{ij}^v)^2,$$

$$C_j(Q^v) = 0.2(\sum_{i=1}^{2} q_{ij}^v)^2, \overline{\rho} = 1, \beta_r = 0.8, \beta_b = 0.4, \delta = 1.5, \alpha = 0.4, \lambda_j^h = 1, \lambda_j^s = 2, 其中, n, i, j \in \{1,2\}。$$

假定需求市场 j 中的需求服从区间 $[0, b_j/p_j)$ 上的均匀分布，其中，$b_j = 2000$。为了分析风险规避度对物量、回收率、价格、利润和效用的影响，通过 MATLAB 编程显示风险规避度与各量关系如图2~图3和表1~表2所示。

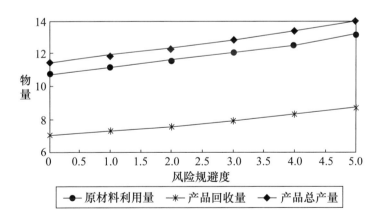

图2 两个零售商风险规避度相同方向变化对均衡结果的影响

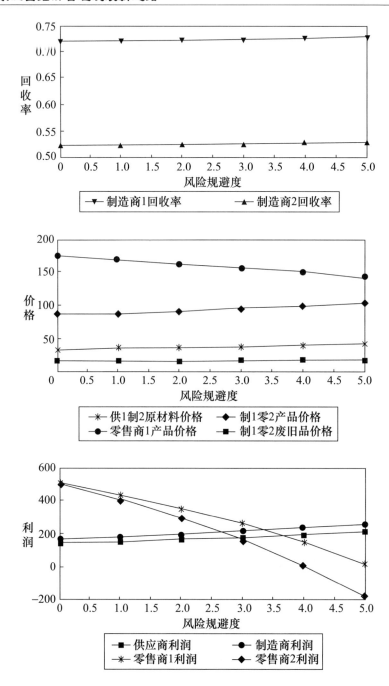

图2 两个零售商风险规避度相同方向变化对均衡结果的影响（续图）

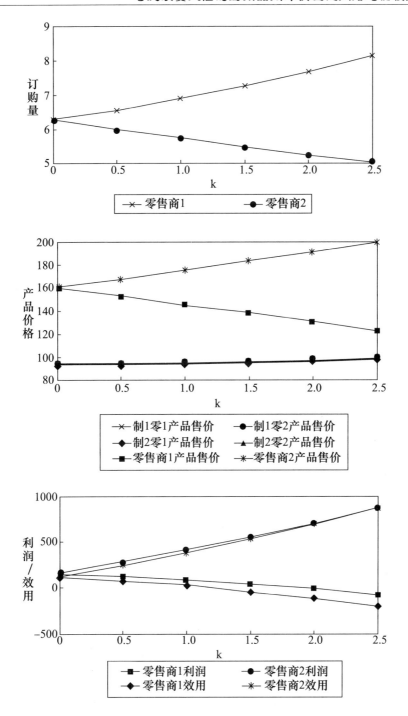

图3　两个零售商风险规避度不同方向变化对均衡结果的影响

图 2 以及表 1 分别显示 $a_1 = a_2 = k$，k 取 0 ~ 5 时的物量，回收率、价格、利润和效用结果。当缺货风险规避度增大时，原材料、回收材料和产品总产量都增加，废旧产品回收率无明显变化，产品零售价格下降，废旧产品回收价格上升，零售商利润和效用减少，供应商和制造商利润增加。这一结果与实际情况一致，当缺货风险规避度增大时，也即缺货风险给零售商造成更大危害时，零售商宁愿牺牲部分潜在利润增加订购量，销售更多的产品，产品价格降低。为了满足零售商更多的订购量，制造商增加原材料的采购和增加废旧产品的回收，原材料的收购价格和废旧产品的回收价格上升，供应商和回收利润增加，受产品订购量增加和订购价格升高的影响，制造商的利润增加。消费者能够以更低的价格购买到更多的产品，消费者福利增加。另外，因利用原材料和回收材料生产产品的成本无相对变化，因而风险规避度的变化不影响产品的回收率。

表 1　两个零售商风险规避度相等时的正向和逆向价格

$a_1 = a_2 = k$		0	1.0000	2.0000	3.0000	4.0000	5.0000
p_{in}^r	p_{11}^r	33.3964	34.5386	35.8103	37.2380	38.8568	40.7134
	p_{12}^r	33.6513	34.8022	36.0836	37.5223	39.1534	41.0242
	p_{21}^r	33.5053	34.6512	35.9271	37.3595	38.9835	40.8462
	p_{22}^r	33.7603	34.9149	36.2004	37.6437	39.2801	41.1570
p_{ij}^v	p_{11}^r	85.2412	88.0969	91.2764	94.8462	98.8935	103.5356
	p_{12}^r	85.2412	88.0969	91.2764	94.8462	98.8935	103.5356
	p_{21}^r	85.1853	88.0392	91.2168	94.7844	98.8291	103.4684
	p_{22}^r	85.1853	88.0392	91.2168	94.7844	98.8291	103.4684
p_j	p_1	175.1363	169.2269	163.0996	156.7282	150.0813	143.1194
	p_2	175.1363	169.2269	163.0996	156.7282	150.0813	143.1194
p_{ij}^b	p_{11}^r	15.4850	15.9489	16.4655	17.0454	17.7029	18.4570
	p_{12}^r	15.4850	15.9489	16.4655	17.0454	17.7029	18.4570
	p_{21}^r	15.0948	15.5434	16.0430	16.6038	17.2397	17.9690
	p_{22}^r	15.0948	15.5434	16.0430	16.6038	17.2397	17.9690

表 2　两个零售商风险规避度相异时产品价格

k		0	0.5000	1.0000	1.5000	2.0000	2.5000
$a_1 = 2.5 + k$		2.5000	3.0000	3.5000	4.0000	4.5000	5.0000
$a_2 = 2.5 - k$		2.5000	2.0000	1.5000	1.0000	0.5000	0.5000
p_{ij}^v	p_{11}^v	6.2521	6.5528	6.8868	7.2650	7.6876	8.1478
	p_{12}^v	6.2521	5.9764	5.7190	5.4744	5.2441	5.0316

续表

p_{ij}^{v}	p_{21}^{v}	93.0077	93.2154	93.7937	94.7815	96.3218	98.5638
	p_{22}^{v}	93.0077	93.1578	93.6770	94.6024	96.0775	98.2521
p_i	p_1	92.9470	93.1546	93.7326	94.7197	96.2589	98.4988
	p_2	92.9470	93.0970	93.6158	94.5406	96.0146	98.1872

图 3 以及表 2 分别显示 $a_1 = 2.5 + k$，$a_2 = 2.5 - k$，当 k 取 $0 \sim 2.5$ 时对应的两个零售商的产品交易量、交易价格、利润和效用结果。分析图表可知，随着零售商 1 的缺货风险规避度的不断增大，零售商 1 为了抵御不断增大的缺货风险，增加产品的订购量，降低产品零售价，利润和效用减少。零售商 2 则相反，随着缺货风险规避度的不断减小，减少产品订购量，提高产品销售价格，获得更多的利润和效用。

五、结论

本文研究了制造商负责产品生产和回收，零售商负责产品销售且零售商是缺货风险规避型企业，产品需求具有随机性的闭环供应链网络均衡问题。利用变分不等式以及 Lagrange 对偶理论，分别刻画了供应商、制造商、零售商以及消费者的最优行为，并建立了整个供应链网络均衡模型。通过数值算例分析了缺货风险规避程度对闭环供应链网络均衡的影响。结果表明：当零售商的缺货风险危害增大时，为了抵御缺货风险，零售商扩大产品的订购量，促使供应商生产更多的原材料和制造商回收更多的废旧产品，零售商为了销售更多的产品，降低产品的售价，最终导致零售商利润下降，供应商和制造商利润以及消费者福利增加。

参考文献

[1] 郭福利，陈菊红.零售商具有风险规避的供应链收益共享契约设计 [J].工业工程，2010，13（2）.

[2] 王虹，周晶.竞争和风险规避对双渠道供应链决策的影响 [J].管理科学，2010，23（1）.

[3] 孟炯，郭春霞.基于产品低碳责任的供应链风险与竞争分析 [J].软科学，2012，26（9）.

[4] 杨德礼，郭琼.基于不同风险偏好组合的供应链协作方式的研究 [J].

管理科学，2005，18（5）．

［5］肖复东，聂佳佳，赵冬梅．考虑零售商风险规避的闭坏供应链回收策略研究［J］．工业工程与管理，2011，16（5）．

［6］Nagurney A，Dong J，Zhang D. A Supply Chain Network Equilibriu Mmodel［J］. Transportation Research：Part E，2002，38（5）．

［7］Dong J，Zhang D，Nagurney A. A Supply Chain Network Equilibrium Model with Random Demand［J］. European Journal of Operational Research，2004，156（1）．

［8］张铁柱，刘志勇，滕春贤等．多商品流供应链网络均衡模型的研究［J］．系统工程理论与实践，2005，25（7）．

［9］滕春贤，姚锋敏，胡宪武．具有随机需求的多商品流供应链网络均衡模型的研究［J］．系统工程理论与实践，2007（10）．

［10］David Hammond，Patrick Beullens. Closed－Ioop supply chain network equilibrium under legislation［J］. European Journal of Operational Research，2007（1）．

［11］Nagurney A，Cruz J，Dong J. Supply Chain Nnetworks，Electronic Commerce，and Supply side and Demand Side Risk［J］. European Journal of Operational Research，2005，164（2）．

［12］He B S. A Class of Projection and Contraction Methods foe Monotone Variational inequalities［J］. Applied Mathematics and Optimization，1997，35（1）．

［13］胡劲松，李增强，胡小根等．供应链网络双渠道均衡［J］．信息与控制，2012（41）．

消费者导向下企业营销战略
变迁与创新

彭　越

摘　要： 消费者的消费行为与企业营销模式存在密切的关系，企业的营销活动无不围绕着以消费者为中心来展开。新经济时代面对我国居民特有的消费方式、消费结构和消费趋势，企业必须顺应而为、与时俱进，研究消费变化规律，理解消费行为变迁，以消费者为核心和导向，有针对性地进行营销战略的调整、改变和创新，建构新型、多元市场的营销战略体系。

关键词： 消费者导向　营销战略　核心竞争力　可持续发展

随着经济及政治体制的变革，科技的迅猛发展和后工业时代的来临，我国城乡居民的消费方式、消费结构、消费水平、消费心理、消费趋势、价值导向都发生了翻天覆地的变化，消费行为不再是一般的经济环节，而是融入整个社会体系当中。消费行为和企业营销有着密不可分的关联，有效的市场营销的依据和根本就是消费行为。作为企业的经营者，要想让企业生存下来并获得长足发展，市场营销战略这个企业的核心竞争力所发挥的关键作用已经得到众多企业的高度重视，其营销战略都是紧紧围绕消费者而展开的。

一、营销战略的概念及内涵

营销战略是指企业在现代市场营销观念下，为实现经营目标，基于外部市场机会和内部资源状况等因素，选择有效的市场营销战略组合，并予以实施和控制

原文刊登于《江西企业家》2015 年第 1 期。

【作者简介】彭越：工商管理系讲师，研究方向：企业管理、市场营销。

的过程。其实质是在动态的市场、特定的时间、限定的资源范围内，产品获得市场定位、生存、成长和可持续的竞争优势，为消费者提供满意的商品和服务而实现企业目标的过程。营销战略包括目标市场战略、营销组合战略和营销战略费用预算三个方面。我国学者邓念先认为，营销战略应把价格战略、质量战略以及服务战略包含在内。

市场营销战略理论经历了一个发展的过程，最早由麦卡锡提出的 4P 理论，即产品（Product）、渠道（Place）、定价（Price）、促销（Promotion），注重以企业为核心和市场为导向；罗伯特·劳特朋从满足顾客需求角度出发，提出了著名的 4C 理论，即消费者需求（Customer）、成本（Cost）、便利性（Convenience）和沟通（Communication），相较之下，4C 理论有进一步的深入和发展，不管是 4P 还是 4C 都缺乏企业与消费者之间的良性互动，故美国营销学家唐·舒尔茨建构了 4R 市场营销理论，即关联（Relevancy）、关系（Relation）、反应（Reaction）以及回报（Return），这是营销战略的重大发展。在营销战略中，采用较多的工具是 PEST 分析理论和 SWOT 分析理论。PEST 分析工具，是政治（Political）、经济（Economic）、社会（Social）与技术（Technological）的缩写，表明宏观环境对营销战略的制定与实施的影响。SWOT 分析又称态势分析法，是对企业优势（Strengths）、劣势（Weaknesses）、机会（Opportunities）和威胁（Threats）进行分析，为市场营销战略的制定打下坚实的基础。随着经济形态的发展，理论的关注点再度由服务经济向体验经济转变，向 6E 方向拓展延伸，6E 即体验（Experience）、情景（Environment）、事件（Event）、侵入（Engaging）、印象（Effects）和延展（Extension）。这些变化以及所产生的实践活动，大大推动了企业营销战略理念以及在营销战略实践中消费者导向地位的巩固。

二、我国企业营销战略变迁与中美的比较

在我国，企业的营销战略和居民的消费模式紧密相关。周叔莲对消费模式进行了界定，认为消费模式包括消费内容、消费水平、消费方式、消费结构、消费趋势等，反映了消费领域的变化与规律。

（一）我国企业营销战略的发展变迁与实践

营销战略的发展自新中国成立以来经历了四个阶段的变迁过程，即新中国成

立后至中共十一届三中全会前，在高度集中的计划经济体制下，企业经营自主权非常有限，市场营销基本处于空白状态，这是第一阶段。第二阶段是经济体制转型后至20世纪90年代初期，计划与市场并行，竞争开始加剧，企业逐渐注重和学习营销理论和实践，这是引进学习及推广发展阶段。第三阶段是20世纪90年代，我国全面进入市场经济，居民消费能力大幅度提高，企业营销面临前所未有的机遇和挑战，这是开放式消费模式阶段。第四阶段是21世纪初至今，全球经济趋于一体化，国际竞争更加激烈，企业意识到营销战略必须立足本土消费特征，形成中国式营销观念，实现营销理念的突破。

（二）中美营销战略的比较与启示

1. 企业营销环境方面

企业要想制定出正确的营销战略，必须对市场环境有充足的了解，通过各种方式去规避潜在的风险与现实的威胁。以美国为例，美国是世界上最发达的国家，居民收入和消费水平较高，居于高收入高消费模式。我国是最大的发展中国家，但相对于美国等发达国家而言，整体仍居低消费模式，故在学习借鉴运用现代营销战略时，要走适合我国国情的营销战略道路。

2. 企业营销观念方面

营销观念是企业的生命线和行动纲领，其正确与否，关系营销战略的得失成败，关系企业的兴衰荣辱，因此西方国家特别重视营销观念，营销学家也不遗余力地推出有益市场发展的营销概念，用以指导市场营销活动。我国企业由卖方市场逐渐转向买方市场，由不操心产品销路到重视营销、注重广告的转变，开始树立营销观念，但在营销观念上，仍具有滞后性、不均衡性等特点。

3. 企业营销战略方面

企业营销战略是企业战略的核心和重要组成部分，具有全局性、长远性、纲领性、竞争性、稳定性等特征，以及稳定型、反应型、先导型、探索型、创造型等模式。中美在这方面的认知差异较大，美国强调细分市场、选定目标，突出企业与众不同的竞争力。我国还不大善于运用战略意识对变幻莫测的市场进行分析，缺乏相关经验和技巧。美国营销战略的成功，给我们的启示是将企业的营销战略融入竞争战略中，营销战略要具有创新精神，要及时阻止竞争对手进入市场，营销战略各要素须保持方向一致。

三、当前我国企业市场营销中存在的问题

　　尽管营销战略在我国得到企业家的重视，并在营销实践中取得一定成果，但相比西方发达国家，我国还缺乏与现代竞争环境相适应的营销战略体系，表现为：一是企业对消费模式差异性表现漠视，更多的是凭经验、感觉和领导好恶来投资，营销战略意识淡薄、短视。每个消费者的消费行为都是不同的，对此，要学会求同存异，这是制定营销战略的关键点。二是企业营销还停留在满足消费需求阶段，忽视引导、创造消费需求，而且专注高消费区域，刺激奢华消费，对中低消费区域相对供应不足。传统营销手段只考虑现实买卖的达成，关注眼前的交易。三是产品缺乏持续创新，开发新市场能力欠佳，营销方式滞后，忽视了网络营销的影响力等。很多企业为获取更多利益过于专注高消费人群和高消费区域，刺激过度消费和奢华消费，而对广大的中低消费人群和领域关注较少。四是企业在营销引导方面重视不够。真正的营销战略是创造出消费需求，企业不能只注重瓜分有限的市场，更重要的是去创造市场需求，做大"蛋糕"，不能只重视眼前利益、经济利益，而不顾长远利益和社会利益。五是营销方式滞后于市场，企业面临的环境压力较大。传统的企业营销方式大多以产品为中心，企业营销局限于某一区域，经济活动比较简单，如不及时针对环境做出有效调整，将影响企业的销售和收入，企业的压力倍增。

四、新经济背景下消费者导向的企业
营销战略创新方案

　　（一）以消费模式导向企业营销战略制定，倡导绿色消费，引导健康消费，提高营销信誉体系

　　营销战略是否正确，在于企业能否精准把握消费者的消费行为。时代不同，消费模式会发生相应的变化，营销战略就不可能一成不变，而必须与时俱进，围

绕消费模式进行相应的调整和改变，才能在激烈竞争中生存、发展和壮大。在21世纪，随着生态环境问题的日益突出和老百姓对高质量生活的渴求，人们趋向于绿色生活观念，积极购买和使用绿色产品，倡导绿色、和谐的消费观念，这种消费观念的兴起，有利于节约有限的资源和保护脆弱的生态环境，是兼顾长远的可持续发展消费模式，成为一种消费新时尚，是一种人类与大自然和谐共存的消费形式。对此，政府应该因势利导，企业也要顺应消费者需求，树立绿色营销观念，积极发展绿色产业，杜绝过度消费、奢华消费，崇尚节约，推行理性消费，引导健康消费，制定正确的营销战略，促进社会可持续发展。

（二）建立营销新观念，创新营销新途径，开拓营销新市场

建立以消费者需求为中心，社会责任与企业利益为两翼优势互补的营销格局，即树立消费者、企业、社会三位一体的营销观念，对三者要做到利益兼顾，而不仅仅是偏重某一方面，这样企业才能占领市场，才具有发展机会，菲利普·科特勒指出，"创造需求是营销的核心"，他认为，一个优秀的公司在于满足社会需求，而真正伟大的公司是去创造需求。可见，营销工作必须以满足顾客需求为第一，同时注意创造和发现顾客新的需求，不断引导顾客寻找新的需求，把握明天市场活动营销主动权，使得市场需求引导企业转变为企业引导市场需求，企业的一切营销活动，都是以满足消费者需求为出发点和中心，以消费者的满意度为企业营销的最高目标和最终标准，将"顾客第一"真正落到实处，实施动态营销战略，驾驭未来市场。

（三）提高营销人员素质，打造一支稳定、团结、忠诚、高效、务实、和谐的营销精英队伍

创新是当今知识经济时代的灵魂与核心，但创新离不开高素质的人才，市场竞争是个人创新能力、社会应变能力、企业管理能力等综合素质的竞争，要想快速、高效、精准地推进企业的营销战略，能力强、素质高的营销队伍必不可少。知识和能力的载体是人，北大方正集团创始人王选讲过一句话，有人才，能发财。通过选用能人，用才发财，发了财，增长知识能力再发财，解决好"才和财"的关系，形成才和财的良性循环，树立人才本位的思想。对此，树立终身学习的观念和思想，加强专业业务培训，聘请相关专家顾问，提高其业务素质和专业知识水平及驾驭把控市场的能力，定期召开优秀营销人员经验交流会和总结大会，改进工作方式方法，进行标准化、精细化管理，运用科学、合理的薪酬考核

办法，增强营销人员的凝聚力，实行动态激励机制，调动营销人员工作的积极性，使能者上、平者让、庸者下，形成你追我赶、充满活力的氛围。

（四）增强企业品牌意识，建立科学、高效、多元化的营销网络

企业的竞争力在很大程度上拼的是品牌，故要恰当运用好无形的品牌的力量。企业要想长远、可持续发展，必须高度重视品牌的力量，把品牌经营作为企业竞争的基本战略思想，品牌也成为企业的核心竞争力，是一项稀缺的战略性资产，尤其是现在竞争环境恶化，行业结构处于调整期，产品的生命周期缩短，在电子产品上表现得尤其明显，产品更新换代迅猛，这些因素叠加，使得原本有限的市场空间持续萎缩，营销成本增加。在这种情况下，要想保持顾客的忠诚度，品牌的贡献尤显重要。随着网络进入千家万户，网上购物、网上消费、网上下单等层出不穷，网络也被营销推广赋予了重要职能，很多企业创立了自己的网络营销渠道，针对市场特点、消费者需求、企业目标定位、营销资源等对消费者进行了细分，形成高效的网络营销渠道，促进了企业的销售。而且企业针对产品进行多元化营销策略，生产多元化的产品，目的就是稳定老客户，吸引新客户，以消费者的喜好和市场导向为主，改进原产品，融入高科技，增加新技术，做到产品质量好、品种全、服务好，使得产品更具有竞争力。

综上所述，新经济时代，现代企业在制定营销战略时，要摆脱旧理念的束缚，用全新的目光和思维来认知新环境，建构针对性强的营销战略，制定营销战略既要考虑自身利润趋大，也要考虑社会责任，学会换位思考，从消费者的立场去思考产品的销售问题，企业要目光长远，敢于迈出国门，开辟国际市场，参与国际竞争，进入国际领域时，坚持品牌的本土化，培养忠诚的消费者群体。

参考文献

［1］宋茜．基于消费模式变迁的营销战略研究［D］．青岛大学硕士论文，2007．

［2］孙在国．体验新经济时代营销策略创新思考［J］．商业时代，2004（8）．

［3］胡利唐．营销战略与竞争定位［M］．中国人民大学出版社，2007．

人力资源成本会计在企业
绩效评价中的运用

聂小红

摘　要： 在现代市场经济中，人力资源管理在企业管理中占据了越来越重要的地位，其最直接的目标就是最大限度地提高员工的工作绩效。因此，将人力资源成本会计运用到绩效评价指标体系中，有助于企业进行合理的人才资源经营管理决策、克服企业短期行为，使企业在激烈的竞争中生存和发展。

关键词： 人力资源成本会计　绩效评价　运用

以信息技术为核心，以经济全球化为导向的现代市场经济，使企业所面临的商业环境和内部运作方式发生了巨大的变化，企业最具价值和最重要的资源已不再是物质资源，而是人力资源。人力资源管理在企业管理中占据了越来越重要的地位，其最直接的目标就是最大限度地提高员工的工作绩效，而绩效评价的结果是对这一核心目标最直接的体现，是指导各项人力资源管理职能的效标。因而，如何合理的衡量企业人力资源投入成本，实现人力资源投入成本和绩效评价的有机结合，使企业人力资源决策更加合理，是一个值得我们探讨的问题。

原文刊登于《江西企业家》2014 年第 1 期。

【作者简介】聂小红：硕士研究生，副教授，研究方向：工商管理、企业财务。

一、企业绩效评价中运用人力资源成本
会计的可行性研究

（一）经济全球化，为人力资源成本会计在绩效评价中的应用提供了良好的外部环境

随着国际经济全球化、一体化进程的加快，人才的国际化趋势日益突出。在这种环境下，对企业而言，如何尽快建立吸引、留住人才的机制，使企业人力资源管理更加有效、更加合理是一个迫在眉睫的问题。为此，一方面，企业必须加强对人力资源的投资，包括高薪聘用科技人员，重奖为企业带来效益的员工，为员工提供出国进修的机会、晋升等；另一方面，企业必须在人力资源投入的成本和效益方面进行权衡，以实现经济效益的最优。这为在绩效评价中推行人力资源成本会计提供了良好的外部环境。

（二）人力资源成本会计和绩效评价的研究为资源成本会计在绩效评价中的运用提供了理论基础

人力资源成本会计是一种比较成熟的会计模式，为我们核算人力资源投入成本提供了一定的方法，同时，也为企业的人力资源管理提供了决策信息，有利于企业进行人力资源的开发和利用。绩效评价是人力资源管理和开发的重要环节，随着绩效评价在理论和实践方面的不断发展，人们越来越重视绩效评价在实践中的作用。人力资源成本会计和绩效评价两者统一于人力资源管理职能中，为人力资源成本会计在绩效评价中的运用提供了理论基础。

（三）会计电算化的发展和资源的信息化为人力资源在绩效评价中的运用提供了手段

近些年，会计电算化的普及程度在我国有了很大的提高，会计电算化的应用，可以解决人力资源投入成本在实际推行过程中最大的资料缺乏和计量问题，使人力资源成本会计在绩效评价中的运用成为可能。

二、人力资源成本会计在绩效评价中的运用模式构建

企业构建人力资源成本会计在绩效评价中的运用模式，其实质就是确定人力资源成本会计在企业绩效评价中运用时必须遵循的一些基本原则，即财务指标的选择以及运用程序的问题。

（一）构建人力资源成本会计在绩效评价中运用模式的原则

企业构建人力资源成本会计在绩效评价中运用模式时，必须遵循一些基本的原则，这些原则不仅是构建这种模式的依据，同时还是这种模式行之有效的保证。主要有：

1. 经济原则

所谓的经济原则是指因在企业绩效评价中运用人力资源成本会计而发生的成本，不应超过因其运用所带来的收益。

2. 循序渐进、逐步完善的原则

在企业绩效评价中运用人力资源成本会计，没有大量的实践经验可以借鉴，因此，我们可以先在企业绩效评价的某个层面或某个层面的某个部分运用人力资源成本会计的信息进行评价，通过对人力资源管理的效果进行分析，找出存在的问题反馈于绩效评价，使企业在绩效评价运用人力资源成本会计不断趋于成熟，然后再在整个企业中进行推广，推广的过程也是一个逐步完善的过程。

3. 领导推动原则

由于在企业绩效评价中运用人力资源成本会计涉及每个员工的培训计划、职务晋升等切身利益，并不是一件愉快的事，因此，高层领导必须提供强有力的支持。

（二）人力资源在绩效评价中运用的财务指标

人力资源成本会计在企业绩效评价中的运用主要体现在绩效指标的选择上，因此，确定人力资源成本会计在绩效评价中的运用模式，关键是确定当期人力资源财务指标的问题。人力资源财务指标主要有：

1. 人力资产比率

人力资产比率是企业人力资产与全部资产的百分比。其中人力资产是企业人力资源的取得成本、开发成本、使用成本、替代成本之和。该指标用来反映企业管理者对人力投资的重视程度以及企业的发展潜力。人力资产比率的计算公式为：

人力资产比率 = (人力资产 + 资产总额) × 100%

2. 人力资产利润率

人力资产利润率是息税前利润与平均人力资产总额的百分比。把企业一定时期的息税前利润与企业的人力资产相比，可以反映企业人力资产的利用效果，指标越高，表明人力资产的利用效率越高；反之，指标越低，表明人力资产的利用效率越低。人力资产利润率的计算公式为：

人力资产利润率 = (息税前利润 ÷ 平均人力资产) × 100%

平均人力资产 = (期初人力资产 + 期末人力资产) ÷ 2

3. 人力资产增长率

人力资产增长率是期末人力资产额与期初人力资产额之差与期初人力资产额的比值。该指标大小可以用来评价企业在提高人力资源素质方面所做的贡献。人力资产增长率的计算公式为：

人力资产增长率 = (期末人力资产额 – 期初人力资产额) ÷ 期初人力资产额 × 100%

此外，对企业员工的资历、员工心理、身体素质、技术水平、对企业的满意度等非财务指标可以进行定性分析，也可以运用一些数学方法进行恰当的处理，从而使定性指标得以量化，使绩效评价的结果更加精确。

（三）人力资源成本会计在绩效评价中的运用程序

在企业绩效评价中运用人力资源成本会计的程序大致可分为以下几步：

第一步：进行人力资源成本会计资料的收集和整理

翔实的人力资源成本会计资料是企业在绩效评价中运用人力资源成本会计进行绩效评价的前提，也是确保绩效评价真实、准确的关键。企业应由财务部门和人力资源部门搞好各种资料的登记和保管工作。具体如下：①财务部门在进行人力资源成本核算前，应将所有的人力资源的原始资料进行审核，并按企业人员的分类将所有成本开支按取得成本、开发成本、使用成本、替代成本四个类别进行统计，然后在进行人力资源成本核算、资料汇总的基础上，编制好反映本企业人力资源成本状况的报表，以供企业进行绩效评价时使用。②人力资源部门应当在企业进行人力资源招聘、变更、开发时及时做好各种原始资料的填写和保管，主要包括个人基本情况登记表、个人基本情况变更登记表、个人培训情况登记表等，以供企业进行绩效评价和进行人力资源管理决策时参考。

第二步：计算人力资源成本会计在绩效评价中运用的指标

绩效评价指标是人们对绩效评价对象的各个方面和各个要素进行的评价，只有通过合理的绩效评价指标，才能使人力资源成本会计在绩效评价中的运用具有可操作性。绩效评价指标的计算一般由人力资源部门根据财务部门提供的资料进行。如某公司9月财务部门提供的A分厂厂长张某的资料如下：取得成本5万元，培训成本0.5万元，工资0.7万元。A分厂的可控边际贡献489万元，则张某的投资报酬率 = 489 + (5 + 0.5 + 0.7) = 78.87万元。

第三步：结合到企业绩效评价实施的流程当中去

将人力资源成本会计运用到企业绩效评价中，一般不会影响企业绩效评价体系的实施过程，只是有可能影响企业的绩效评价指标选择和绩效评价指标的权重的重新设计。如企业在对某个部门经理进行绩效评价时，该部门经理原有两个业绩指标，权重各为50%，现在，假设还要考虑企业对经理个人投入与产出的比例，这样，该部门经理业绩指标变成了三个，权重势必将发生重新分配，但对企业绩效评价的实施流程并没有影响。

三、人力资源成本会计在绩效评价中的运用

我们以一个案例来说明人力资源成本会计在企业绩效评价中的运用，（对分公司的绩效评价）。

NC软件股份有限公司（以下简称"NC软件"）成立于1998年6月，于2000年1月上市。公司总部位于JZ高新技术开发区，注册资本金1.4亿元人民币，是HR集团公司控股的上市软件企业。

其主营业务单位包括6个事业部、8个分公司、4个控股子公司等，业绩遍及冶金、电力、交通、金融、贸易、医药卫生等多个行业。2010年实现销售收入18.4亿元人民币。公司下属的第一分公司和第四分公司分别位于城南和城东，资产规模、经营状况大致相当。2010年9月两家分公司提供的财务数据如表1所示。

表1 财务报表 单位：元

单位名称	第一分公司	第四分公司
应付工资	349533.75	357421.63
应付福利费	48934.73	50039.03
人才招募、录用、选拔等费用	3200	
岗前培训、岗位培训等费用	3400	9400
职工教育经	5243.02	5361.32
人力资产投入总成本	410311.50	4222221.98
平均人力资产成本	403661.18	419637.44
息税前利润	6742680.13	4379422.65

第一分公司：人力资产利润率 = 6742680.13 ÷ 403661.18 = 16.70，人力资产比率 = 410311.50 + 731108.97 = 56.12%

第二分公司：人力资产利润率 = 4379422.65 + 419637.44 = 10.43 人力资产比率 = 4222221.98 ÷ 7289094.59 = 57.92%

假设第一分公司的人力资产利润率的绩效得分为 10 分，其他指标的绩效评价分数为 65 分，合计绩效评价分数为 75 分；第二分公司的人力资产利润率的绩效得分为 7 分，其他指标的绩效评价分数也为 65 分，合计绩效评价分数为 72 分。根据 NC 软件股份有限公司的绩效评价制度（以绩效评价结果在绩效工资方面的应用为例），分公司的绩效评价结果为 95 分以上（含 95 分）的，按分公司基本工资总额奖励 10%；绩效评价结果为 85 ~ 95 分的，按分公司基本工资总额奖励 5%；绩效评价结果为 75 ~ 85 分的，按分公司基本工资总额奖励 1%；绩效评价结果为 65 ~ 75 分的，按分公司基本工资总额扣减 2%；绩效评价结果为 65 分以下的，按分公司基本工资总额扣减 5%。假如第一分公司的基本工资总额为 32 万元，第二分公司的基本工资总额为 32.8 万元，则总公司支付第一分公司的绩效工资为：32 × 1% = 0.32 万元；总公司支付第二分公司的绩效工资为：– 32.8 × 2% = – 0.656 万元。

四、企业绩效评价中运用人力资源成本
会计应注意的问题

一个设计科学、执行效率高的绩效评价系统必须能够为企业人力资源决策提供全面的、及时的信息，而且必须得到企业管理者和员工的欢迎和认可。毕竟绩效评价的对象是人，绩效评价的实施方也是人。因此，企业绩效评价中运用人力资源成本会计时，不仅要考虑绩效评价的目的是否明确、绩效评价指标是否合理、绩效评价的方法是否适当、绩效评价信息反馈是否及时等问题，还应当考虑绩效评价是否获得了评价者与被评价者的认可。

　　总之，在企业绩效评价中运用人力资源成本会计时，企业人力资源部门应当充分考虑怎样设计绩效评价制度才能更好地满足管理当局进行人力资源决策的需要，只有这样，才能更好地获得企业管理者和员工对绩效评价制度的认可，实现人力资源投入成本和绩效评价的有机结合。

企业财务管理创新模式初探

罗国萍

摘　要： 现代企业财务管理是经济发展一体化的结果，是企业在市场竞争中管理进化的结果。企业财务管理创新是利用财务管理与企业生产以及企业经营技术结合的创新办法，使财务管理实现了量到质的转变，在发展过程中体现企业管理的继承性和科学性。

关键词： 企业财务管理　创新

一、企业财务管理创新存在的问题

（一）忽略了人力资源的地位

21世纪，人力资源是经济发展和社会进步的根本动力，可以说没有人力资源就不能实现社会的运行正常化，致使经济发展停滞性。我国企业常常忽略人力资源在财务管理中的地位，主要是没有意识到企业财务管理的综合多样性，从而减少了财务管理的人力资源分配。企业人力资源的分配在财务管理方面不够，给人力资源相关的经济利益带来相当大的不便，是产生企业与投资者的利益矛盾的原因之一。

江西省科技厅科技支撑计划课题"中小企业库存控制计算机管理系统的研究与开发"（编号：20123BBE5007）的阶段性研究成果。

原文刊登于《财会通讯·综合》2014年第11期。

【作者简介】罗国萍：会计教研室主任，教授，研究方向：会计学、统计学。

（二）传统管理模式与新时代脱节

在快速发展的经济时代，不少无形资产登上了企业管理舞台，成为当前投资内容之一。然而传统的管理模式不能跟随时代变化，未涉及无形资产的相关管理方案，使传统的管理模式无法处理好无形资产带来的相关问题。不仅如此，传统的财务管理模式发展极为缓慢，阻碍了企业的发展，给企业其他管理带来连锁性的影响。

（三）缺乏创新意识与创新能力

在企业财务管理创新方面，管理工作人员创新意识和创新能力不够，是我国企业管理常见的现象之一，具体原因是员工管理素质不够拔尖，受旧管理模式的根本性影响，缺乏财务管理的创新意识，从而导致创新能力低下。财务管理工作人员创新能力低下，不仅在很大程度上影响了财务创新方案的推出，还给财务管理创新方案的圆满完成造成阻碍，由此可见创新意识和创新能力的重要性。

（四）企业财务管理制度不够

在财务管理方面，合理、科学、严格的财务管理制度能够促进管理工作人员按时按质完成财务管理工作，提高管理工作者的工作积极性，使他们有更高效的工作态度。然而在我国大部分企业中，并没有完善的财务管理制度，从而造成财务管理漏洞和不同程度的经济损失，应当引起管理高层的注意，并成为迫切需要解决的问题。

二、企业财务管理创新模式设计

（一）树立"以人为本"的财务管理观，合理调配人力资源

在高度发展的知识经济时代，人是社会发展的最根本、最基础的劳动者，相比资金的融合，人类智慧的融合发展更加重要，在财务管理创新过程中，要充分

发挥人的智慧，才能为企业创造更多的经济效益，同时给社会带来最大化的福利。我国企业在财务管理方面人力的投入并不合理，主要原因是企业管理者并没有意识到人的重要性，认为计算机就能快速处理好相应的资料，从而减少了人力的投入，其根本原因是企业管理者对财务管理理念的缺失。因此，企业管理者应当适当提高财务管理人力的投入，充分发挥并集合人的智慧，不能因为追求利益最大化而减少财务管理人力的投入，否则只会加剧员工与企业之间的矛盾。

（二）提高财务管理监督机制

在日常的工作过程中，企业管理层应当集合众多管理人员以及股东管理观念，具体分析企业的实际情况，仔细斟酌企业遇到的问题，并结合新时代的经济发展趋势，全球化思考，制定出科学合理的财务管理监督机制，并严格按照监督机制行使监督权力，保护企业固有的经济利益。建立明确的奖惩机制，如有监督到不良的工作行为或者收到有损企业利益行为的举报，一定要给予相关人员严格的处分并加以明示；如有工作态度积极、为企业财务管理做出贡献的员工，根据贡献值给予适当的奖励，以激励更多的优秀员工和警示有不良图谋的员工。

（三）创新意识与提升能力

工作意识是指导企业员工工作的方针，是日常工作思维的集合，也是人们工作行为的体现点。

创新是企业发展的灵魂，企业财务管理创新更是企业发展的重要突破口。财务管理工作者创新意识的培养是管理高层时刻需要关注的事情，而创新能力又与创新意识息息相关，所以对于意识的培养只能从员工的能力出发。在日常工作过程中，企业管理者应适当增加员工的学习机会，且多增加向外交流的机会，与优秀企业员工交流和学习，并时刻倡导创新意识，增加员工对财务管理创新的学习和归纳能力。在员工得"鱼"的同时，使其得到更多的"渔"，使企业财务管理发展更加迅猛。

（四）建立信息化财务管理风险观念

随着信息化时代的到来，管理信息化已经成为现代企业财务管理的特点之一，但信息化财务管理并不是没有弊端。由于快速传播的信息与财务管理工作者不能及时处理问题之间的矛盾，因此财务管理具有一定的风险。员工应适当学习其他优秀企业的风险防范措施，如因为财务管理风险而出现重大损失的企业案例等。只有充分考虑到财务管理过程中的风险，并结合企业相关情况完成有效合理的评估与分析，才能及时发现风险并采取相应的措施，进一步规避风险，减少企业的经济损失。在信息化管理的同时，应当增加管理资料的安全性以确保企业生产和管理资料不外泄，也是减少损失的办法。

（五）集资、投资、运作、收益创新

1. 企业集资管理创新

在这高度发展的经济时代，传统的集资管理已经不适用，尤其是不再适应快速流通的货币市场。随着科学技术的发展，企业的集资方式也有了质的飞跃，可以说集资方式已经呈现多元化的发展趋势，不再是旧管理模式下的单一集资模式。多元化的集资管理使企业的经济市场步入更高的世界舞台，拓展了企业资源的运用，使企业的技术竞争力和市场竞争力进一步提升。特别是在财务管理信息化之后，集资的来源便拓展了很多倍，集资的对象也呈现全球化趋势。在高度竞争的经济时代，企业的集资管理迫切需要创新的支撑，才能优先于其他企业的集资，给企业创造更多的财富。当然，现代企业的集资不仅是资金的筹集，更是逐步转向专业技术的筹集、技术管理人才的筹集、无形资产的筹集以及品牌的筹集，这些集资新内容的出现应当引起财务管理人员的注意，努力学习集资技巧，才能完成相应的集资创新。

2. 企业投资管理创新

在投资管理方面，需要注意经济全球化带来的其他投资内容，包括企业专利投资、人才投资、企业商标投资、管理投资以及其他无形资产投资。当然，这些投资内容的增加势必增加了投资的风险，为减少风险的影响，就需要管理工作人员提高创新意识，重视企业的无形资产的投资方案的建立，同时加大对无形资产的保护，积极做好无形资产的投资，才能使企业优先一步，充分运用无形资产，创造更多的投资财富。

3. 企业运作管理创新

全球化的发展对密集型企业的冲击非常大，当然冲击也是一把"双刃剑"，有利也有弊。合理地运用创新科学的管理方案，以增加企业价值为核心，通过多种方式运作（可以通过控股、收购、兼并）扩大企业资本，使劳动密集型以及其他密集型产业从中获得巨大的收益，在一定程度上对我国企业的快速发展有很大的作用。当然，企业管理人员必须牢牢把握住全球化带来的机遇和挑战，才能合理地操作企业财务运作管理方式，保证企业经济利润的稳健增长。

4. 企业收益管理创新

在企业收益管理中，涉及收益管理和收益分配，是收益创新的关键。收益和分配的管理清晰了，那就是能者多得、资源贡献多者多分配。处在信息化时代的企业，企业收益和利润分配是根据贡献值来定的，员工创新的信息以及设计的管理方案为企业创造的财富，势必能够成为税后的分配者之一，这不仅仅是员工给企业工作岗位带来的财富，还是知识和智慧带来的财富，只有合理地做好收益和分配，才能保证管理员工有积极的工作态度，为企业的发展鞠躬尽瘁。

劳务报酬与工资、薪金的税负均衡点分析

胡　芳

摘　要：现行个人所得税法关于劳务报酬和工资、薪金征税规定的差异使得同等数额的劳务收入按照不同的项目征税时税负不同，劳务报酬所得和工资、薪金所得都可以按月征税，劳务提供者就可以在得到支付所得一方配合的情况下根据税收筹划的需要在受雇和独立劳动两种方式间进行选择，本文即对此进行专门探讨。

关键词：劳务报酬　工资　薪金　税收筹划

一、个人所得税法关于劳务报酬和工资、薪金的征税规定

劳务报酬所得是指个人独立从事非雇佣的各种劳务所得，以每次收入定额或者定率扣除规定费用后的余额为应纳税所得额，适用 20% 的比例税率。同时《税法》规定，个人一次取得的劳务报酬的应纳税所得额超过 20000 元不超过 50000 元的部分加征 5 成，超过 50000 元的部分加征 10 成，实际上相当于适用 20%、30%、40% 的超额累进税率（见表1）。

原文刊登于《现代商贸工业》2014 年第 7 期。

【作者简介】胡芳：会计系讲师，研究方向：财税金融。

表 1　劳务报酬所得适用税率表

级数	每次应纳税所得额	税率（%）	速算扣除数（元）
1	不超过 20000 元的部分	20	0
2	超过 20000 ~ 50000 元的部分	30	2000
3	超过 50000 元的部分	40	7000

　　工资、薪金所得是指个人因任职或受雇而取得的各种所得，实行按月计征的办法，以个人每月收入固定扣除 3500 元的费用后的余额为应纳税所得额 [在中国境内无住所而在中国境内取得工资、薪金所得和在中国境内有住所而在中国境外取得工资薪金所得（以下简称涉外人员）的费用扣除额为 4800 元]，适用 3% ~ 45% 的超额累进税率（见表 2）。

表 2　工资、薪金所得适用税率表

级数	全月应纳税所得额（含税）	税率（%）	速算扣除数（元）
1	不超过 1500 元的部分	3	0
2	超过 1500 ~ 4500 元的部分	10	105
3	超过 4500 ~ 9000 元的部分	20	555
4	超过 9000 ~ 35000 元的部分	25	1005
5	超过 35000 ~ 55000 元的部分	30	2755
6	超过 55000 ~ 80000 元的部分	35	5505
7	超过 80000 元的部分	45	13505

二、不同月收入区间的税收负担率

　　税收负担是指纳税人履行纳税义务所承受的经济负担。个人取得劳务收入缴纳个人所得税的税收负担率为应纳税额与税前收入额之间的比率。以工资、薪金所得为例，假设月工资、薪金为 X，个人所得税应纳税额为 T，当 $3500 < X \leqslant 5000$ 时，$T = (X - 3500) \times 3\%$，如图 1 中 AB 所示。税收负担率 = T/X，相当于由原点到线段 AB 间任意一点 R 的射线的斜率。由图 1 可知，当 R 与 A 重合时，射线斜率最低；与 B 点重合时，斜率最高。即当月工资、薪金为 3500 元时，税收负担率最低（0）；为 5000 元时，税收负担率最高（5000 - 3500）× 3% ÷ 5000 =

0.9%。其他区间工资、薪金所得税收负担率以及不同收入区间劳务报酬所得税收负担率如表3所示。

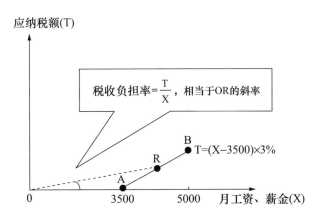

图1 工资、薪金所得税收负担率

表3 工资、薪金所得和劳务报酬所得的税收负担率

月工资、薪金（元）	税收负担率（％）	劳务报酬（元）	税收负担率（％）
(0，3500]	0	(0，800]	0
(3500，5000]	(0，0.9]	(800，4000]	(0，16]
(5000，8000]	(0.9，4.31]	(4000，25000]	16
(8000，12500]	(4.31，9.96]	(25000，62500]	(16，20.8]
(12500，38500]	(9.96，20.12]	(62500，＋∞)	(20.8，32)
(38500，58500]	(20.12，23.50]	—	—
(58500，83500]	(23.50，26.94]	—	—
(83500，＋∞)	(26.94，45)	—	—

三、不同月收入区间个人受雇与否的选择

《税法》规定，劳务报酬所得凡属于同一项目连续性收入的，以一个月内取得的收入为一次，也就是说劳务报酬所得和工资、薪金所得都可以按月征收。劳务报酬所得与工资、薪金所得的区别在于支付所得的一方与取得所得的一方之间

是否存在雇佣关系，若存在雇佣关系则属于工资、薪金所得，反之则属于劳务报酬所得。若能得到支付所得一方的配合，个人取得的收入就可以在劳务报酬所得和工资、薪金所得之间进行转化，进而降低税负，即按工资、薪金计税税收负担更低时，选择雇佣方式；按劳务报酬计税税收负担更低时，则选择独立劳动方式。

（一）月收入≤800

月收入不超过 800 元时，按工资、薪金缴税与按劳务报酬缴税税收负担率均为 0，所以受雇与独立劳动方式均可。

（二）800 < 月收入≤3500

月收入超过 800 元不超过 3500 元时，按工资、薪金所得纳税时的税收负担率为 0，按劳务报酬所得纳税时税收负担率介于 0 和 15.43% ［（3500－800）× 20%÷3500］之间，所以应采取受雇方式。

（三）3500 < 月收入≤4000

月收入超过 3500 元不超过 4000 元时，按工资、薪金所得纳税时的税收负担率的范围为（0，0.375%］，按劳务报酬所得纳税时的税收负担率的范围为（15.43%，16%］，所以应采取受雇方式。

（四）4000 < 月收入≤12500

月收入超过 4000 元不超过 12500 元时，按工资、薪金所得纳税时的税收负担率的范围为（0.375%，9.96%］，按劳务报酬所得纳税时的税收负担率为 16%，所以应采取受雇方式。

（五）12500 < 月收入≤25000

月收入超过 12500 元不超过 25000 元时，按工资、薪金所得纳税时的税收负担率的范围为（9.96%，17.48%］，按劳务报酬所得纳税时的税收负担率为 16%，期间存在一个分界点，且该分界点处按工资、薪金所得纳税与按劳务报酬所得纳税税收负担率相等。假设分界点处的收入为 X，则：

$$\frac{(X - 3500) \times 25\% - 1005}{X} = 16\%。$$

解上式得 X = 20888.89。当月收入低于 20888.89 元时，按工资、薪金所得纳税时的税收负担率低于 16%，应选择受雇方式；当月收入高于 20888.89 元时，按工资、薪金所得纳税时的税收负担率高于 16%，应选择独立劳动方式；当月收入等于 20888.89 元时，按工资、薪金所得纳税时的税收负担率等于 16%，选择受雇方式与独立劳动方式均可。

（六） 25000 < 月收入 ≤ 38500

月收入超过 25000 元不超过 38500 元时，按工资、薪金所得纳税时的税收负担率的范围为（17.48%，20.12%]，按劳务报酬所得纳税时的税收负担率的范围为（16%，18.81%]，此时可以通过比较以下两式大小做选择。按工资、薪金所得纳税时的应纳税额：

T1 = (X - 3500) × 25% - 1005 = 0.25X - 1880

按劳务报酬所得纳税时的应纳税额：

T2 = X × (1 - 20%) × 30% - 2000 = 0.24X - 2000

因为 T1 大于 T2，所以应选择独立劳动方式。

（七） 38500 < 月收入 ≤ 58300

月收入超过 38500 元不超过 58500 元时，按工资、薪金所得纳税时的税收负担率的范围为（20.12%，23.50%]，按劳务报酬所得纳税时的税收负担率的范围为（18.81%，20.58%]，此时需建立如下公式：

(X - 3500) × 30% - 2755 = X × (1 - 20%) × 30% - 2000

解上式得 X = 30083.33。本区间月收入大于 30083.33 元，所以应选择独立劳动方式。

（八） 58500 < 月收入 ≤ 62500

月收入超过 58500 元不超过 62500 元时，按工资、薪金所得纳税时的税收负担率的范围为（23.50%，24.23%]，按劳务报酬所得纳税时的税收负担率的范围为（20.58%，20.8%]，所以应采取独立劳动方式。

（九） 62500 < 月收入 ≤ 83500

月收入超过 62500 元不超过 83500 元时，按工资、薪金所得纳税时的税收负担率的范围为（24.23%，26.94%］，按劳务报酬所得纳税时的税收负担率的范围为（20.8%，23.63%］，所以应采取独立劳动方式。

（十） 月收入 > 83500

月收入超过 83500 元时，按工资、薪金所得纳税时的税收负担率的范围为（26.94%，45%］，按劳务报酬所得纳税时的税收负担率的范围为（23.63%，32%］，此时需建立以下公式：

$$(X-3500) \times 45\% - 13505 = X \times (1-20\%) \times 40\% - 7000$$

解上式得 X = 62153.85。本区间月收入大于 62153.85 元，所以应选择独立劳动方式。

综上所述，非涉外人员工资、薪金和劳务报酬的税负均衡点为 20888.89 元，即在月收入小于 800 元时，两种方式下税负均为 0；在月收入大于 800 元但不超过 20888.89 元时，受雇时的税负低于独立劳动时的税负；月收入等于 20888.89 元时，两种方式下的税负相等；在月收入大于 20888.89 元时，受雇时的税负高于独立劳动时的税负。因此，不同月收入区间税收筹划方案如表 4 所示。

表 4　不同月收入区间税收筹划方案

序号	月收入	筹划方案
1	(0，800]	受雇与独立劳动均可
2	(800，20888.89)	受雇
3	20888.89	受雇与独立劳动均可

运用前述同样的方法，可以得出涉外人员的税负均衡点是 24500 元。不同月收入区间税收筹划方案如表 5 所示。

表 5　涉外人员不同月收入区间税收筹划方案

序号	月收入	筹划方案
1	(0，800]	受雇与独立劳动均可
2	(800，24500)	受雇

续表

序号	月收入	筹划方案
3	24500	受雇与独立劳动均可
4	(24500，+∞)	独立劳动

需要说明的是，本文所述税收筹划方法适用于没有固定任职单位的自由职业者（包括实习生和参与勤工俭学的大学生），而且该方法仅从纳税角度对工资、薪金和劳务报酬的税负均衡点进行分析并据以确定筹划方案，实际操作过程中还应综合考虑成本费用和福利待遇等因素，以实现综合收益最大。对于有固定任职单位的雇员兼职从别家单位取得劳务收入的，属于兼职收入，应按照劳务报酬所得征税。对于从两处或两处以上取得工资、薪金所得的，应将上述所得合并作为一个月的工资、薪金纳税，只能扣除 3500 元或 4800 元的费用，在这种情况下，纳税人可以将收入较低的所得转化为劳务报酬所得（解除雇佣关系），增加费用扣除以降低税负。

参考文献

[1] 黄洪，徐文聪. 新免征额下"工资、薪金"与"劳务报酬"的税负均衡点研究 [J]. 会计之友，2006 (5).

[2] 朱国平. 纳税筹划 [M]. 中国财政经济出版社，2007.

公务员薪酬诉求利益表达的价值评析

肖发武

摘　要：公务员作为利益表达主体之一，高薪诉求一直被社会大众密切关注，各界对此见仁见智，至今尚无法律上的定论。利益表达，就是利益主体通过一定的渠道或途径将自身的利益要求传达给政治决策中枢机构的行为过程，其前提是社会利益结构的分化；各阶层、集团的利益要求输入系统中，经过调节和转换，从而在我国渐进式理性的改革中，形成输出产品，如法律、法规和政策等，作用于社会。本文针对所谓公务员高薪诉求的主张，立足于宪法学原理、运用政治学理论、结合社会学常识、站在历史学视角、遵循辩证法逻辑，面对世情、国情、党情的变化，通过对高薪诉求的价值取向进行分析论证，得出高薪诉求暂不能满足的结论。

关键词：薪酬　利益表达　宪法　平等　廉政

北京一位法律界人士说"给干部很高的工资，让他意识到自己的价值，不要轻易地去犯错误，而失去自己的职位。"言外之意是，公务员应实行高薪酬制度，才有利于建设和谐社会，公务员案件的发生，其中一个重要原因在于工资薪酬过低。如果公务员的薪酬收入提高至相当程度，公务员违法乱纪的事件相应就会减少。这样做的结果，一是可减少案件数量；二是节省社会治理成本；三是提高整个社会福利水平。高薪是否真能养廉，不是本文讨论的重点。笔者所关注的是，"高薪养廉"屡次被提出的背后，这种利益表达与综合的价值选择在我国目前的取舍问题的评析。

原文刊登于《江西企业家》2015 年第 2 期。

【作者简介】肖发武：工商系讲师，研究方向：法律。

一、公务员高薪诉求有违宪法平等原则

宪法是我国的根本大法，是制定其他所有法律法规的唯一依据，在法律体系中具有最高法律效力，违背宪法的规定一律无效。任何其他法律法规都不得与之相抵触，任何组织或者个人都不得超越宪法和法律的特权。宪法规定，中华人民共和国公民在法律面前一律平等。宪法是公民权利的宣言书，是保障人民权利的护身符，是铲除特权越权滥权的锐利武器，是约束政府、限制公权力、保护公民权利的神圣法宝。依法治国的核心是依宪治国，宪法的各项规定都必须贯彻到国家施政方针的全部环节，就是以宪法为公权力提供合法性的来源，行使权力与承担职责的界限与程序、享有权利与履行义务都须在宪法框架内。

改革开放以来，我国社会正在由"大政府，小社会"向"小政府，大社会"的转变过程中。中共十一届三中全会以来，坚持以公有制为主体、多种经济成分共同发展的基本经济制度，使得社会经济关系发生了一系列重大变化，传统的社会阶级阶层结构发生了巨大变化，在社会生活中事实上形成了不同的新社会阶层。一是民营科技企业的创业人员和技术人员；二是受聘于外资企业的管理技术人员；三是个体户；四是私营企业主；五是中介组织的从业人员；六是自由职业人员，他们都是中国特色社会主义的建设者。包括知识分子在内的工人阶级、广大农民、干部和解放军指战员，在中国特色社会主义事业中处于主体地位，始终是推动我国先进生产力和社会全面进步的根本力量。应当看到，新社会阶层中的很多人正是从上述各种群体中分化出来的，彼此之间存在着某种天然的联系。每个群体阶层都有相应的利益诉求，市场经济需要满足不同主体利益，不单是公务员这个群体。在利益表达时，所有公民都是平等的，不得因人而异，薪酬待遇的提高同样如此。习近平总书记指出，每个人都有理想和追求，都有自己的梦想。如农民希望农产品卖得贵些，而城市的低收入群体则希望住房价格便宜点；农民工要求的是工钱不被拖欠，工人要求的是工资能有保障，教师要求的是工资不被克扣，无业的家庭主妇要求政府发放生儿养女补贴。

（一）公务员高薪诉求是特权越权的表现

公民是所有平等权的一般主体，平等权的本质含义在于禁止差别对待。根据平等权适用的具体领域，平等权包括政治生活领域平等权、经济生活领域平等权、社会生活领域平等权以及文化生活领域平等权；根据享有平等权的主体不同，平等权可以分为以公民为主体的平等权、以法人为主体的平等权和以特定人群为主体的平等权；从观察的角度不同等标准，平等权还有许多不同的分类，如有以一般对象为主体的平等权和特定条件下的平等权。社会经济成分的多样化、就业形式的多样化，必然导致利益表达诉求的多元化。一切权力属于人民。作为人民公仆的公务员，绝大多数是党员干部，对人民负责，受人民监督。习近平总书记强调，领导干部要树立正确的权力观。我们所有共产党员和领导干部手中的权力，只能用来为人民谋利益，绝不允许搞任何形式的以权谋私。在我国，高收入阶层的人数占整个社会的比例毕竟很小，在社会大部分人群的收入比公务员更低的情况下，公务员群体从本位出发，不顾成千上万的非公务员及低收入阶层的境况提出高薪要求，是公务员群体借助公权力，为自己所代表的利益集团"谋福利"，运用公权力来谋求"私利"的表现，从而导致公权力的异化。

公务员作为社会的一个阶层，首先是作为经济法律关系的民事主体，其次才是作为政治关系主体中的政治人，集社会性和政治性于一体。从现实政治生活看，公务员群体是维护自己的利益和主张，通过特殊方式向政府提出独特诉求的社会阶层。随着法治意识的提高，各阶层都越来越关心自身利益，对社会再分配重要形式的薪酬非常敏感。公务员的薪酬高低，应该依据社会提供的公共产品的数量和质量来确定。公共产品所有权属于整个社会，属于全体公民，而不仅仅属于公务员阶层。在公共产品数量和国民预期收入增长幅度不会出现跳跃式变化的条件下，无论是公务员个体提出诉求，或是由公务员队伍的组织代表来履行利益表达，目前公共政策不可能容纳所有诉求的前提下，如果单独对公务员的利益表达加以吸收并且作为公共政策输出，低收入阶层的利益诉求得不到满足，有时连程序意义上的政治输入也缺乏的现实下，厚此薄彼的利益分配，拉大贫富差距，加剧两极分化，导致利益平衡不协调，使整个社会爆发社会不平衡心理。如果这种利益协调处理不当，必然会引发社会危机甚至会"亡党亡国"。习近平总书记强调，"反腐倡廉建设，必须反对特权思想、特权现象。领导干部是劳动人民的普通一员，除了法律和政策规定范围内个人利益和工作职权以外，所有人都不得谋求任何私利和特权。要采取得力措施，坚决反对和克服特权思想、特权现象。"

（二）公务员高薪诉求是变相歧视性主张

公民在行使自由和权利时，不得损害国家的、社会的、集体的和其他公民的合法自由和权利。"公务员从素质特征、职业特征和投入成本几个方面，应该享受高薪待遇。"当前公务员的待遇偏低，是某些人的看法，不能代表全社会的一致观点。有人认为，公务员的收入应该和普通人不一样，必须和普通人的收入待遇有差别，还提出一个定性标准；收入待遇能够让公务员保持自己的人格尊严，以确保公职人员道德品德的持续，最后实现廉洁公正。公务员的收入并不低，据2013年人保部和社科院发布的数据显示，我国城乡收入差距达4~6倍，最高行业和最低行业的收入差距已扩大到15倍。我国经济发展水平仍然不高，虽然GDP总量占世界第二，但是人均GDP在世界排名靠后。把生活水准向发达国家看齐，而不是立足于中国当前的实际，这只是基于横向比较的极端偏激看法。在一个经济尚不发达，仍有2000多万绝对贫困人口为基本生活而愁的当下，公务员群体出于一己之利，无视客观现实提出高薪诉求，是不负责任的狭隘主张。当前公务员的薪酬相对偏高，收入相比其他阶层并不低，比之农民、工人、无职业者、失业者等，前者与后者之间的收入差距大得惊人，况且高薪待遇早已在很多机关、单位、团体、组织、部门、行业中变相实行了。公务员实行高薪，其实就是对低收入阶层的歧视，不利于保护低收入群体利益，某种程度上可以说是变相剥削。《中国农民调查报告》中有"想象不到的罪恶"。1956~1980年，国家利用工农产品的价格差，从农民身上无偿地拿走了1万亿元，改革开放后则更多，朱镕基总理提供的数据是一年拿走1300亿元，而实际上是4000亿~5000亿元。（1980年大米价格是每斤一角二分左右。）这种"罪恶"无疑包括歧视和"剥削"。深圳龙岗富士康集团"连续十二跳"系列事件发生后，企业老板郭台铭在上海面对媒体"向全国人民道歉"。这些不正常死亡的案件，薪酬待遇差别引发的后果由此可见一斑，凸显了非公务员群体的生存状态。"出东门，不顾归。"制度性贫富差距催生的仇富心理、妒忌心理、怀恨心理就成为激发犯罪的社会心理根源。

从某种意义上讲，公务员高薪有违基本人权。从人权口号的提出到人权理论的建立，再到今天人权内容的不断丰富和完善，利益主体的分化和多样化，利益表达越来越发展、越来越丰富，生存权和财产权始终是每个公民最重要的基本权利。法治国家中基本人权作为平等权的延伸，是公民生存权的根本性保障，是维持其最低层次需求的基本社会条件，是作为人实现更高层次需要、追求自由幸福发展的最起码人格要素。利益主体具有的经济法律关系主体的能动性、阶级性、法定性和差异性等基本特征，决定了各群体阶层的利益表达诉求千姿百态。家庭出身、教育程度、文化层次、种族性别、天赋禀性、职业性质、工作环境等差异，无疑会扩大收入差距。我国目前极低收入人群庞大且数量众多，公务员高薪不利于保障宪法意义上每一位公民的利益，特别是"局部的人"、"特殊群体的人"的利益。

二、公务员高薪诉求不符合现阶段国情

（一）高薪缺乏统一制度保障和明确的参照标准

公务员高薪制是与我国所缺乏的权力分配的精英主义模式紧密相连。薪酬制度是我国政治制度的重要组成部分，制度建设是最大的政治。我国没有经历发达国家的长期"理性化"过程，"法理性权威"的利益诉求机制尚未建立，离市场经济要求的政治制度民主化和政治生活法治化的路程还有相当差距。第一，我国各地经济发展不平衡，如果公务员高薪，就从总体上制约党和政府在教育、医疗、住房等与人民群众切身利益相关方面的基本投入，在一定程度上影响大众生活水平的提高，加剧本已存在的利益失衡心理。第二，经济发展水平不高导致部分基层政府财政紧张，主要收入来自土地财政的现状，时有发生的乱收费现象引发群众的不满。第三，经济发展不平衡导致城乡收入差距、行业差距拉大，财富分配不均日益加剧。第四，公务员高薪诉求涉及公共领域和私人领域，国家财力有限、机构虽有精简，但公务员队伍依然庞大，公务员高薪只能是举步维艰。收入分配制度是经济社会发展中带有根本性、基础性作用的制度安排，分配不公导致城乡行业收入有天壤之别。利益群体的政治态度、价值观念、财产取得途径的差异，薪酬收入高低标准难以统一规定。央企高管的年收入与普通员工平均收入最高相差近 200 倍，很多地区流水线工人的月薪不及全国排名第一的上海市最低工资收入标准。

（二）高薪与防范公务员违法犯罪不存在因果关系

有权力的地方必须有监督，没有监督的权力必然导致腐败。腐败作为一种社会历史现象，其实质就是将社会的公共权力私有化，把人民赋予的权力当作谋取私利的手段，其结果是阻碍经济社会发展，扭曲社会公平正义，破坏社会稳定和进步。这种权力的变异，是政治文明的一大祸害，为现代政治文明所不容。有人认为，防范公务员违法犯罪必须依靠高薪，言外之意就是廉洁源于高薪机制。高薪和廉洁政治之间并没有必然的逻辑因果关系，如果高薪能减少犯罪，那么预防犯罪建设廉洁政治就不复杂了。"廉者常乐无求，贪者常忧不足。"邓小平同志指出"旧中国留给我们的，封建专制传统比较多，民主法制传统比较少"。我国浓厚而深远的官本位思想传承、根基坚固的官僚场所文化积淀、形式多样的滥用官权力的土壤，权力寻租现象容易产生。绝对的高薪有可能减少腐败案件，高薪不一定就能达到廉洁的效果，一些国家给公务员以很高待遇，照样有人贪污受贿。高薪好比一把刀，可以切出美轮美奂的菜肴食材，也可以被用作行凶抢劫的工具，问题的关键在于公务员如何对待自己的职位和手中的权力。公务员高薪，逐利的天性导致社会大众对做公务员趋之若鹜，甚至有人更愿意下大力气去谋求官职，官本位思想侵蚀社会的主流价值，买官卖官会成为一个不标而立没有商标的交易市场；高薪诉求会瓦解经济权力形成基础的财产关系，财富力量的拜物教会以各种形式蔓延至其他领域权力，最终增加治理贪污和贿赂的社会成本。

三、公务员高薪诉求有悖党的全心全意为人民服务的宗旨

（一）高薪诉求有悖党的优良传统和作风

领导干部干干净净做事，就是要守得住清贫、耐得住寂寞、稳得住心神、经得住考验，严守党纪国法，自觉做到秉公用权、不以权谋私，依法用权、不假公济私，廉洁用权、不贪污腐败。"改革开放后，某些党员、干部受到了拜金主义、享乐主义等西方资本主义腐朽思想侵蚀，诱发了某些干部金钱至上、名利至上的思想，生活作风腐烂、贪污腐败、以权谋私，引起了人民群众的严重不满。"毛泽东同志指出："我们共产党人区别于其他任何政党的又一个显著标志，就是和广大的人民群众取得最密切的联系。全心全意地为人民服务，一刻也不脱离群众；一切从人民的利益出发，而不是从个人或小集团的利益出发；向人民负责和向党的领导机关负责的一致性；这些就是我们的出发点。"邓小平反复强调，要把"人民拥护不拥护"、"人民赞成不赞成"、"人民高兴不高兴"、"人民答应不答应"，作为考虑一切问题的出发点和归宿。"由俭入奢易，由奢入俭难。"公务员作为公权力的拥有者，是收入分配改革的直接受益者。人是需要一点精神的。胡锦涛同志在庆祝中国共产党成立90周年的讲话中首次提出，我们党目前面临着"执政考验、改革开放考验、市场经济考验、外部环境考验"四大考验，同时还面临着"精神懈怠的危险，能力不足的危险，脱离群众的危险，消极腐败的

危险"四大危险。2013年4月19日，中共中央政治局就我国历史上反腐倡廉进行第五次集体学习，习近平总书记在主持时强调，历史的经验值得注意，历史的教训更应引以为戒。

（二）高薪诉求有悖全心全意为人民服务的宗旨

改革与发展已进入"关键期"、"矛盾凸显期"，利益协调的难度空前提高。目前，我国收入分配引起的不公已经影响到不同社会阶层和群体的利益平衡，进而演变成较严重的社会问题，正在直接制约着中国经济发展与和谐社会的构建。治国难于治心，治国必先治心。早在1934年1月，毛泽东同志就在苏区召开的第二次全国工农兵代表大会上强调要注意"解决群众的穿衣问题、吃饭问题、住房问题、柴米油盐问题、疾病卫生问题、婚姻问题。""假如我们对这些问题注意了，解决了，满足了群众的需要，我们就真正成了群众生活的组织者，群众就会真正围绕在我们周围，热烈地拥护我们。"一切国家机关和国家工作人员必须依靠人民的支持，经常保持同人民群众的联系，倾听人民的意见和建议，接受人民的监督，"权为民所用，利为民所谋，情为民所系"，努力为人民服务。"国之废兴，在于政事。"公务员高薪诉求，一石激起千层浪。收入分配问题是经济问题，也是政治问题。苏联解体有很多原因，社会财富严重分配不均是其中的最重要原因之一。中共十八大报告指出"反对腐败、建设廉洁政治，是党一贯坚持的鲜明政治立场，是人民关注的重大政治问题。这个问题解决不好，就会对党造成致命伤害，甚至亡党亡国。"从本质上说，高薪诉求与社会公德和职业道德建设特别以公务人员职业道德教育为重点的为人民服务宗旨背道而驰。

综上所述，改革开放进一步深入，社会各阶层受利益追求的直接驱使，利益分化有不断扩张的趋势，在实现法治化的过程中扩大社会经济权利和民主权利的努力为高薪诉求激发了新的压力。特别是努力实现中国梦的全民族期盼导致了人们对社会福利以及大众参与和社会平等的要求不断提高，而国家对经济和社会生活所承担的责任无法同时满足两个方面的利益输出，公务员群体对于薪酬保障和社会福利的要求，基于不断扩张的私人利益诉求基础上的中国特色社会主义初级阶段市场经济的要求。顾此失彼的公务员薪酬利益表达的结果，要么被迫抑制低收入民众群体的压力，要么冒政府危机的风险，政府维持其合法性的难度越来越大，最终几乎不可能。

参考文献

［1］韩大元．宪法学［M］．中国人民大学出版社，2014．

［2］罗宏曾．从政史鉴［M］.天津社会科学院出版社，1989.

［3］李良栋．新编政治学原理［M］.中共中央党校出版社，2001.

［4］燕继荣．现代政治分析原理［M］.高等教育出版社，2004.

［5］郑必坚．邓小平理论基本问题［M］.中共中央党校出版社，2001.

［6］邓小平文选（第二卷）［M］.人民出版社，1994.

［7］本书编写组．2013：党建热点怎么看［M］.中国方正出版社，2013.

［8］本书课题组．习近平总书记系列讲话精神［M］.中共中央党校出版社，2013.

商家与消费者在销售
心理较量中提升营销水平

帅赟杰　黄俐波

摘　要：人的心理现象在市场营销系统中，认知乃是情绪、意动、智力与人格等心理现象的基础。认知有一个加工过程。通过感觉登记、知觉分析与识别加工过程，在商家与消费者反复的心理较量中，充分挖掘认知心理学理念优势，强化营销的科学管理，以有效地提高销售水平。

关键词：营销系统　心理现象　信息加工　产品质量　商业管理　物理现实顾客心扉

一、前言

销售心理学是普通心理学的分支，早在 20 世纪 30 年代生产力飞跃发展时期，随着资本主义商品经济非常活跃之时而出现的。销售心理学，尤其是借助迅速发展起来的认知心理学的理念，作为商家必须通过销售过程，认真研究消费者行为，也就是说要深入、细致地观察与分析消费者的消费心理，通过买卖双方出售商品和劳务过程，切实分析与研究销售过程所表现出的心理现象，进行定性与定量的结合分析，充分掌握消费者现实消费的心理状态，使买卖双方敞开心扉，以更好地挖掘顾客的终极价值。

商家把消费者称为"上帝"，消费者也是人。这就是说，人不仅能够认识世

原文刊登于《江西企业家》2015 年第 2 期。

【作者简介】帅赟杰：建设工程系讲师，研究方向：市场营销。黄俐波：建筑工程管理系主任，教授，研究方向：贸易经济。

界，而且能够认识自己，包括认识自我的活动。在消费过程中，不断总结与鉴别商品的质量以及善于识别商品虚假宣传，消费者进入市场或超市购物的普遍心理，希望买到称心如意的商品，物美价廉。然而"历史的经验值得注意"，少数生产商与不法分子，唯利是图，用劣质原料制作食品出售，利用虚假广告欺骗消费者，当然，也有生产厂家为了降低成本改变包装，不时地扩大或虚假宣传商品质量与功能，随意提高产品价格。每当被消费者识破之后，销售率显著下降，这说明消费者识别与评价产品质量的能力有了显著的提升。为此作为商家必须加强商品的生产渠道与科学管理以及销售的方式，要千方百计地提高产品质量，以赢得消费者的信赖，商家与消费者之间敞开心扉，打好商品销售之仗。作为商家必须真正地把顾客视为"上帝"，努力学好销售心理学，只有充分了解消费者的心理需求，才能切实地把握消费者心理活动规律，尤其是职业商人，要善于发现消费者购物的认知心理与情绪、动机、需要和处理人格关系的现实意义与理念基础。本文正是以认知心理学为理论基础，以消费者为研究对象，通过问卷与购物现场交流形式，从调查、访问入手，通过定性与定量综合分析以及专题性统计分析与比对分析法，提高商家在与消费者心理碰撞中，以提升商业管理与营销水平。

二、认知心理在销售领域的应用

（一）运用认知心理理念占领市场营销的制高点

自1978年改革开放实施市场经济制度以来，在急剧变化的市场经济大潮中，人们在摸着石头过河中，充分运用认知心理学理念抢占销售制高点。在各类商品与不同的销售方式，人们通过买卖双方销售商品中，通过感觉模式有意识加工，与自动化加工识别过程，以提升认知能力并能正确地处理信息。

认知心理过程是一个由多元素构成的系统，全过程均有自己的结构特征与功能。人在知觉事物时，对所输入的感觉信息会进行分析和综合的处理过程；通过记忆和记忆心像，对信息加以组织、简化、重构活动，进行信息加工或信息的处理过程，更好地识别事物与传递信息，并对自己的消费行为加以调控。然而作为一位职业商人，必须把为人民服务放在首位。南昌市最早出现的"旺中旺"超市，深受市民欢迎。"旺中旺"，作为一个仅营业面积2000平方米，主要以人们日常生活所需的商品进行销售，与数层8000平方米至上万平方米营业大厅的大型超市，无论是购物环境还是货源充足与管理水平，均无法相比。但是"旺中旺"小型超市，却显示出它的另一面，从现实出发，为民服务。"投资小赚钱快"的商业特征，表1是一大一小两家超市每平方米投资效益比对。

表1　家乐福与旺中旺超市营业额对比统计

超市/营销	营业面积（平方米）	客流/日（人）	营业额（万元）		合计（万元）	每平方米效益每周（元/平方米）	效益比例
			周末	平日			
上海路家乐福	9000	5000	40	25	65	72	1:1.32
顺外旺中旺	2000	1500	12	7	19	95	

大型超市购物环境是一流的，包括电梯、空调以及人力资源的投资尚未计入，而小型超市主要以满足市民最基本的生理性生存需要，以出售日常生活的必需商品，其售价普遍低于大型超市的10%～15%，实为便民超市，南昌市"旺中旺"连锁店已发展到58家，是深受广大市民欢迎的小型超市。

（二）商品包装艺术的视觉效果与销售力

商品包装，尤其是食品包装具有商品与艺术相结合的双重评价。名牌产品包装盒的文字设计，主要是传达思想情感与交流信息的目的，以显著地位标志自己的品牌，包括品牌的文字说明、广告宣传以及生产厂家或公司标志。应做出特质性介绍的商品包装与装潢属商业化美术设计范畴，其主要功能是美化商品与保护商品的质量，不致受损。但是，也必须防止过度包装，造成资源流失、环境污染与浪费。

20世纪之初，经济持续发展时期，商品包装设计（包括商标设计）进行抄袭或仿制名牌产品甚至包装设计相似，有的甚至品名同音不同字，有的仅一字之差，借助客户的短时性的视觉障碍，以营利为目的的炒作，引发了众多起诉商标侵权案。其实，商家可用商标保护法进行索赔，这里值得消费者注意的是要提升自己对商品的识别能力，不致受商品外部包装艺术与文字广告所诱惑，消费者在观察商品时，往往会把视觉事物的部分与整体分割开来，认知心理学有个著名的"人与鼠两歧图"有趣的视觉试验，被试者先看到人的鼻子与眼睛特征时，即视为人的结论占多数，而先看到老鼠尾巴的被试者多数人视为老鼠，也就是说，短时观察到事物的局部不可急于下结论，应该深入细致地观察事物的整体，方可确认。为此，人们把官能现实，视为物理现实，一匹马就是一匹马，很少发生视觉困难。然而理念现实则难免出现不同解释，用肉眼观察"长方形底部"的一条直线，如果延伸，是与"长方形上部"的长线相接，还是与短线相接？图1（1）中两条平行线被不同的多条交叉的直线背景所截，却引发了两条向外或向内的形成弧线的错觉？图1（2）、（3）是由于打开的扇形直线为背景造成的错觉，其实只要用直尺测试对比一下，即可发现其中奥秘。

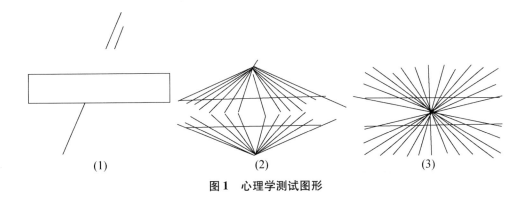

(1)　　　　　　　　(2)　　　　　　　　(3)

图1　心理学测试图形

随着认知心理学的发展，它为销售心理学提供了心理基础理论，商家与生产厂家在包装设计上本应说明品名、厂名厂址、原料构成、生产许可证以及生产日期；然而厂家在包装设计时却借助认知过程的视觉特性会利用非对称干扰图形影响客户的视觉目标，正如认知心理模式识别，著名的特雷斯曼 Treismas 非对称性搜索实验（见图2）。

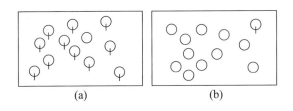

(a)　　　　　　　　　　(b)

图2　非对称性搜索实验

实验要求实验对象，从一些干扰图形中搜索一个目标图形。图2（a）中目标图形为○干扰图形为♀；（图2（b））目标图形为♀，干扰图形为○，实验结果发现从○中搜索♀很容易，几乎跳入眼球；而从♀中搜索○就要慢得多。生产厂家在包装设计时往往给消费者制造视觉障碍，保质期与生产日期必须放置显著地位，而包装袋上的生产日期则标出"见封口处"或"见瓶底处"，与消费者玩起"捉迷藏"游戏。消费者在经历多次的购物中，不再随意性购物，而是力行自己的消费者权益，仔细阅读包装上的说明，不符合规范的食品包装，早已消失在他们的视野之中，更不会把购物时间白白浪费。我们在一家大型超市早餐货架旁边，看见一位戴眼镜的老人看了一袋麦片不到 20 秒，就放回货架上，上前询问"为什么生气?"老人指着"生产日期（见封口）"说，为何不直接打在包装袋的醒目之处？而让顾客费时费神去寻找？随着消费者的视觉能力与认知水平的提升，通过购物过程与生产厂家和商家在销售心理上的较量，大大激发了商家与生产厂家的求实精神，讲究产品质量，并赢得对消费者的尊重。我们来到沃尔玛食品类商品前看到了令人欣喜的场面，茶叶专架摆满了高档包装的名茶，随意抽出一包，第一眼就在左上角或右下角显著位置看到了"生产日期"的字样，再抽出一包名茶，同样位置标明了"生产日期"，厂家与商家正在努力改进自己的工作，为消费者服务。

（三）商品包装的视觉计算与销售核心价值的评定

心理学家马尔，在他的代表作《视觉》一书中写道，视觉就是要对外部世界的图像构成有效的符号描述，其核心是从图像的结构推导出外部世界的结构。但它们都是从视觉图像开始，经过一系列地处理与转换过程，以达到对整个世界的认识，并通过图像与表征的视觉计算及几何学特征、物体的表面与视觉点的方向和距离变化而产生的强度与形象化特征，以充分体现视觉系统具有拓扑学性质的功能效应。因此，我们在观察商品与商品包装时，不仅注重图像的整体结构，而且不可忽视局部性质的形象效益，先从事物的轮廓图像投入眼帘，向视觉计算全面深入地进行挑战。一句话，就是运用视觉计算理论与商品销售核心价值客观地进行评定。现就中国名茶为案例，进行分析与描述。

当我们看到中国名茶普洱、铁观音、大红袍，首先看到由纸板或木头制成的长方形茶叶盒外包装，内装 2~5 只铁盒，铁盒内装有 6~8 小包真空茶叶，4 大盒茶叶净重只有 1.02 千克，而包装盒连外部纸袋重量共达 4.6 千克，也就是说包装盒重量是茶叶的 4.5 倍，而福建安溪铁观音包装重达 1.78 千克，茶叶净重则为 0.34 千克，其包装重量超过 5.24 倍。课题组调研的三家较大超市，中国名茶价位差异较大，有龙井、庐山、铁观音、碧螺春、大红袍等，低价位的有 88 元/精装盒，高价位的有 1288 元/精装盒。同类产品，与精装成本和净重有直接关系。现以大红袍为例，精装与简装价位有显著差异（见表 2）。

大红袍 150 克与 400 克包装相似，价位相差 400 元，而 400 克的真空简装大红袍只需 42 元，精装与简装每克相差 1.5~1.8 元，也就是说，包装成本就要花上 200~400 元。实话实说，瓶装大红袍 42 元自己饮用已经够好的，但是要为亲朋好友送礼，无疑要选择包装好一点的名茶。这是常人的认知心理，完全可以理解。

表2　大红袍精装与简装对比

装潢	150克币/（每克价值）	400克币（每克价值）	400克币/（每克价值）	每克差数人民币（元）
精装（木盒）	280	680	42	-1.755
简装（真空）	1.86	1.70	0.105	-1.595

三、简明结论

商家研究销售心理的目标，无非是以利润为手段，充分把握消费者需求的心理规律，维护公司利益与荣誉，学习和运用销售心理理念，可提升营业与销售水平；而生产厂家为树立企业形象，打造商业品牌，全力挑选高规格的原料与加工质量，并加强产品设计能力，全力冲刺占领品牌市场的制高点。但是商家和企业的生产与营销的指导思想，必须明确"质量是维护顾客忠诚的最好保证，是企业应对竞争的有力武器"，应立足社会实际和不同收入层次的人群需求，要以求实的精神，制作精良的食品，不在于广告宣传与诱人色彩及神奇的外包装，而低估顾客智慧与认知心理水平。尽管现代企业对于产品的投入与产出严重地缺乏社会知觉，脱离消费者实际消费水平，如市场高档中秋月饼仍居高不下，甚至一盒精装的名茶需要1288元，除非"送礼"，普通消费者无人问津，厂家在设计制作时却把不可用公款吃喝、用公款送礼和"防腐倡廉"抛在脑后，设计思想只有利润定位，而无社会知觉定位。也就是说，无论是商家还是厂家，无论是做销售还是做生产设计与制作工作，都要从实际出发，搞好社会调查，把握住消费者消费心理，有效地做好销售工作。

商品包装不仅保护商品，而且也是视觉艺术的表现形式，是很有必要的，它是反映产品形象的定位，不仅具有建立品牌认知的销售功能，而且还有为品牌传递信息的功效，以更好地强化消费者的视觉体验。但值得企业与商家注意的是，应对产品有创新意识和保持品牌的质量，并且要善于抓住消费者的瞬间目光，包括色彩、造型等元素，非常醒目地进行直观冲击，使消费者形成良好的视觉表象，并在心理上打下深刻的烙印，以产生联想和亲和力以及欲购不可的心理需求，直指目标，这才是商家所需要提升的销售水平。

参考文献

［1］销售心理学理论基础［EB/OL］. http//：www. baike. baidu. com/2014. 04. 03.

［2］张春兴. 世纪心理学丛书［M］. 台湾东华书局，浙江教育出版社，2004.

［3］销售心理学包装设计艺术［EB/OL］. http//：www. bocin. com/p422464. 2010. 1. 10.

［4］彭朋龄. 认知心理学模式识别中的认知与非认知因素［M］. 浙江教育出版社，2004.

［5］江忠亮. 体育管理学——人际沟通中的知觉障碍［M］. 江西教育学院本科函授教材，1989.

［6］彭朋龄. 认知心理学——注意特征（视觉搜索实验）［M］. 浙江教育出版社，2004.

［7］俞文剑. 市场营销心理学［M］. 东北财经大学出版社，2006.

浅析会计监管

李彩霞

摘　要： 会计监管是一个体系，主要由政府监管、企业内部监管和社会监管三部分构成，这一体系监管得力将起到很好的监督作用，但只要一方出现疲软，就会出现问题。会计造假等不良现象频频出现，说明监管存在一定的问题。本文针对此问题进行浅析。

关键词： 会计　监管　问题　现状

一、会计监管的概念及重要性

会计的作用在于满足了人类社会日益增长的"自控"与"外控"需要。自控是指对自己行为进行约束，力图使本单位取得最大的效益；外控是指集体对个体行为的管理，从而保证个体行为真正服务于总体目标的实现。会计监管主要是指监管主体通过相关标准对监管客体的经济活动和结果开展再监督和管理工作，以便使会计能实现上述的作用。会计监管是社会主义经济监督系统的重要组成部分，国内外的发展实践证明，实施有效的会计监管可以有效防止会计信息失真，保证经营管理决策以及投资决策所需的正确信息，遏制会计造假的发生。对社会主义市场经济建设及其健康有序发展有着重要作用。

原文刊登于《江西企业家》2015 年第 2 期。

【作者简介】李彩霞：会计系副教授，研究方向：会计、财务管理。

二、我国会计监管的现状分析

如何制定强有力的会计监管体系是国内外一直在探索和研究的工作，我国在借鉴国外一系列先进经验的基础上结合本国国情已初步形成了政府监管、企业内部监管和社会监管三位一体的会计监管体系，这种会计监督体系对我国改革开放以来经济的迅速发展起到了巨大的推动作用。体系结构被证明是有效且可行的，但目前不断曝出的各种触目惊心的会计造假现象也反映出现行的会计监管体系还不够完善。笔者认为存在以下问题：

（一）政府监管

会计工作的普遍性、会计信息的社会性、会计作用的国际性都要求政府应加强对会计工作的监管，使企业会计信息的披露有个规范统一标准，保证其真实性。政府具有其他经济组织所不具备的强制力，它可以依靠自身这种权威性直接或间接地对经济活动和会计工作实施科学有效的监管。在政府监管中存在的问题主要有：

1. 我国对企业会计监管呈现出多头监管的局面

现行的监管主体有财政部、税务局、审计局等，且对企业的会计监管都是"单线"的监管，以致各级会计监管职能部门不具备统一协调的调度和管理机制。在实际工作中往往采取各自为政的管理方式，无法完全发挥出财政整体的行政监管能力，税务、工商以及财务审计部门各自具备一定的会计监管职能和任务。然而，由于内部工作体制因素，各个职能部门间的相互联络有限，缺乏协调和组织。容易出现重复监管、无序监管的情况。这也造成了被监管企业忙于应付，无法很好地配合监管工作，从而影响监管效果和效率。

2. 法规制度不完善而无法发挥作用甚至出现盲区

我国防治会计信息失真的法律制度主要由《会计法》、《审计法》、《注册会计师法》、《公司法》、《证券法》等组成，这些法律制度构成了我国会计监管的法律体系。这其中的大部分法律规章都经过了修订，但仍需进一步完善。如《会计法》自1985年出台后，虽然历经了几次修改，仍亟须完善，现行《注册会计师法》是于1993年颁布的，在很多方面已经不适合实际需要，不仅严重滞后，而且阻碍了行业的发展。此外，对相关责任人只有行政处罚，无民事责任赔偿制度标准，在一定程度上纵容了会计信息造假行为。

（二）企业内部监管

内部控制制度是个体企业财务管理和会计核算的基本规范，内部监管是会计监管的基础，具有自律性，社会监管和国家监管的目的也是为了促使内部监管更有效。规范内控制度在很大程度上能够有效地防范会计信息失真、预防假账发生。在企业内部监管中存在的问题主要有：

1. 产权结构不合理，企业内部监管主体的社会和法制意识薄弱

如在国企股份制经营中，国有股占绝对优势，企业内部缺乏自然竞争机制，不利于企业内部经营积累的成长；企业高层领导由政府行政任命，使企业内部形成严重的"内部人"控制局面，经营管理无约束。其他企业也会因为投资人与经营者不一致而产生上述问题。

2. 内部会计监管独立性差

企业内部会计监管依附于企业，服务于企业的经营目标，其利益与荣誉融为一体，缺乏独立性和工作的主动性、系统性。

（三）社会监管

社会对会计监管是以会计中介机构为主体，对有关单位的会计资料进行的审计、验资和其他业务工作。对于会计监管，应从社会整体的角度去考虑。既要认识到政府在会计监管中的特殊地位，又要认识到社会公众在会计监管中起到的不可替代的作用。在社会监管中存在的主要问题有：

1. 监管乏力

注册会计师是社会监管的核心力量，弥补了政府监管的缺陷，但其是非政府的会计监管机构，无行政处罚权力，只能起到间接监管的作用。社会监督的渠道比较单一，目前主要依靠的是注册会计师的审计。

2. 独立性较差

独立性是社会监管客观、公正履职的保证，也是以会计师事务所为代表的社会监管客观、公正的根本。但是，实践中，当企业管理层不愿看到有损自己利益的审计报告时，他们会利用所掌控的选择权和支付权来干预社会监督，这样审计监督的独立性就受到影响甚至与之狼狈为奸。我国上市公司的许多会计丑闻就是很好的证明。

三、完善会计监管体系的措施

针对现行会计监管体系存在的问题提出应对措施时，由于体系中的三个层次监管是有机的整体相辅相成，所以完善的措施应在综合考虑这一因素的情况下提出。笔者认为要完善现行体系应从以下方面入手：

（一）建立国家诚信体系，为会计监管提供社会基础

建立国家诚信体系（包括职能部门、企业和从业人员），加强社会信用管理，是社会主义市场经济发展的必然要求，对于社会主义市场经济健康有序发展有重要意义。建立国家诚信体系，营造诚实守信、良性竞争、合法经营的社会环境氛围，将会极大地提高全社会会计从业人员和企业管理人员的法制观念和职业道德水平，同时也会有力地促进会计从业人员业务素质的提高。为会计监管奠定坚实有力的社会基础。

（二）进一步完善我国会计法律法规，建立与《会计法》配套的其他法律法规，使会计监管真正做到有法可依

要使会计法规与相关的法律制度协调，把会计准则同法律制度结合起来。加大对违规查处力度，实行行政处罚、民事赔偿和刑事追究"三管齐下"。切实追究企业管理层、注册会计师及会计师事务所的法律责任，加大法律法规的处罚、赔偿和执行力度，对违规违纪的企业及人员严打，从根本上遏制违法行为。

（三）加强各监管主体的合作

首先，加强政府监管中各监管主体的合作。我国现行的政府监管主体，对企业的会计监管都是"单线"的监管。如果主体之间能够适度地沟通，如在某同一时间进行企业会计信息披露的检查，这样既可以避免企业被重复检查的局面，又可以避免企业为了自己的利益买通某监管部门的风险，还可以解决各个监管主体"一线"执业人员不足的问题。其次，加强三个层面的监管主体之间的合作。各个监管主体对企业监管的信息可以利用计算机网络技术实现共享以实现各部门

的合作，这将有利于发现违法线索，堵塞执法的死角，以解决社会监管乏力的问题，从而使监管更加有效。

（四）建立健全公司内部控制制度

由于内部控制的优化是建立在公司治理结构优化的基础上的，我国应继续推进公司治理结构优化探索，必要时强制推行内部控制制度规范建设。一是健全法人治理结构，建立现代企业制度，使企业所有员工与企业兴衰息息相关，有动力去严格执行企业内部控制制度，使企业内部控制制度在企业管理中的作用得到最大限度发挥。二是董事会应对企业内部控制制度的建立、完善和有效执行负责。因为对于董事会来说，构建良好的内部控制系统是为了保证企业有效运行，完成各项目标，保证企业各项政策及董事会决议得以贯彻执行，解决会计信息不对称，保证会计信息真实、可靠的重要手段。

（五）不断扩充社会监督的渠道

充分发挥新闻媒体对会计信息的监督作用。为了更好地加强会计信息质量，监管部门应当将发现虚假财务报告的单位对社会公布，让舆论更多地参与到监督中来，对造假单位起到"名誉处罚"的作用。要充分发挥社会监督的作用，必须完善举报制度。舆论监督在国家的政治经济社会生活中发挥着重要的作用，新闻媒体监督的作用也受到越来越多的重视。采用媒体监督机制社会的相关成本相对较低，其运作方式是"事中"甚至"事前"监督，因而也比司法和行政监管更广泛、更有效。

会计监督体系的完善是个复杂而动态的问题，必须综合运用法律、行政、经济等多种手段并结合经济形势的发展状况才能加以解决。长久来说，其完善还应将重点放在内部监督的完善上。虽然存在很多问题，但是相信我国的会计监督体系在一系列措施的完善下，必会促进经济的更快更好发展。

参考文献

[1] 王小卿. 当前我国企业会计的监管现状及完善对策 [J]. 管理视野，2011（2）.

[2] 白晓玲. 会计监管问题的探讨 [J]. 山西财经大学学报，2012（5）.

[3] 郭晓勋. 论构建会计监管体系的有效途径 [J]. 商业经济，2009（8）.

[4] 梁宇华. 我国企业会计监管体系探究 [J]. 南昌高专学报，2012（6）.

《财富》500强中美日三国企业比较分析

钟小根

摘　要： 本文以2014年《财富》世界500强企业为统计样本，采用统计分析营业收入、利润和利润率，比较中美日三国《财富》上榜企业，根据美国企业利润率最高，中日两国利润率较低等发展特征，冷静思考世界500强中美日三国企业特色，探寻中国与美日两国企业存在的差距与不足。本书对中国企业家具有重要启示：中国企业努力掌握核心科技，转型发展是中国企业生存关键。

关键词： 中美日三国　企业特征　中国企业　企业战略

2015年中国最新出炉500强企业上榜营业收入达到了30.4万亿元，利润为2.7万亿元，利润率为8.88%。2015年美国最新出炉500强上榜企业营业收入达到了12.52万亿美元，利润为9445亿美元，利润率为7.54%。按照2015年7月9日1美元等于6.2078元人民币计算，美国500强上榜营业收入为77.72万亿元，利润为5.86万亿元。可见，美国企业实力强于中国企业实力。向美国、日本两国企业学习仍是未来中国企业发展的主旋律，对《财富》500强中美日企业比较分析具有重要的现实意义。

一、《财富》500强中美日三国企业比较分析

2014年美国《财富》杂志500强中美日三国上榜企业可知，美国企业数量128家，营业收入总额8.56万亿美元，利润率为9.33%；中国企业数量100家，

原文刊登于《江西企业家》2015年第3期。

【作者简介】钟小根：财贸系讲师、副教授，研究方向：人文地理、旅游经济。

营业收入总额6.1万亿美元，利润率为5.1%；日本企业数量57家，营业收入总额3.09万亿美元，利润率为4.49%。这只是中美日三国《财富》500强上榜企业总体比较。中美日三国各大行业企业进行大分类，同时做细致分析，思考中国企业未来发展趋势。判断中国企业发展趋势是一个难度相当大的工作，包含许多方面，以中美日《财富》500强上榜企业为案例分析只是其中一个方面。

（一）中美日三国《财富》500强上榜企业八大类分类解释

零售贸易类企业包括零售巨头，如美国沃尔玛、中国华润万家；食品加工及餐饮、酒店提供设施设备；药品销售与制造，如美国强生；服装、家具、时尚产品销售商；综合商业等企业。能源类包括石油、天然气及管道运输、炼油、电力生产等企业。银行保险金融类包括商业银行，财产与意外保险、健康保健、医疗保险与管理医保、理财金融等企业。计算机网络娱乐类包括计算机硬件、软件，如联想PC制造商和美国微软；半导体电子元件；电信网络服务；娱乐等企业。汽车航空类包括汽车制造、车辆与零部件、航空等。工程建筑房地产类包括工程和建筑类企业、房地产及其服务。金属类包括钢铁、铝、铜等金属冶炼及其加工。其他包括化学、物流、纸业、制鞋、烟草等上述七大类统计计算余下的企业。

（二）中美日三国都重点发展零售贸易类、能源类、银行保险类、计算机网络娱乐类、汽车航空类五大类企业群

中美日三国《财富》上榜企业八大类营业收入进行比较，以2014年《财富》500强上榜企业为研究对象（见表1）。美国企业各大类营业收入总额从大到小分别是零售贸易类、能源类、银行保险金融类、计算机网络娱乐类、汽车航空类、工程建筑房地产类，总共107家企业。中国企业能源类、银行保险金融类两大类营业收入总额较大。日本企业银行保险金融类、汽车航空类两大类营业收入总额较大。零售贸易类是美国《财富》500强企业营业收入总额最大行业，统计数据表明美国国民消费繁荣。能源与银行保险金融是美国产业良好运转的保障，零售贸易保障了民众丰富多样商品服务供应，这一切保障了美国3.11亿（2011年）民众富裕生活。美国的计算机网络娱乐类营业收入总额远多于中日两国。

综上所述，零售贸易类、能源类、银行保险金融类、计算机网络娱乐类、汽车航空类五大类是中美日三国重点发展之企业群体。

表1   2014 年《财富》上榜中美日三国分大类企业
营业收入、利润率比较

	营业收入（亿美元）			利润率（％）		
	中国	美国	日本	中国	美国	日本
零售贸易类	4596	24922	4376	1.67	4.83	4.24
能源类	21745	16046	3399	2.54	6.50	1.43
银行保险金融类	10663	14787	6719	18.61	9.64	6.81
计算机网络娱乐类	5610	12410	4610	3.78	15.26	1.38
汽车航空类	5209	7224	6411	2.20	5.89	5.63
工程建筑房地产类	5749	2069	270	1.84	64.10	10.19
金属类	4376	—	917	负利润	—	3.76
其他	3089	8131	4155	2.23	8.21	5.43

（三）《财富》上榜企业美国企业利润率最高，中日两国利润率较低

中美日三国《财富》500 强上榜企业八大类利润率进行比较，以 2014 年《财富》500 强上榜企业为研究对象（表1）。零售贸易类、能源类、计算机网络娱乐类、汽车航空类、工程建筑房地产类、其他六大类，美国企业利润率比中日两国企业利润率都高。银行保险金融类企业，中国利润率大于美国利润率，同时美国利润率大于日本利润率。美国无金属类企业进入世界 500 强，中国金属类企业整体盈利差，出现负利润。能源类、银行保险金融类、计算机网络娱乐类三大类，中国利润率大于日本利润率，零售贸易大类、汽车航空类、工程建筑房地产类、金属类、其他五大类，日本利润率大于中国利润率。

（四）就《财富》上榜企业而言，2014 年中国犹如 1996 年日本，日本 2014 年上榜企业比 1996 年上榜企业发展呈现下滑趋势

1996 年《财富》世界 500 强上榜企业日本数量多，达到 141 家；上榜企业营业收入总额大，为 3.96 万亿美元，日本上榜企业营业收入总额占世界 500 强营业收入总额的 34.84%；这 141 家利润总计为负利润，为 −2.25 亿美元。日本银行保险金融类企业数量 37 家，营业收入共计 8463 亿美元，占日本 141 家上榜企业营业收入总额的 21.35%，但是日本 14 家银行负利润，共计利润 −479.75 亿美元。日本零售贸易类企业 13 家，营业收入 1.19 万亿美元，利润率为

0.08%；工程建筑房地产类企业 9 家，营业收入 1325 亿美元，利润率为 1.05%；日本金属类企业 6 家，营业收入 1032 亿美元，利润率为 2.84%。2014 年《财富》世界 500 强上榜企业中国达到 100 家；上榜企业营业收入总额为 6.1 万亿美元。中国银行保险金融类企业 16 家，营业收入总额 10663 亿美元；工程建筑房地产类企业 10 家，营业收入总额 5749 亿美元；金属类企业 11 家，营业收入总额 4368 亿美元。银行保险金融类、工程建筑房地产类和金属类三大行业，1996 年《财富》日本上榜企业与 1996 年《财富》中国上榜企业相比较，都是企业上榜数量较多，营业收入较多，呈现出相同特征。

2014 年《财富》世界 500 强上榜企业中日本数量 57 家；上榜企业营业收入总额 3.08 万亿美元，占世界 500 强营业收入总额的 9.94%。日本银行保险金融类企业 12 家，营业收入共计 6718 亿美元。日本零售贸易类企业 8 家，营业收入 4376 亿美元，利润率为 4.24%。日本工程建筑房地产类企业 1 家，营业收入 269 亿美元，利润率为 10.19%。日本金属类企业 2 家，营业收入 916 亿美元，利润率为 3.76%。日本在 2014 年上榜企业发展比 1996 年上榜企业呈现下滑发展趋势。

二、《财富》500 强中美日三国企业发展启示

（一）中国企业家重点思考问题

中国企业家需要重点思考的问题：为什么工程建筑房地产类、金属类两大类中国企业营业收入总额远大于美日两国企业营业收入总额？为什么中国金属类企业整体利润出现 -4.01 亿美元的负利润？为什么中国工程建筑房地产类企业出现 1.84% 的较低利润率？为什么计算机网络娱乐类企业利润率中国远低于美国？为什么银行保险金融类企业中国利润率大于美国？日本 2014 年《财富》上榜企业比 1996 年《财富》上榜企业下滑发展趋势会不会在中国出现？如何避免日本走下坡路发展趋势在未来中国企业发展中重现？

（二）中国企业家需要深度思考为什么中国银行保险金融类企业利润率较高

中国银行保险金融类企业利润率大于美日两国利润率（见表 1）源自中国工

程与建筑建设繁荣发展。1995~2012 年中国竣工建筑面积共计为 282.11 亿平方米；2012 年底中国城镇人均住房面积为 32.9 平方米，农村为 37.1 平方米；1999~2013 年中国高速公路建设共计 9.28 万公里；1999~2013 年底高速铁路已经建成了 1.1 万公里；1999~2013 年底铁路建设达 3.97 万公里。中国各种大型工程与建筑、房地产、民众从银行贷款数额巨大。2013 年中国全部金融机构本外币各项贷款余额 76.6 万亿元。而 76.6 万亿元的中国贷款每年需要付出多少利息贡献给中国银行保险金融机构？

表 2　京沪、京哈两铁路线旅客运输量与旅客周转量

年份		2005 年	2006 年	2007 年	2008 年	2009 年	2010 年	2011 年	2012 年
京沪铁路线	旅客运输量（万人）	10892	12786	13110	14527	14307	12477	8692	7481
	旅客周转量（百万人公里）	68439	71085	69963	77803	76423	80229	66534	56557
京哈铁路线	旅客运输量（百万人公里）	8465	7830	5627	6366	7241	7657	7486	7535
	旅客周转量（万人）	36926	36759	40214	42959	45246	48635	54337	52815

资料来源：历年《中国统计年鉴》。

　　中国银行保险金融机构需要理性思考问题：工程建筑未来长时期会高速发展吗？中国房地产建筑需要土地，会不会占用耕地？中国颁布了严格保护耕地的法律制度。房地产建设在一定程度上改变了地表下垫面性质，如何与自然生态环境相协调？房地产建筑建设如何保护土地资源和水资源？如何建设园林化诗意生态城市？中国沿海铁路线京哈铁路线和京沪铁路线旅客运输量呈现波动下降发展趋势。京沪铁路线旅客运输量从 2008 年的 14527 万人次减少到 2012 年的 7481 万人次，旅客周转量从 2008 年的 77803 百万人公里下降到 2012 年的 56557 百万人公里。京哈铁路线从 2005 年的 8465 万人次下降到 2012 年的 7535 万人次，旅客周转量从 2011 年的 54337 百万公里降低到 2012 年的 52815 百万人公里（见表 2）。中国金属类企业钢铁企业未来长时间会高速发展吗？中国社会良好运转需要钱、需要贷款，没有健康的银行金融系统、没有货币，企业生产产品不能交换。中国社会发展离不开银行保险金融类企业的发展。银行保险金融类企业应该定位服务，服务中国实业发展、服务中国贸易业、服务中国居民健康保险业，服务的原则是让交易费用变得不那么高，所获得利益服务中国社会。

（三）计算机网络娱乐类、保健医疗保险金融服务、汽车航空类、零售贸易类是中国企业未来大力发展之重点

2014 年《财富》上榜美国企业排位前五大类企业是中国未来发展的重要坐标（见表1）。所以，计算机网络娱乐类、银行保险金融类、汽车航空类、零售贸易类是中国企业未来大力发展的重点。2011 年中国人口 13.37 亿人，美国 3.11 亿人，日本 1.27 亿人；航空旅客运输量 2010 年中国 2.68 亿人次，日本 9421 万人次，美国 7.07 亿人次；机动车使用量 2010 年中国 7721 万辆，日本 7529 万辆，美国 24666 万辆。这些统计数据表明中国民航、汽车有很大的发展空间。所以，汽车航空类企业是中国发展的重点行业。同理，中国 13.37 亿人的幸福生活离不开计算机网络娱乐类、银行保险金融类、零售贸易类三大类企业高质量的服务。

（四）《财富》上榜中国企业努力掌握核心科技转型发展是中国企业生存关键

美国和日本《财富》世界 500 强上榜企业具有掌握核心科技发展的特征。中国上榜公司最多的是能源性企业，而资源不可再生，企业获得的利润属于透支性利润。中国金属类企业要生产具有核心科技高质量金属类产品，而不是仅仅追求产量的扩张。中国企业需要学习最优秀和最有竞争力的美国和日本两国企业的发展经验。中国企业如果不加强创新，很难解决自身存在的突出矛盾。中国企业更需要增强使命感，发挥主动性、创造性，努力突破制约企业发展的"瓶颈"，在做大、做强时，更应该考虑掌握核心科技。掌握核心科技，中国企业转型发展才能抵御经济危机，为世界经济发展做出新贡献。

参考文献

［1］钟小根．中日两国《财富》500 强企业比较分析［J］.中外企业家，2013（6）.

［2］钟小根．一国企业群投资收益与国家经济发展探究［J］.老区建设，2012（18）.

［3］福特．福特自传：为什么生意并不总是很好做？［M］.刘麟译．江西教育出版社，2012.

［4］王东，彭胜文．企业国际竞争力单项指标坪价法研究——以美国、日本

两国 500 强跨国公司为例的分析 ［J］.经济坪论，2006（5）.

　　［5］葛顷奇，赵玉静.500 强跨国公司·世界与中国的比铰 ［J］国际丝济合作，2010（6）.

　　［6］张国凤.实力、差距与潜力从《财富》世界 500 强看我国军工企业发展 ［J］.国防科技工业，2011（8）.

　　［7］钟小根.中国粗钢产量历史发展及市场预测研究 ［J］.市场周刊，2013（7）.

浅析在华跨国公司的社会责任

周　慧

摘　要： 随着全球化逐步深化，跨国公司作为经济全球化最大的受益者日益活跃在全球经济的舞台上，跨国公司的社会责任也受到了社会各界的广泛关注。近年来，随着跨国巨头在华经营的丑闻事件频频曝出，企业社会责任在我国备受关注。本文从企业社会责任的概念出发，阐述了企业社会责任在经济学从"经济人"假设到"社会人"假设下的内涵转变。以及跨国公司履行社会责任从被动接受到主动承担的阶段转变，结合企业履行社会责任的动因对跨国公司在我国存在社会责任缺失现象的原因进行探究。还讨论了针对这些现象和原因，我国应当采取的对策。

关键词： 跨国公司　企业社会责任　成本收益

随着全球化的逐步深化，企业社会责任运动逐渐从美国等西方国家扩大至全球范围。作为经济全球化的最大受益者和全球经济活动的主导者，跨国公司存在着同时承担母国社会责任、东道国社会责任以及国际层面社会责任的特殊性。越来越多的跨国公司在制定企业战略目标时开始将企业社会责任纳入考虑中。

一、影响跨国公司承担企业社会责任的因素

影响跨国公司承担企业社会责任的因素既有来自跨国公司自身，也有来自东道国的环境影响，具体表现在：

原文刊登于《江西企业家》2015年第3期。

【作者简介】周慧：会计系副教授，研究方向：企业核算、财务管理。

（一）东道国的社会制度以及本土企业承担社会责任的状况

一家企业承担社会责任的总体水平往往取决于所在国家的社会文化和制度约束，因此当社会缺乏这些机制时，作为理性"经济人"的企业在追求利润最大化时便没有动力去主动承担经济责任以外的其他责任。对于跨国公司而言，通常会出现在不同国家实行不同标准、承担不同水平的社会责任的情况。

（二）跨国公司的核心价值观和战略目标

不同的企业价值观决定了不同的企业目标，也决定了跨国公司承担企业社会责任的不同程度选择。如果一家企业的核心价值观注重社会价值的实现，其在承担企业社会责任时必将有更积极、主动的表现，较少出现在东道国和在母国使用双重标准的情况。

（三）跨国公司在东道国的经营状况和竞争力

承担企业社会责任的投入成本往往无法在短期内得到回报，因此只有那些注重在东道国长远发展并实现可持续目标的跨国公司才会选择主动承担社会责任。

（四）品牌提升效益

承担企业社会责任可以提升跨国公司在东道国的企业形象、改善公共关系、增强竞争力。声誉和口碑的提升可以为跨国公司带来客户群的增多、销售的提升以及利润的增加。只有当跨国公司能实现这些良性外在效益时才会主动、积极地履行社会责任。

二、在华跨国公司社会责任缺失的现状及原因分析

自从实行改革开放政策以来，我国吸引外资的水平逐年提高，尤其是加入世界贸易组织后，大批外资企业如雨后春笋般涌入国内市场。这些外资企业不仅为

我国市场注入了大量资本，也带来了先进的技术和管理理念，促进了我国产业结构的优化和完善。但同时，跨国公司社会责任也开始引起国内社会各界的广泛关注。近年来，随着媒体对跨国公司经营丑闻及产品缺陷的频频曝光，国人对跨国公司原有的优质印象屡遭重创。

在中国国际跨国公司促进会发布的《2014 跨国公司社会责任问题报告》中，家乐福、沃尔玛、丰田、雅芳、宝洁等多家世界 500 强跨国公司的社会责任问题被列入其中。具体情况见表 1 这份报告汇总了 2011～2014 年中国境内发生的影响较大、具有代表性的跨国公司的社会责任问题，这些问题主要触及损害公众权益、商业贿赂、污染环境和扰乱市场秩序四个方面。报告的发布更加凸显了督促在华跨国公司承担社会责任的必要性。

表1　2011～2014 年跨国公司社会责任问题的不良记录

公司名称 （国家）	社会责任 问题项目	依　据
家乐福 （法）	人权：损害 公众权益	一些城市的部分家乐福超市存在虚构原价、低价促销吸引顾客，并高价结算、不履行价格承诺、误导性价格标示等欺诈行为
沃尔玛 （美）	人权：损害 公众权益	一些城市的部分沃尔玛超市存在虚构原价、低价促销吸引顾客，并高价结算、不履行价格承诺、误导性价格标示等欺诈行为
丰田 （日）	人权：损害 公众权益	丰田汽车拒绝在中国大陆召回部分进口雷克萨斯问题汽车，及免费维修、更换地毯压板。该缺陷会造成发动机产生异常，造成工作不良。最严重的情况下，在行驶中发动机有可能停止工作，在安全上存在严重隐患
雅芳（美）	腐败： 商业贿赂	雅芳向美国证券交易委员会递交的备案文件中披露，因涉及中国市场的贿赂问题，已将其全球内审和安全部门前主管及三位中国区高管辞退
葛兰素 史克（英）	人权：损害 公众权益	经中国食品药品检定研究院检验，在葛兰素史克公司生产的阿莫西林克拉维酸押干昆悬剂中检出邻苯二甲酸二异类醋（DIDP，即"塑化剂"）。该药是一款儿童用抗生素，其检出的"塑化剂"会对人体造成较大影响，对孩子的肝肾损害作用明显，且易诱发儿童性早熟
康菲 公司（美）	环保：污染 环境	由康菲和中海油合资建设的渤海蓬莱 19 - 3 油田发生漏油事件。蓬莱 19 - 3 油田溢油造成了严重的环境污染，海洋污染面积达 6200 平方公里，导致周边约 3400 平方公里海域由第一类水质下降为第三、四类水质；海域沉积物质量由第一类下降为第三类。沿海养殖贝类、海参、虾、鱼大量死亡，渔民遭受上亿元的经济损失
宝洁 P&G （美）	人权：损害 公众权益	宝洁公司在旗下某些批号的欧乐 - B 漱口水产品检测到微生物与公司内控标准不符，该产品对于有严重免疫系统疾病的人有潜在的健康影响

在华跨国公司企业社会责任缺失既有来自跨国公司自身的主观原因，也有来自我国政府和商业环境的客观原因。结合上文从经济学角度对跨国公司履行社会责任的动因分析，造成缺失的原因主要集中在以下几个方面：

（一）跨国公司追逐短期利润最大化

履行企业社会责任需要一定的投入成本，当跨国公司履行社会责任所获得的边际收益无法超过其边际成本时，在东道国缺乏有力的监督和管制的情况下，跨国公司必然不愿主动承担社会责任。跨国公司的战略目标是以国际市场为导向，实现全球利润最大化。因此，从短期来看，当跨国公司履行社会责任的收益效果不明显时，企业不愿投入额外成本去履行社会责任。利润最大化的企业目标决定了跨国公司将创造更高利润置于一切之上的本质，这种本质导致跨国公司甘愿承担牺牲社会责任的风险。在利润最大化欲望的驱动下，跨国公司想方设法通过各种手段来降低生产成本和经营成本，直接或间接地促成了剥削廉价劳动力、非法避税、转嫁环境污染、降低产品质量等缺乏社会责任和义务的行为。此外，由于要同时对母国和东道国负责的特殊性，跨国公司需要承担比一般企业更多的社会责任，也更容易出现社会责任的缺失。

（二）跨国公司履行社会责任收益水平不显著

通过分析可以得出，只有当跨国公司履行社会责任所实现的所有正面作用影响下企业的销售量提升达到一定比例时，企业才会获得正收益，才会主动承担社会责任。然而，在公司现实运营和实践操作中，由于履行了社会责任而实现的销售量提升比例很难测定，并且往往具有滞后效应。企业在履行社会责任后不可能立刻增强企业形象、提升销售量或者减少其他固定成本。换言之，企业对承担社会责任的投入成本无法在短期内得到回收。因此，如果一家跨国公司只注重短期内的经营效益，在无法得到显著的收益水平的情况下，企业就不愿意投入额外成本去承担社会责任。

（三）我国缺乏完善的法律制度和健全的监管体系

在缺乏有效的法律制度和监管体系的情况下，跨国公司的自发行为只会将社会责任投入量定在企业利益达到最大处，低于社会要求的最优量。我国目前没有专门针对企业社会责任的法律，相关立法散见于《公司法》、《劳动法》、《产品质量法》、《环境保护法》、《消费者权益保护法》等其他法律法规中。这些零散的法律条款缺乏明确的指导性、实践性和可操作性。另外，我国明显存在执法力度不够的问题，尤其是涉及跨国公司的经济纠纷中，没有有效的查处方法。从雅芳丑闻等近年的跨国巨头贿赂案来看，大部分都是先在国外被揭发然后再引起国内官方的重视，足以见得我国对跨国企业经营的监管力度不够。相关法规的处罚力度过轻也极大削弱了其对跨国公司的约束力。如宝洁公司为其 SK－Ⅱ 产品的虚假宣传仅仅支付了 20 万元的罚款，这样的"低成本"使得那些跨国公司更加肆无忌惮地损害公众权益。

三、结论与建议

作为全球经济一体化的产物，跨国公司这种特殊的企业形式决定了其在全球承担社会责任的特殊性。研究跨国公司在中国承担社会责任问题不仅具有理论意义，也是现实发展的需要。跨国公司对我国社会和谐、经济发展、公众权益、环境保护、公益事业等方面都有着不容推卸的责任。然而由于目前我国缺乏健全的法律体系和完善的监督机制，违背其承担我国社会责任承诺的跨国公司比比皆是。通过运用成本收益模型对跨国公司履行企业社会责任的内外因分析，对在华跨国公司社会责任缺失的现状探究和原因剖析，本文研究发现，督促跨国公司更好地在我国履行社会责任需要企业、政府以及社会各界的多方重视和努力。在华跨国公司履行企业社会责任直接影响我国公众的权益，关系着我国和谐社会的构建。我们必须采取有针对性的措施，维护我国国家利益和消费者的合法权益，督促跨国公司取消"双重标准"，积极履行在华应尽的企业社会责任。针对上述跨国公司社会责任缺失的现象及原因，笔者提出如下对策建议：

（一）健全法律制度，建立有效的监督机制

针对上述原因中东道国缺乏完善的法律和监督，我国应致力于健全法律制度，完善监督机制，督促跨国公司在我国主动履行企业社会责任。我国现有的法律法规，如《劳动法》、《禁止使用童工规定》、《消费者权益保障法》、《产品质量法》、《环境保护法》等，零散地对跨国公司企业责任有一定规定和约束，但是缺乏一部完整的、专门针对企业社会责任的法律。现有的零散法规使得不少跨国公司利用法律漏洞，追求自身企业的利润最大化，而损害了我国的国家利益和

公众权益。我国政府可以借鉴西方国家的做法，强化企业社会责任观念，完善社会责任相关法律制度。此外，加大执行力度是关键。如果不配以有力的检查、监督和查处，再完善的法律也只是一纸空文。因此相关执法部门必须做到对待跨国公司一视同仁，不包庇、不迁就，有法必依，执法必严，强制跨国公司履行企业社会责任。

（二）充分发挥非政府组织的监督作用

非政府组织包括消费者协会、工会、行业协会、质量监督协会等社会团体。这些组织机构可以通过监管来加强跨国公司的社会责任意识，引导跨国公司主动履行社会责任。同时，这些组织机构也可以通过宣传和教育活动来引导国人树立正确的消费观，走出对跨国公司的盲目信任，形成应有的维权意识，让他们积极参与到企业社会责任的运动中来。企业工会要充分发挥其职能，通过集体协商和民主参与，完善企业内部维权机制，防止企业非法剥削劳动力，切实保护劳动者的合法权益，形成对跨国公司履行社会责任的有效监督和制约。对那些侵犯消费者权益的企业，非政府组织机构要做到及时披露，不袒护、不包庇，将保护我国广大公众权益放在首位。

（三）建立企业社会责任标准

鉴于目前不少跨国公司在履行社会责任时都存在着"双重标准"，我们需要建立符合中国国情的企业社会责任认证体系和标准。这份责任标准应考虑中国的政治、经济、社会、文化等因素，遵循现有的法律法规，参考主要国际社会责任内容，与跨国公司和相关利益团体协商制定，最终由国家权威机构发布并实施。国际上现有的相关责任标准由国际化标准组织（ISO）发布的 ISO 26000《社会责任指南》，由社会责任国际组织发起的 SA 8000 标准，由联合国提出的《全球契约》等。统一的企业社会责任标准可以将跨国公司在我国履行社会责任的行为规范化、标准化、制度化，有效避免法律未涉及的漏洞以及具有争议性、边缘化等问题。

（四）加强社会舆论媒体监督

从上述分析中我们可以得出，促使跨国公司自觉履行社会责任的关键在于履行社会责任后销售量的提升，而销售量的提升很大程度上由消费者对企业的社会形象认知所决定。因此，社会舆论媒体的监督显得尤为重要，能极大地影响跨国公司在广大消费者心中的形象和地位。有效的社会舆论媒体监督覆盖面广、传播速度快、影响力大，对跨国公司履行社会责任有良好的控制监督作用。新闻媒体应该形成健康的舆论氛围，及时对企业逃避社会责任的行为进行客观报道，引起社会公众关注，形成舆论压力和道德约束。媒体还应承担起宣传企业社会责任，引导公众建立正确消费观，强化维权意识。强有力的社会舆论能给跨国公司造成很大的社会压力和约束力，促使其停止违背社会责任的行为。同时，新闻媒体也应该对积极履行企业社会责任的跨国公司进行褒扬，鼓励跨国公司更加主动地承担在我国的社会责任。

参考文献

[1] 肖维大．企业社会责任机器动力机制的经济学分析［J］．商业时代，2013．

[2] 陈伟宏．简论跨国公司经营中的企业社会责任［J］．道德与荣誉，2011．

[3] 中国国际跨国公司促进会．跨国公司社会责任问题报告［R］．2011．

[4] 跨国公司社会责任问题报告发布［EB/OL］．网易财经．

景德镇古代陶瓷行业帮规研究

黄筱蓉　陈　晋

摘　要：景德镇在明清时期诞生了非常繁荣的商业经济，同时也因此而产生了丰富的商事习惯法，其表现为行帮帮规，主要包括对行业利益的垄断、对产业工人的适当照顾以及一些行业禁忌的规定。它是商人行帮和工人行帮斗争的最终结果，其根本宗旨是维护商人的垄断利益。

关键词：景德镇陶瓷行帮　帮规　商事习惯法

一、引言

明清时期，景德镇地区的商业非常发达，成为中国最重要的陶瓷业生产地和集散地。在重农抑商的中国古代，随着陶瓷手工业的发展，积聚了大量的产业工人和商人，这些工人和商人为了维护自身的利益必然集合在各种组织——行帮中，同时也产生了非常发达的商事习惯法，大量的商事习惯法以行帮帮规的形式表现出来，涉及很多方面，如入会退会资格、工人待遇、工伤处理等。我们今天看到的部分帮规大多刻在石碑上，而得以保存下来。从这些丰富的帮规资料看，一些学者认为中国古代没有商事习惯法的观点显然难以立足。下面将对景德镇陶瓷行业的帮规进行全面的介绍。

原文刊登于《江西企业家》2013 年第 3 - 4 期。

【作者简介】黄筱蓉：外语系书记，教授，研究方向：民商法；陈晋：基础课部副教授，研究方向：民商法。

二、与劳动者待遇相关的帮规介绍

对于劳动者的待遇福利，我国主要通过《劳动法》、《劳动合同法》、《工伤保险条例》等一系列法律法规对劳动者加以保护，其中有关于劳动者的最低工资标准、劳动者的休息休假、劳动者合同的签订、劳动者在工伤期间的待遇以及不得歧视女性用工等。景德镇行帮帮规也对这些问题进行了相应的规定，对劳动者进行了适当的保护，虽然保护力度较低。

（一）瓷帮工人的休假和福利

景德镇行帮帮规没有明确规定工人的最低工作时间和最低工资标准，仅仅是对重大节日提出了明确的休假和加班待遇的规定，对工资和工作时间则做出了模糊的规定。

每年农历的腊月二十三，园器行业规定这天停工，工人不再做坯，故叫歇手。但是歇手并不意味着放假，工人必须将架上的半成坯完成后，才可以回家过小年。有时候会遇到生意好或窑内缺坯的特殊情况，这时候老板往往希望工人能够多做几天活儿。帮规就规定必须经过工人同意，才能进行，这比起欧洲19世纪的血腥工厂更有人道主义。同时帮规还规定，即便工人同意加班，也不得超过5天，在加班期间，老板必须支付高额的加班工资，即每天供给每个工人四两肉和"耳朵"（佐料）钱。

在窑户行业也有给予工人福利的规定，其帮规规定每逢中秋、端午、春节等重大节日，窑户应置办丰盛的饭菜，邀请装坯工人来过节，如果窑户没有履行此义务，装坯工人就会借口窑户怠慢他，故意在生产上出些差错。而窑户不能因此惩罚装坯工人，而必须备酒请装坯工人的师傅和装坯头来说情，才可消除隔阂。

除此之外，琢器作坊的帮规则致力于维护工人的工资标准，其规定无论是淡季或者其他原因，不得将定好的工资自行降低。而草鞋帮的帮规则明确规定工人不得加夜班。

（二）关于工伤事故的规定

我国的《工伤保险条例》对工伤做出了严格界定："①在工作时间和工作场

所内，因工作原因受到事故伤害的；②工作时间前后在工作场所内，从事与工作有关的预备性或者收尾性工作受到事故伤害的，③在工作时间和工作场所内，因履行工作职责受到暴力等意外伤害的；④患职业病的；⑤因工外出期间，由于工作原因受到伤害或者发生事故下落不明的；⑥在上下班途中，受到非本人主要责任的交通事故或者城市轨道交通、客运轮渡、火车事故伤害的"。此外，职工在工作时间和工作岗位，突发疾病死亡或者在 48 小时之内经抢救无效死亡的，视同工伤。

景德镇陶瓷帮规没有对工伤做出界定，其对于工伤没有规定补偿措施，仅仅对工人在工作时间和工作岗位死于作坊的，无论何种原因，提出了补偿标准。首先是对死亡工人的后事安排，即买棺木安排下葬，另外还要举办宗教仪式，请道士为亡故者做一个"八折火"；其次是对其他工人的补偿，全作坊停工一两天，每个工人可以领取四两猪肉。这种对死亡补偿的规定，会给窑主带来严重的损失。为了回避这种规定，导致窑户见工人患病，便千方百计不择手段要工人离开作坊，严重损害工人权益。

（三）对女性的歧视

我国现行的《劳动法》对女性进行了特殊的保护，在招工、用工中不得歧视女性，要求男女平等；同时对于女性在经期、孕期给予特殊的待遇，如不少于90 天的产假，不得安排女职工在经期和孕期从事高处、低温、冷水作业和国家规定的第三级体力劳动强度的劳动。对怀孕 7 个月以上的女职工，不得安排其延长工作时间和夜班劳动。

但是在传统的封建社会却对女性极度的歧视，传统观念认为女性应该在家里相夫教子，如果外出做事往往被视为不守妇道。而景德镇瓷帮的帮规也体现了这种观念，并将其发挥到极致。它严格限制妇女进窑，更不用提招收妇女劳动者的问题。它认为妇女是禁忌，如果进窑，会冲撞窑神，因此一旦妇女进了瓷窑，必须焚香烧烛、杀鸡、鸣放鞭炮，以祭窑神。这种封建迷信的思想严重地歧视妇女，是一种封建糟粕。

三、与行业垄断相关的帮规介绍

行帮存在的目的就是维护行业组织内部秩序，保障行帮的垄断利益。任何资源都是有限的，特别是商业资源，垄断既意味着高额的利润，也意味着对行业的把持。行帮帮规作为行帮意志的体现，自然将维持行帮的垄断地位作为其最重要的规定。

（一）防止不正当竞争，维护行帮全体工人利益

对景德镇瓷帮各帮派的帮规阅读，发现各帮帮规都禁止工人外出"打闲"。何为"打闲"？实际上就是工人不能为窑户做私事。如草鞋帮规定，除做坯的工人可到外厂工作外，其他工人均不得外出做"散做"，也不准夜班。如窑户是该人的师傅，在学徒期内可以做，出师后则绝不可做；否则，将受到行帮处理。同时，为了保护行帮利益，行帮常常通过罢工方式争取权益，当未得到复工通知时，任何人不得躲在厂内外做工。这些规定实际上是为了防止不正当竞争，损害工人的合法权益，维护了工人的整体利益。

（二）行业垄断

景德镇瓷帮实行严格的宾主制度，即烧窑、做坯、红店、瓷行以及五行头（汇色、把桩、包装、打桶、打络等）等行业，进行了一次交易后，即不得随便更动，有的甚至成为世袭。倘有一方违反（主要是客方），行会便出面干涉。这种强制固定交易的行为，能够维持行业内部的稳定性，保证了各行业经营者的利润。但是这种规定限制了合理的竞争，最终导致陶瓷行业停滞发展。中国在清朝末年被动开放后，这些缺乏竞争力的商帮最终被淘汰。这就是以景德镇瓷帮为代表的江右商帮为何在近代销声匿迹，被扫进了故纸堆的重要原因。

（三）严格的学徒招收仪式

一个行业要发展必须不断有新鲜血液补充进来，才能推动创新，才能有所发展。景德镇的瓷帮为了维持自己的垄断地位，严格控制招收工人的规模。如装小器工人必须每隔 20 年，才能开禁收徒弟。开禁要进行非常复杂的仪式和程序，开禁时，要用红颜色涂装坯篮，然后挑红篮过街，沿途放爆竹，吹号奏乐，宣扬装小器工人带徒弟，这叫开红禁。与此同时，还有一种叫作"开黑禁"的。这是在装坯人少事多的情况下，可以隔三五年开一回禁，也要挑篮过街，但篮上不能涂红，如在街上平安通过，表示同行群众同意收徒，可以开禁；否则，就不能开禁。这种复杂的仪式和苛刻的招收标准，维持了工人的工资可以保持较丰厚的

水平，但是也限制了陶瓷业规模的发展，因为缺少足够的工人，难以做大做强。

（四）苛刻的商事登记制度

一方面，工人的商帮通过严格的招收徒弟的程序，减少竞争，维持工人的丰厚薪水；另一方面，经营者的行帮也通过苛刻的商事登记制度，维持经营者的垄断利益。这种商事登记制度，被称为"写车薄"，抑或"写本薄"，它是指窑（坯）户开业，应当办理登记。具体情形为：窑（坯）户开业，要向各自的行帮（20 世纪 20 年代后是××同业公会）缴入会金，领取"官贴"（即今之营业执照）。还要到"右陶灵司"即这些行帮工人总组织——"五府十八帮"街师傅办事地点缴"写车薄"费（一般是两个利坯工交 4～5 块银元），并领取一本盖有"五府十八帮"木质长印章的旧式红格账簿，即所谓"车薄"。"车薄"上要记载老板所使用的招牌名称、经营项目（如工自袖、粉定器等）、生产能力（几个利坯工、几乘陶军）、用何帮装坯工（一般由该帮组织介绍）、用何帮师傅特别是请用工人的帮属，把这些手续办好，记载清楚，方准开业。开业后，要改换招牌，必须再办"写车薄"手续，否则就要永远按照"车薄"规定的帮属去雇请装坯工和领头。至于装坯工和领头，可以任意将其工作岗位转让给他帮工人接替（行话称为"过帮"），窑户不得干预。这就是景德镇通常所说的"窑户不可卖工人，工人可以卖窑户"的意思。

从这个商事等级制度中我们也发现了其中对工人利益的保护，但这种保护是建立在垄断利益之上的利益溢出，这里面也包含了商人行帮和工人行帮相互斗争和妥协的结果。

四、其他类型行帮帮规的介绍

景德镇瓷帮帮规主要以垄断商业利益为核心，同时也涉及工人利益问题，除此之外，还对其他方面做出了规定。

（一）对私拿物品的处罚规定

对于坯坊里的任何东西，工人都不得私拿，即便是短块废料板、丁点袖果粉（可用于爽身）或"拣麻雀"（清匣时遗漏的瓷件）。一旦私拿物品，就要受到帮规处罚，包括财产罚和资格罚两种情形。财产罚表现形式为，首先，领头会同本帮师傅，将犯者个人的衣物、金钱全部没收、变卖；其次，请本帮师傅上茶馆酒馆，将变卖犯者所得的金钱吃光；最后，交大伙公议处理。而资格罚就是将其开除、驱逐，永远不得到景德镇谋生。

（二）买位置与买扁担的规定

所谓买位置，是指烧窑工人要向窑户交钱买位置，才能有工做。工人没办法，只有向做坯户找弥补，如"包子钱"、"酒钱"、"吹灰肉"等。而所谓买扁担，则是由于搬运一行过去为封建把头所操纵，工人要挑运，必须拿两块银元向把头买挑运权。把头还要搭扁担，即抽运费的 1/3。一年开始挑货的那天，工人要拿红纸包钱给把头，叫发市包。

这些规定是陶瓷业经营者和一些地方势力的不合理垄断规定，工人只有对此屈服。所以虽然景德镇陶瓷行帮帮规对工人利益进行了适当保护，但是这种保护非常微弱，工人仍然生活在社会最底层，受到层层盘剥。行帮帮规类似劳动法的规定，其实只是"画饼"。

五、结语

通过景德镇陶瓷行业帮规的解读，其实质是商业垄断利益下维护商人阶级的一种手段，工人阶级组成的行帮在与经营者的商帮的对抗中，其实没有获得话语权。我们在研究历史的时候，应该站在当时的时代背景中去解读历史，还原历史。虽然笔者对其有诸多批判，但是从当时的背景看，在重农抑商的封建王朝时期，能诞生出如此丰富的商事习惯法，无疑是一种惊喜，值得我们去深入解读和挖掘。

江右商消费性支出经济学分析及启示

曹国平

摘　要：江右商的消费性支出特别是奢侈性的消费支出、捐官纳衔支出、社会性赈济支出等非正常的消费支出对于其商业的发展具有很大影响，许多江右商家族由于陷入了"消费陷阱"而导致了自我毁灭。现代民营企业仍然具有同江右商相似的消费性支出情况，因此，研究江右商的消费性支出具有很强的现实意义。它为我们今天的现代民营企业发展提供了一些有益启示。

关键词：江右商　消费支出　启示

江右商兴起于元末明初，辉煌于整个明清时期，是中国商业史上最重要的商业流派之一。江右商兴盛时期，其得势之时，大量金银从各地滚滚流回乡里，置田产、起楼阁，显赫一时。江右商的兴起固然有其客观的社会条件，但从某种程度上说，许多家族的崛起源于小买卖，得益于几代人的勤俭积累。江右商的衰落固然是近代社会变迁的结果，有着深刻的社会历史背景和复杂的内外因素，但在很大程度上也是他们挥霍无度、腐朽没落而导致的自我毁灭。事实上，江右商家族的消费性支出同他们的商业发展存在很大联系，对其进行理论上的分析和探讨具有很强的现实意义。

一、江右商消费性支出分类

我们将江右商消费性支出分为正常的消费性支出和非正常的消费性支出两部

原文刊登于《江西企业家》2013 年第 3 - 4 期。

【作者简介】曹国平：培训处副处长，讲师，研究方向：人力资源。

分。正常的消费支出是指为维持一个家族正常的生活水平所需要的支出，它在整个商业发展过程中变化不大。为了分析上的方便，我们假定它为一个常数值，不予以分析。正常消费之外的消费界定为非正常消费。江右商的非正常的消费支出主要包括：①奢侈性的生活支出；②捐官纳衔支出；③军阀强派、修桥筑路、修祠建庙、天灾人祸等社会性赈济支出。

二、江右商消费性支出的经济学分析

在江右商的商业发展起始阶段，为了创业、为了积累商业资本，他们会对现期消费与未来消费进行权衡。而积累动机大于消费动机的结果，使他们用积累替代消费，会减少现期非正常的消费支出甚至部分正常的消费支出以增加积累。随着商业的发展和收入的增加，他们的积累动机和消费动机都会增强。在每一个发展阶段和收入水平，江右商都会将积累与消费进行权衡，以实现自己的最大效用满足。这样，随着江右商财富的增加，积累的边际效用将递减，积累对消费的替代以及积累效应本身都会变得越来越小。最终江右商的消费动机强于积累动机，他们用消费替代积累，消费支出越来越多。

江右商的收入水平与其商业发展具有正相关关系，因此，我们可以推断出江右商的商业发展与其非正常消费支出之间的函数关系。在江右商商业发展的前期，他们总是加强积累以促进商业的发展。而到一定阶段，消费支出会越来越多，相应地，商业发展也会越来越慢。这是由江右商的积累动机和消费动机所决定的。

然而，商业的发展并非一帆风顺，一旦遇到市场的不景气或者社会变革的冲击，需要对商业结构、商号组织进行调整之时，商人家族的消费性支出却形成了惯性，它并不会随着商业发展的停止而下降，反而会变得越来越膨胀。其结果将会不可避免地陷入消费陷阱，表现为坐吃山空、商业破产、家族衰败的境况。

三、江右商陷入消费陷阱的原因分析

江右商家族的消费陷阱基本上都是由非正常的消费支出膨胀所造成的。

第一，贪图享乐封建思想是陷入消费陷阱的最根本原因。当其商业发展到一定阶段，他们常常在蓄意储银以养亲的思想意识指导下，"皆急于享受而不求再进"，把大量的时间和精力花在了纸醉金迷而不问商号事，常常贪图享乐而管理松懈。

如支撑清朝盐业半壁江山的"胡慎怡堂"，是近代盐业世家胡氏家族的住宅堂号。据四川地方史志记载，清朝嘉庆中叶，世居江西省吉安府庐陵县（今吉安市）儒林乡连山堡高坪第十都的胡礼纬，因家道破落，为求生计，与同族胡士云来到自流井经商，主要经营江右商擅长的贩布贸易。其子胡元和利用战争带来的时机，改营盐业，经营得法成为开创胡氏盐业世家新局面的关键人物。后经元和之子勉斋、之孙念祖的苦心经营，胡氏家族盐业"工人上千人，役牛 600 余头，骡马 100 多匹，年盈利白银近 15 万两。"达到家族盐业的顶峰，成为当时富荣盐场的"王李胡颜"四大家族之一。但第四代的接班人胡铁华掌管"胡慎怡堂"时（1913 年），家族吸鸦片烟者过半，仅胡铁华一房就达20 余人。

南昌月池熊氏家族，中国最早新式中学堂的缔造者。第二代掌门人彼香生前曾有"和字辈发财，育字辈享福，正字辈吃苦，大字辈讨饭"的预言，实际情况与彼香的预言基本吻合。到正字辈，已没有多少家产了。其原因在于，"生长富贵，习于柔脆，意志薄弱，不敢冒险耐劳故也"。育字辈以后的许多人都不善经营，疏于管理，又沾染上吃喝赌博等恶习，有时一夜之间，便输掉一座铺面。

第二，捐官纳衔支出是影响其商业发展的又一项非正常的消费支出。随着商人财富的积累，商业利润的边际效用在降低，而其他商品，如社会地位、威望、官职等的边际效用在增加，当商业发展到一定阶段，他们的着眼点不仅仅在扩大经济势力，而是把注意力转向为家族买官鬻爵以提高社会地位。

如胡氏家族，为捐官耗去银两甚多，仅以胡孝先（胡汝修兄子）加捐中书员外郎，即纳白银 7000 两。阁府捐官，耗资之巨。孝先、铁华、师仲在京师三年，攀龙附凤，附庸风雅，送礼频频，耗资白银 10 万两。在蜀中，官来官去，争名于朝，花费白银不少。从以上事例可以看出，虽然江右商抓住机遇促进了自身的崛起，但当他们把大量的商业资本用于捐官纳衔之时，又危及了其商业的正常发展。

第三，巨额社会性赈济支出也是陷入消费陷阱的主要因素。如抚州南城县杨氏家族在西南地区开办的聚兴诚银行，成为中国近代史上最有影响力的民营商业银行之一。1915 年成立先后在汉、申、京、津等地设立分行，还在香港开设了办事处，在全国各地的分支机构曾多达 40 个。当时其地位可与"中国通商、四明、上海、金城相比"，有"无聚不成行"之说。据有关记载，四川军阀混战，为祸最烈，重庆地当要冲，各系打进打出，几无宁日，打进者要钱，败走者也要钱，估逼勒索，至为横暴。聚兴诚开业以来即成为派款的主要对象之一，先后被军阀派垫之款，累计已达150万元，严重影响聚兴诚的资金营运。

南昌月池熊氏家族，在禧祖时期，为了让更多的子弟读书有成，以光宗荣祖，显耀门楣，禧祖设立了"心远堂"这一专门的家族教育机构。即每年抽取部分公产的盈利存储起来，设立"心远奖学金"，用来奖励读书应试有成的家族子弟。"凡族之子弟，为郡邑学官弟子员，或领乡荐，及成进士者，皆得分享。盖所以资孤寒，助膏火，使颖敏有志者成业，易于造就，以至于无穷也"。"心远堂"最大的经济来源是设立于汉口的"信昌盐号"，每年有2000白银的收入，其奖金分等级设立，中举人者可得700白银，中进士者可得3000白银。此外，生员（秀才）、贡生等也有一定的奖励。

第四，放弃勤俭节约的传统是商业衰落的主要根源。实际上，我国古代很早就把奢俭看作贫富根源，人们认为"贫富之不同，由于勤惰"（管同），"奢俭者，贫富之大源也"（梁章钜）。虽然这种看法在今天看来已经存在很大局限性，但江右商家族大多历经几代积累而致富，对其早期资本的积累和商业发展确实起了很大作用。因此，江右商家族的兴起大多经历了一个节衣缩食、长期积累的过程。他们在商业发展的前期节约自律，注重守成，注重对子孙后代的教育。而到后世，常常会由于非正常的消费支出膨胀而陷入消费陷阱，最终衰落。美国社会学家E.A.罗斯在游历晋中时曾说道："抽吸鸦片和赌博发展浸染了商人阶层，那些成功的商人后代沉湎于纵情声色、出入戏院、赋诗作画之中，使得他们祖宗在帝国时期积累起来的事业从他们身上败落了。"

江右商虽然在国内商界兴盛长达5个多世纪，但就单个家族而言，其商业周期一般也不过百年左右。这同江右商的消费周期存在很大联系。江右商家族的非正常消费性支出的膨胀，是其陷入消费陷阱的主要根源，这又进一步导致了其商业破产和家族衰落。

四、江右商消费性支出的启示

现代民营企业是焊接在陈陈相因的历史链条上的一环，其企业发展与消费支出之间仍然存在与江右商基本相同的函数关系，许多企业的破产仍旧是由"消费陷阱"所引起的，只是其成因略有差异而已。因此，在今天审视江右商消费性支出有很强的现实意义。

第一，提倡勤俭持家，反对大肆挥霍。昔日江右商的诸多缺陷仍以曲折的形式在现代民营企业那里继续重演着。而且，现代企业的商业周期已经大大缩短了而不是延长了，许多"名牌"犹如过眼烟云而迅速消失了。许多企业家仍然存在一种供养子孙和光宗耀祖的失衡心理；许多人为举办婚礼宴庆而互相攀比，为祭奠祖先、修坟造墓而不惜耗费重金，为追求安逸的生活而修造别墅、包养"二奶"；许多地方官员还进行钱权交易。这些事例向我们证明，今天的许多企业家仍然缺乏一种理性经济人的思维观念，缺乏对企业长远发展的思考。在他们身上呈现出更多的是一种良莠掺杂的非理性行为，一方面存在经商逐利的普遍热忱；另一方面又表现出了贪图享受的挥霍行为。争奢斗富而大肆奢靡消费，为走捷径而采取贪污贿赂的不法手段。无怪许多学者感叹，我们的企业家是"低素质无以承受高科技，低道德水准无力承受财富"。

第二，提倡消费型经济，反对无理性的消费。凯恩斯在阐述其需求管理思想时指出，它只适用于存在资源没有充分利用情况下的短期失衡状态。马克思强调"不仅消费的对象而且消费方式……都是由生产所生产的"。韦伯在谈到理性资本主义精神时曾说"禁欲主义的节俭必然要导致资本的积累。强加在财富消费上的种种限制使资本用以生产性投资成为可能，从而也就自然而然地增加了财富。"反思我们今天的企业家，恰恰是缺乏这种精神气质。

第三，提倡遵规守法，反对随心所欲。江右商的商业发展轨迹告诉我们，现代民营企业要想取得良性发展，就必须避免陷入那种非理性的消费陷阱。为此，我们要加强市场竞争意识，增强法制建设，加大反腐倡廉力度，为企业的发展提供一个良好的外部环境。同时，还应该有效地界定和保护企业产权，使其真正成为具有"经济人"人格的法人主体，从而降低他们在经济活动中的交易费用，提高资源配置效率，更重要的是我们必须加强引导，注重企业的非正式制度建设，培养现代企业的理性精神。

参考文献

[1] 张正明.江右商与经营文化 [M].世界图书出版公司，1998.

[2] 姚贤涛，王连娟.中国家族企业：现状、问题与对策 [M].企业管理出版社，2002.

[3] 徐泰玲.家族企业创新思考 [J].南京社会科学，2002（增刊）.

[4] 余龙生，赖明谷.简论明代江西商人的行商特色 [J].江西社会科学，2003（5）.

[5] 傅衣凌.明代江西的工商业人口及其移动 [M].人民出版社，1982.

[6] 曹国平.月池熊氏家族经商思想研究 [J].老区建设，2010（20）.

［7］曹国平．聚成兴银行的经营特色和启示意义［J］.大江周刊，2010（10）.

［8］曹国平．胡慎怡堂盐业家族的兴盛及其精神价值［J］.大江周刊，2010（11）.

江右商帮纸业老字号调查研究

严 琦 林 芸

摘 要：本文从追溯江右商帮纸业的发展历程入手，探寻曾经辉煌的纸业生产经营老字号，结合当代的老字号，认为当代人应该重振江右商帮纸业，将前人的宝贵技艺传承下去。

关键词：铅山纸业 连史纸 老字号 振兴

中国的造纸术始于西汉，在东汉时经蔡伦改进，从而得以更广泛地生产。传统的造纸制作多以毛竹为原料，因其生产周期长、工艺要求高，各地零散的造纸作坊并不多见，而是形成地区性产业，如益州的黄白麻纸、宣州的宣纸、杭州的藤纸等。明清时期江西是全国的造纸中心，各地均有土纸生产，据清光绪《吉安府志》记载："竹纸出泰和"，清同治《九江府志》载："楮纸与漆皆出于瑞昌彭泽"，婺源有"稿草为之"的草纸，抚州有清江纸、火纸和牛舌纸，萍乡产贡纸，遂川所产土纸品种较多，主要有毛边纸、表芯纸、绵纸和草纸等。但总体生产规模小、产品销量少、品牌名气低，主要用来满足当地居民祭祀、收谱之用。清同治《高安县志》这样描述其物产青纸："纸靛皆出他处，惟染色稍工皆地所应有，不足云产。"江西造纸名满天下，主要是由铅山纸业支撑，因此本文着重研究铅山的纸业老字号。

基金项目：2010 年江西经济管理干部学院招标课题"江右商帮老字号品牌文化研究"。

原文刊登于《老区建设》2014 年第 2－3 期。

【作者简介】严琦：外语系副教授，研究方向：经济管理；林芸：外语系主任，教授，研究方向：经济管理。

一、铅山纸业老字号的光辉历史

（一）铅山纸业的发展历程

铅山的造纸业起源于唐朝，发展于元代，在明清时期达到顶峰。据《江西造纸史》记载，早在唐宪宗元和元年（公元 806 年），铅山南部山区就出现了连史纸。到元朝，铅山纸业初成规模，并且声名远播。在明朝，江右商帮的纸业贸易繁荣，是江南五大工业之一，曾在全国市场占有举足轻重的地位。清前期，各类通俗小说蓬勃兴起，图书事业得以迅猛发展，铅山纸业也因此达到空前繁荣。但是鸦片战争后，大量西洋廉价机制纸涌入，国内造纸市场受到了巨大冲击，铅山纸业开始逐渐萎缩。之后，由于战争频发，政局动荡，民众生活普遍极其贫苦，无力追求精神享受，铅山的纸槽也就随之锐减。至新中国成立初期，铅山纸业虽然再度短暂复兴，但历经"文革"动荡，造纸业再度低迷，并最终走向衰败。

（二）铅山纸业的主要品种

铅山生产的纸张品种繁多，据清同治《铅山县志》记载："其料皆以米叶、嫩竹渍之、捣之、蒸之、曝之而成，粗细不同，名色各异。细洁而白者，有连史、毛边、贡川、京川、上关；白之次者有毛六、毛八、大则、中则、黑关；细洁而黄者有厂黄、南宫；黄之次者有黄尖、黄表；粗而适用则有大筐、小筐、放西、放帘、九连、帽壳，统谓之毛纸，邑各乡皆出。"

连史纸因其"妍妙辉光"与"千年寿纸"的美名而独领江西纸业市场风骚，它常用于贵重书籍、碑帖、契文、书画和扇面等，不仅商贾书局、文人墨客对它青眼相加，更登庙堂成为百官奏本纸和皇帝的御用纸。巨大的市场需求使铅山县生产连史纸的纸槽一度多达 1400 多张，县里 40% 的人口从事纸业，也因此催生出大小数百家老字号，遍布河口、石塘、湖坊等地。

（三）铅山纸业的老字号

历史上铅山纸的主产地有石塘、陈坊、湖坊、英将、车盘、长港、篁碧、浆源、紫溪、永平、杨村和港东等村镇，纸商们则大多云集河口古镇，依托河口这个"八省码头"，将铅山纸销往全国甚至海外。

纸商并非都是铅山本土人，制作精良的纸张与便利的交通吸引全国商贾挟巨资前来，在明清时以安徽、福建人为主，民国初期则以安徽人、南城人和临川人为主。各地商贾纷纷建立商会，至今河口镇明清古街上还留有福建会馆、陕西会馆等18座会馆遗址。9弄13街里大小纸铺多达数百家，老字号比比皆是。

有名的纸店老字号有河口的"裕兴隆"、"益裕"、"光裕"，陈坊的"鸿泰昌"等，他们长年雇用员工多达十六七人，进行零售批发。专营批发的纸号中，"吴志记"、"祝荣记"、"宝兴盛"、"郭同义"、"信大"、"志成"、"罗盛春"、"赖家纸号"、"查声泉"、"复源生"、"鸿昌"、"天和"、"兴发号"、"鸿兴号"等，他们的资本雄厚，多在银元二三十万以上。另外，还有代办纸张转手贸易的纸行，主要设在陈坊、湖坊、石塘、紫溪等地，"卢益大"、"松泰行"、"罗济行"是河口、石塘、陈坊街上最有名的纸行。这些老字号依托铅山的便利交通，以其诚实、守信的经营理念将铅山本土的优质纸张销往全国各地甚至远至南洋。

二、铅山纸业老字号的濒危近状

新中国成立后，丧失了水陆交通优势且受机制纸严重冲击的铅山纸业迅速衰败。据1949年县工商科资料记载，当时河口的大小纸店只剩下33家，永平、石塘、紫溪、陈坊、湖坊等地也只有少量纸店和纸号。1950年，铅山县人民政府批准祝荣记、信大庄、建和、诚有、益良5家纸号组成"河口联成造纸厂"。同年，又批准陈坊的公成、润记、德丰、仁记、丰记、文舫等13家纸庄组成"陈坊纸业联营大成造纸厂"。1951年，吕庭辉等23家纸店组成"河口镇纸业联营商店"。新时代公私合营的工厂与店铺取代了传统的生产与经营模式，而它们在新的历史条件下并没有生存多久，人们对老字号的记忆也慢慢地随之褪色。

如今，这些老字号几乎都已销声匿迹，河口明清古街上的木板店铺大都呈现出颓废的气息，昏暗破败得首尾莫辨，令人难以想象当年灯火通明、人声鼎沸的繁华与喧嚣。只有那被无数车轮碾过、被无数人踩踏过的光滑的青石路面，默默地诉说着曾经的辉煌。相隔近百年，与这些老字号有关的一些口耳相传的故事也都随着老一辈人的去世而湮灭，让现在的我们难以述其传奇。

老字号的消逝是铅山纸业衰败的必然结果。如今，用于印书、作画、书写等上等的毛边纸找不到市场，村民所做的纸只剩下民间用于收谱、祭祀、丧葬、上坟等的一般毛边纸。而铅山纸业的精品连史纸，则于 1992 年随着最后一张连史纸槽在天柱乡浆源村歇业而彻底停产。连史纸的生产技艺濒临失传，掌握此工艺的民间艺人从鼎盛时期的 2 万余人锐减至不足 10 人。2006 年 5 月，连史纸制作工艺入选国务院"首批国家非物质文化遗产"名单，亟须人们的传承与光大。

皮之不存，毛将焉附？没有地区性的大规模生产，没有本土特色的产品，要想重建老字号，只是一句空谈。

三、铅山纸业老字号的蓬勃未来

是否有必要重振铅山纸业的辉煌，如何在新的历史条件下继承造纸的传统工艺，今后怎样在激烈的市场竞争中赢得一席之地？如何重建老字号，又如何依托老字号打造品牌效应？这些都是值得引起当代人特别是赣人深思的问题。

值得庆幸的是，铅山纸业的精粹——连史纸濒临失传的严峻事实已引起相关部门和有关学者的重视，并得到了一些企业的支持。

（一）造纸技艺的顺利传承

2006 年 7 月，复旦大学文化遗产研究中心的汪自强副研究员与复旦大学文物与博物馆学系副主任陈刚等一行 5 人，组成复旦大学手工造纸科学研究课题组到铅山县考察手工造纸，认为铅山的手工造纸作坊是原始造纸工艺的活化石，表示如果铅山政府想要恢复连史纸的生产，他们乐于提供技术上的帮助。

2007 年铅山县成立了"恢复传统特色产业委员会"，并投资 15 万元建立了"连史纸制作技艺陈列馆"。民间仅存的几位老艺人，如何晓春、翁仕兴等，被当地政府与企业聘为连史纸造纸师。他们慷慨地拿出家里的纸药祖传秘方，结合自己多年的造纸经验，经过一年多的努力，成功地恢复研制出连史纸。

之后，铅山连史纸制作技艺先后参展上海世博会、文博会、中博会、印博会、中国首届国家级非遗博览会、世界非遗博览会等会展，并获文化部颁发的首届国家级非遗博览会展品奖铜奖和非遗技艺展演集体一等奖。2011 年，江西省文化厅将铅山连史纸制作技艺作为全省唯一申报世界级非物质文化遗产项目向联合国申报。

（二）新造纸企业的兴起

1. 何米记连史纸业有限公司

2010 年，经过一年的筹备，依托百年老字号"何米记"，铅山县何米记连史纸业有限公司成立。它用原始的手工作坊，按照最原始的生产技艺，在民间老师傅何晓春的指导下，生产出了精美的连史纸。

同年 5 月，何米记参加了第六届中国（深圳）国际文化产业博览交易会，向络绎不绝的参展游客演示了连史纸的制作技艺，获得了不少出版社的青睐。

2. 含珠实业有限公司

将连史纸恢复生产与经营做得更早，也做得更好的是江西含珠实业有限公司。

2008 年，江西含珠实业有限公司在浆源村建立千寿纸坊，聘请 85 岁的徐堂贵和翁仕兴两位制作技艺传承人带徒授艺。他们与另一位铅山连史纸制作技艺的国家级传承人章仕康一起，将连史纸成功地恢复生产。

他们致力于挽救造纸技术活化石的举措得到了铅山县委、县政府的大力支持，2008 年，铅山县人民政府授权含珠实业有限公司恢复连史纸生产并打造连史纸生产性保护示范基地，制订了项目保护总体规划、详细具体的分年度保护计划和实施方案，同意江西含珠实业有限公司投资建设连史纸生产性保护示范基地——铅山连史纸制作技艺传习所。2009 年，连史纸纸品质量得到了杭州西泠印社认可，被列为杭州西泠印社连史纸定点生产基地，投入批量生产。该公司还与中国图书馆古籍保护中心建立了古籍修复用纸合作关系。次年，根据《中华人民共和国标准化法》，含珠实业有限公司申请了企业标准Q/HZSY001/2010赣饶企标备案注册 Y169—2010，并获质检部门通过，从而使纸品质量首次有了明确的检测标准。2011 年，文化部非遗司将之列入国家级非物质文化遗产生产性保护示范基地公示名录。2013 年 9 月，由江西含珠公司和中外手工美术馆联合举办的新品发布会中，著名国学大师、北大教授楼宇烈就以"纸香茶韵，铅山双绝"为题举办讲座，进一步提高了铅山纸业的知名度。

为扩大供不应求的连史纸生产规模，在铅山县政府与含珠实业齐心努力下，占地 2 万多平方米的园林式园区——铅山纸茶竹文化创意产业园已落成，抄纸、焙纸、整纸等工序被迁入，现在全公司有纸槽 30 张，2013 年产连史纸 5 万刀（每刀 100 张），并与中国国家图书馆、浙江图书馆、杭州西泠印社等达成了长期的合作关系，保证了连史纸的高端文化市场。2013 年底，江西含珠实业有限公司被江西省商业厅正式认定为首批"江西老字号"。

四、小结

由此可见，连史纸的生产现已恢复，并逐步走向规模化生产的道路。这是铅山纸业复兴最基础也是最重要的一步。质量上乘的产品可以获得有高需求的消费者与出版社的青睐，高利润的回报会吸引更多的纸品厂进行生产，也进而催生出大大小小的店铺进行销售，老字号借助这一产业链重新复苏，并不是不可能。

当然，在机制纸占统治地位的市场中，要把连史纸推向市场，与宣纸抢占市场份额，最终再现甚至超越铅山纸业曾有的辉煌，这是一条漫长而艰巨的道路。当地政府要与相关企业达成共识，认真地把造纸看作一个产业，共同努力，在保护自然环境，坚持可持续发展的前提下，结合本地优势，借鉴传统工艺，生产出优质的纸品，并根据新时代需求制造出新式纸张，运用现代营销手段推广产品，最终实现双赢。也许在不久的将来，曾经叱咤风云的老字号又可以再度引领中国纸业的发展，成为当地政府乃至江西地区的重要的 GDP 增长点。

参考文献

［1］高安县志［M］．婺源县志［M］．吉安府志［M］．九江府志［M］．抚州府志［M］．浮梁县志［M］．铅山县志［M］．南昌府志［M］．台北成文出版社有限公司印行，清同治十年刊本影印．

［2］《江西省商业志》编纂委员会编．江西省商业志［M］．方志出版社，1998.

［3］铅山县志编撰委员会．铅山县志［M］.1985.

［4］广东、文本、湖南、河南辞源修订组，商务印书馆编辑部编．辞源［M］．商务印书馆，2009.

［5］王安春．明代江西广信的造纸业［J］．上饶师范学院学报，2001（9）.

［6］王立斌．江西铅山连史纸调查报告［J］．南方文物，2008（3）.

［7］严琦，林芸．关于江右商帮纸业的调查研究［J］．老区建设，2010（6）.

［8］左美容．江西传统手工造纸调查研究［J］．江西师范大学学报，2012（5）.

［9］廖媛雨．史话江西纸张文化［J］．美术大观，2013（4）.

［10］查威．铅山连四古纸穿越千年焕发新生命［J］．江西晨报，2014（3）.

基于统计学习优化 SIFT 的面部遮挡人脸识别

魏 林

摘 要：针对传统的人脸识别算法受面部遮挡的影响导致很难兼顾鲁棒性和保持原始图像核心信息的问题，本文提出了一种基于统计学习优化尺度不变特征变换的面部遮挡人脸识别算法。首先，利用 SIFT 将所有给定训练图像用一组局部特征描述符表示出来；其次，通过执行统计学习获得正常脸部图像 SIFT 特征的概率分布函数，利用获得的概率分布函数在新观察到的测试图像中检测异常 SIFT 特征；最后，计算测试图像与训练图像之间的相似度，并利用 K 近邻分类器完成人脸识别。在 AR 人脸数据库上的实验验证了本文算法的有效性及可靠性，实验结果表明，相比其他几种较先进的人脸识别算法，本文算法取得了更强的识别鲁棒性。

关键词：面部遮挡 人脸识别 统计学习 尺度不变特征变换 K 近邻分类器

人脸识别早已成为模式识别和机器学习领域的热点话题之一，尽管大家对人脸识别进行了大量研究，提出了许多统计方法和局部特征提取方法，在非限制条件下可取得不错的识别效果。然而，许多由太阳镜、围巾等引起的人脸特定遮挡却无法在设计局部特征时考虑到，高度非线性和不可预知变化使人脸识别仍然是一个具有挑战性的问题。因此，提出一种可以解决面部遮挡人脸识别的算法显得至关重要。

统计特征提取方法有主成分分析（Principal Component Analysis，PCA）、线性

基金项目：国家临床重点专科建设项目经费资助（财社〔2010〕305 号）。

原文刊登于《激光杂志》2014 年第 10 期。

【作者简介】魏林：信息工程系副教授，研究方向：软件技术、计算机应用。

判别分析（Linear Discriminant Analysis，LDA）、非负矩阵分解（Nonnegative Matrix Factorization，NMF）以及它们的各种扩展，通过学习数据集的变化特征可给出有效的低维特征。然而，由于这些统计方法将样本图像作为输入空间的数据点（即一个随机向量），主要采集整体外观作为特征，导致处理图像数据中的局部变化变得很困难，该特性经常导致它们在局部变化人脸识别中表现不佳。局部特征提取方法如 Gabor 滤波、局部二值模式（Local Binary Pattern，LBP）和尺度不变特征变换（Scale‐invariant Feature Transform，SIFT）广泛应用于视觉模式识别和图像处理。使用局部特征，可以将图像表示成一组局部块，便于更有效地处理局部变化。此外，有些局部特征如 SIFT 最初设计是为了对包括尺度和平移的图像变化具有鲁棒性，然而，由于大部分局部特征提取早在系统开发阶段就确定了，它们不能吸收给定数据集中分布的变化，特别是在脸部图像的情况下，许多由太阳镜、围巾等引起的人脸特定遮挡无法在设计局部特征时考虑到。

为了解决面部遮挡变化人脸识别问题，学者们提出了许多方法，例如，Yang 和 Chen（2013）提出一种概率方法，可为不精确局部化、部分遮挡和表情变化人脸做出补偿，为了处理局部遮挡问题，将人脸图像划分成局部块进行分析，该研究有效地表明了人脸识别问题中局部方法的重要性，它使用基于 PCA 的方法从局部区域提取特征。受该项人脸特定局部变化开拓性研究的启发，Kumar 和 Sathidev（2013）提出使用局部非负矩阵分解（Non-negative Matrix Factorization，NMF）方法代替 PCA 表示脸部图像的局部特征，尽管 LNMF 的局部特性能很好地应用于基础的基于遮挡检测模块结果的选择，但它需要限制统计特征以一个整体向量处理一幅图像。Chen 和 Gao（2010）、史加荣等（2011）提出利用 LBP 特征处理遮挡变化，通过使用支持向量机（Support Vector Machine，SVM）为检测遮挡区域执行一个单独的训练过程，可以检测出被遮挡区域中的 LBP 特征，并将它们从识别阶段排除出去。然而，检测遮挡的训练模块需要包含遮挡的训练数据，这对学习阶段未表现出的各类局部变化具有鲁棒性是很困难的。这些方法主要侧重于局部遮挡并涉及一个专门为检测和排除遮挡设计的模块。Shi 等（2011）提出一个合并的相似度度量，使用局部 Gabor 二值模式（Local Gabor Binary Pattern，LGBP）特征和遮挡的可能性。这些算法可在一定程度上解决面部遮挡人脸识别问题，但是，很难兼顾鲁棒性和保持原始图像的核心信息。

基于上述分析，本文提出了一种基于统计学习优化 SIFT 的面部遮挡人脸识别算法，为局部特征引入了一个统计学习过程。首先，使用 SIFT 表示脸部图像，众所周知，SIFT 对人脸识别中的局部变化具有强鲁棒性。将所有给定训练图像用一组局部特征描述符表示出来，则可以执行学习过程估计训练脸部图像中观察到的局部特征的概率分布，通过学习过程可获得正常脸部图像 SIFT 特征的概率分布函数（Probability Distribution Function，PDF），利用获得的 PDF 可以在新观察到的测试图像中检测异常 SIFT 特征。本文为概率密度估计和估计值在获得距离度量中的利用开发了一个更通用的框架，实验结果验证了本文算法的有效性及鲁棒性。

一、使用 SIFT 表示脸部图像

为了使用局部特征表示脸部图像，本文使用了 SIFT 特征，因其对尺度和平移的强鲁棒性特性，它成为复杂视觉模式识别最受欢迎的局部特征之一。本节简要描述人脸识别的 SIFT 特征提取。获取一幅图像的一组 SIFT 特征主要有两个计算阶段：首先，需要确定如何从整幅图像中选择一个兴趣点，选择的兴趣点称为关键点；其次，计算选择的关键点的描述符，以便能表示对应局部块的有意义属性，该描述符称为关键点描述符，每幅图像由一组关键点及其描述符表示。

SIFT 使用尺度空间高斯差（Difference of Gaussians，DOG）检测图像中的关键点。对于一幅输入图像 $I(x, y)$，尺度空间定义为函数 $L(x, y, \sigma)$，它是变尺度高斯 $G(x, y, \sigma)$ 与输入图像之间的卷积。DOG 函数定义如下：

$$
\begin{aligned}
D(x, y, \sigma) &= [G(x, y, k\sigma) - G(x, y, \sigma)] \times I(x, y) \\
&= L(x, y, k\sigma) - L(x, y, \sigma)
\end{aligned}
\tag{1}
$$

式中，k 表示乘法因子，在当前图像 8 个邻居和上下尺度 9 个邻居基础上计算 $D(x, y, \sigma)$ 的极大值和极小值。

对 SIFT 的原始研究中，在关键点描述符值基础上选择多个关键点，因而关键点的数目和位置依赖每幅图像。然而在人脸识别中，由于缺乏脸部图像纹理，仅能提取几个关键点。为了解决这个问题，苏煜（2010）提出在正规图像网格点上选择关键点，获得图像内容的密度描述符，通常称为密度 SIFT（Density SIFT，DSIFT）。

由 SIFT 方法提取的每个关键点表示为一个描述符，它是一个由四部分组成的 128 维向量 κ：位点（选择的特征的位置）、尺度（σ）、方向和梯度的幅值。每个位于 (x, y) 关键点上梯度的幅值 $m(x, y)$ 和方向 $\Theta(x, y)$ 计算如下：

$$
m(x, y) = \sqrt{(L(x+1, y) - L(x-1, y))^2 + (L(x, y+1) - L(x, y-1))^2}
\tag{2}
$$

$$
\Theta(x, y) = \tan^{-1}\left\{\frac{L(x, y+1) - L(x, y-1)}{L(x+1, y) - L(x-1, y)}\right\}
\tag{3}
$$

为了将 SIFT 应用到脸部图像表示，在正规网格中安排关键点的数目（M）

及其位置。因为每个关键点由它的描述符向量 κ 表示，所以脸部图像 I 可由一个 M 描述符向量的有序对表示，如

$$I = (\kappa_1, \kappa_2, \cdots, \kappa_M) \tag{4}$$

基于这个表示，通过学习描述符向量 κ 的概率分布，本文提出一种鲁棒人脸识别算法。

二、算法提出

（一）人脸识别的整个过程

如图 1 所示，为本文算法中学习和识别的整个过程，已知脸部图像训练集如下：

$$s = \{ I^i \mid I^i = (\kappa_1^i, \cdots, \kappa_M^i), \ i = 1, 2, \cdots, N \} \tag{5}$$

通过收集每幅图像中的所有描述符可以得到局部特征的训练集 T，记作：

$$T = \{ \kappa_M^i \mid i = 1, \cdots, N, \ m = 1, \cdots, M \} \tag{6}$$

然后应用训练特征集 T 到概率学习，估计正常人脸图像局部特征的 PDF $p(\kappa)$。

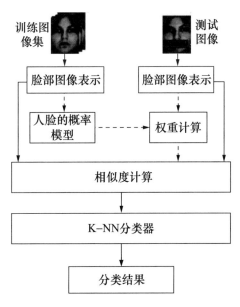

图 1　本文算法的整个过程

测试阶段，对于给定的测试图像 I^{tst}，首先提取 SIFT 局部特征并表示图像为：

$$I^{tst} = (\kappa_1^{tst}, \ \kappa_2^{tst}, \ \cdots, \ \kappa_M^{tst}) \tag{7}$$

通过使用估计的 PDF $p(\kappa)$，计算每个描述符 κ_M^{tst} 的权重重要性 w_m，权重越大表明描述符正常性越高，即有大权重的特征值很可能是在平常的脸部图像中观察到的，被遮挡区域的权重值较小。一旦获得测试图像中特征的权重值，就可以使用它们计算测试图像与训练图像之间的相似度，在图像之间相似度值的基础上，K 近邻（K–NN）分类器最终分类给定的测试数据到类中。

（二）脸部图像局部特征的学习

从上一节中得到一个由训练图像中所有描述符组成的训练集 T，为了估计从正常脸部图像观察到的局部特征描述符 κ 的 PDF $p(\kappa)$，本文考虑高斯模型与 L 个元素的混合，记作：

$$p(\kappa) = \sum_{j=1}^{L} \alpha_j G(\kappa \mid \mu_j, \textstyle\sum_j) \tag{8}$$

$$p(\kappa) = \sum_{j=1}^{L} \alpha_j \frac{1}{\sqrt{2\pi^{128}}} \frac{1}{\sqrt{|\sum|}} \exp\left\{ -\frac{1}{2} (\kappa - \mu_j)^T \textstyle\sum_j^{-1} (\kappa - \mu_j) \right\} \tag{9}$$

通过估计模型参数 α_j、μ_j、$\sum_j$ $(j = 1, \cdots, L)$ 确定 PDF 的明确形式，当训练集 T 有足够多特征时，可以运用著名的 EM 算法估计参数，否则，要使用下述相对简化的模型和单位协方差矩阵 I 来避免由于缺乏训练数据和大量参数造成的不稳定估计，简化模型记作：

$$
\begin{aligned}
p(\kappa) &= \sum_{j=1}^{L} \alpha_j G(\kappa \mid \mu_j, \textstyle\sum_j) \\
&= \frac{1}{\sqrt{2\pi^{128}}} \sum_{j=1}^{L} \alpha_j \exp\left\{ -\frac{1}{2} (\kappa - \mu_j)^T (\kappa - \mu_j) \right\}
\end{aligned} \tag{10}
$$

在这种情况下，可以使用 K 平均分簇算法 $K = L$ 估计平均向量 $\mu_j (j = 1, \cdots, L)$，由整个训练数据的第 j 簇部分估计 α_j 的值。

另一个简单的估计技术是利用描述符的位置信息，通过设置 $L = M$ 并安排在第 m 位置观察到的描述符到混合的第 m 个元素，计算子集 $T_m = \{ \kappa_m^1, \kappa_m^2, \cdots, \kappa_m^N \}$ 的样本平均就可以容易的估计平均 μ_m，也可以为每个第 m 个块分开定义一个单一高斯 $PDF p_m(\kappa) = G(\kappa \mid \mu_m, I)$。然后整体概率密度可记作：

$$p(\kappa) = \sum_{m=1}^{M} \alpha_m(\kappa) p_m(\kappa) = \sum_{m=1}^{M} \alpha_m(\kappa) G(\kappa \mid \mu_m, I) \tag{11}$$

式中，$\alpha_m(\kappa)$ 仅当 κ 来自图像的第 m 个块时取值为 1，否则 $\alpha_m(\kappa)$ 取值为 0。

（三） 加权距离度量

使用估计的 PDF 可以为正常脸部图像中观察到的每个描述符计算概率，当测试图像由 SIFT 特征表示时，每个关键点描述符 κ 与其概率密度 $p(\kappa)$ 关联，可以使用它们找到权重值。假设测试图像 I^{tst} 由一组局部特征描述表示 $I^{tst} = (\kappa_1^{tst}, \kappa_2^{tst}, \cdots, \kappa_M^{tst})$，对每个关键点描述符 κ_M^{tst}（$m = 1, \cdots, M$），计算概率密度 $p(\kappa_M^{tst})$ 并将其归一化，以便获得权重值 w_m，记作：

$$w_m = \frac{p(\kappa_M^{tst})}{\sum_{n=1}^{M} p(\kappa_n^{tst})} \tag{12}$$

由于 w_m 依赖测试图像的第 m 个局部块，所以可以认为权重是局部块对度量训练图像和测试图像之间距离的重要性。当遮挡发生时，包含遮挡的局部块不同于训练集中显示的对应块，权重会减小。图 2 给出了获得的权重值与对应的原始图像的一些例子，图中，在每个单元格用颜色表示权重值，颜色越深，权重越小，可以看到遮挡区域的权重低。基于这层考虑，本文在度量中排除了遮挡区域，期望提出的度量能对局部变化具有强鲁棒性。

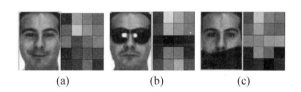

(a)　　　　　(b)　　　　　(c)

图 2　有局部变化的图像样本和获得的权重值

一旦计算出特征描述符的权重值，合并权重值和每对描述符之间的距离就能计算出测试图像 I^{tst} 与训练图像 I^i 之间的距离，记作：

$$D(I^{tst}, I^i) = \sum_{m=1}^{M} f[w_m, d(\kappa_m^{tst}, \kappa_m^i)] \tag{13}$$

为了得到一个明确的度量函数，还需要确定两个元素：合并函数 $f(\cdot)$ 和两个描述符之间的距离函数 $d(\cdots)$。本文中为 $d(\cdots)$，执行 L_2 范式和 L_1 范式，为 f 使用简单的乘法和几何平均，得到四个不同的相似度度量：

$$D_{L_1}^{mul}(I^{tst}, I_i) = \sum_{m=1}^{M} w_m \| \kappa_m^{tst} - \kappa_m^i \|_1 \tag{14}$$

$$D_{L_2}^{mul}(I^{tst}, I_i) = \sum_{m=1}^{M} w_m \| \kappa_m^{tst} - \kappa_m^i \|_2 \tag{15}$$

$$D_{L_1}^{geo}(I^{tst}, I_i) = \sum_{m=1}^{M} (w_m \parallel \kappa_m^{tst} - \kappa_m^{i} \parallel_1)^{1/2} \tag{16}$$

$$D_{L_2}^{geo}(I^{tst}, I_i) = \sum_{m=1}^{M} (w_m \parallel \kappa_m^{tst} - \kappa_m^{i} \parallel_2)^{1/2} \tag{17}$$

Shi 等（2011）的方法采用 LGBP 和使用均值特征的 Kullback – Leibler 距离计算出的重要性权重，他们还提出一个相似度度量，合并了权重和基于特征的相似度，可将其当作通式（13）的一个特定版本。

三、实验

所有的实验均在 4G 内存 Intel（R）Core（TM）2.93GHz WindowsXP 机器上完成，编程环境为 MAT – LAB7.0。

（一）数据集

为了验证本文算法的鲁棒性，在有局部变化的 AR 数据库上进行了实验，将本文提出的方法与传统的局部算法和统计方法进行了比较。AR 数据库由 126 个人的正面人脸超过 3200 幅彩色图像组成：70 个男性和 56 个女性，每个人有 26 幅不同的图像，对于每个对象，间隔两周在两个不同会话采集图像，每个会话由 13 幅图像组成，脸部表情、光照和局部遮挡各有不同。通过预处理，获得与眼睛位置手动配准的图像，配准之后，人脸图像演变，然后调整大小为 88 × 64 像素。三个对象的样本图像如图 3 所示。

实验将本文算法与其他几种算法进行了比较，包括 PCA、LDA、LNMF、LBP 和 DSIFT 在两种典型的距离度量：L_1 范式和 L_2 范式下的分类性能。对于 PCA，取特征向量以便缺失信息低于 1%。对于 LDA，使用通过 PCA 获得的特征集来避免小样本集问题。应用 LDA 之后，使用最大维度特征向量来限制类的数目。通过对范围 [50, 400] 内各种值的多次试验，手动设置 LNMF 特征的维度为 300。提取 LBP 特征时，遵循文献描述的方法：对每个像素在 2 个像素的半径和 8 个采样点上进行 LBP 运算后，将图像划分成 5 × 4 个网格，计算图像每个块的像素值直方图。提取 DSIFT 特征时，每 16 步取一个关键点，以便每幅图像有 20 个关键点描述符向量。为了获得 SIFT 描述符，本文使用文献的开源实现。

a b c d e f g h i j k l m

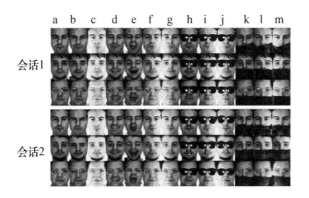

会话1

会话2

图 3 AR 数据库的样本图像

本文算法以四个不同类型度量：$D_{L_1}^{mul}$、$D_{L_2}^{mul}$、$D_{L_1}^{geo}$ 和 $D_{L_2}^{geo}$ 来实现。为了获得度量 $D_{L_1}^{geo}$ 和 $D_{L_2}^{geo}$ 的权重，使用 K 平均分簇算法与单位协方差 $L=20$ 估计 $p（\kappa）$。在 $D_{L_1}^{mul}$ 和 $D_{L_2}^{mul}$ 的情况下，为了使用 Su 等（2010）中的方法估计每个块的 PDPpm（κ）时，利用了位置信息。估计 $p（\kappa）$ 和 $p_m（\kappa）$ 时，重新调整 SIFT 描述符向量 κ 到 0 和 1 之间范围内，避免实际实现中因 κ 维度过大造成的计算溢出。

（二）会话数据上的实验

实验一选择 100 个人，取每个人第一会话中的 13 幅图像，每个人 13 种不同变化中，3 幅无遮挡图像［图 3（a）～（c）］组成训练集 T，其他 10 幅图像用于测试。K‑NN 分类器的图库集设置同 T。

第一个实验的结果如表 1 和表 2 所示。

表 1 各算法使用 L₁ 范式的识别率比较

算法	会话 1		会话 2	
	太阳镜	围巾	太阳镜	圈巾
PCA + L$_1$	0.474	0.845	0.113	0.340
LDA + L$_1$	0.570	0.925	0.200	0.467
LNMF + L$_1$	0.441	0.768	0.040	0.407
DSIFT + L$_1$	0.953	0.968	0.927	0.960
本文算法 + D$_{L_1}^{mul}$	0.958	0.975	0.940	0.953
本文算法 + D$_{L_1}^{geo}$	0.969	0.983	0.957	0.963

表2　各算法使用 L_2 范式的识别率比较

算法	会话1	会话2	方法	会话1
PCA + L_2	0.362	0.598	0.090	0.320
LDA + L_2	0.583	0.925	0.237	0.473
LNMF + L_2	0.453	0.773	0.057	0.423
DSIFT + L_2	0.918	0.960	0.883	0.897
本文算法 + $D_{L_2}^{mul}$	0.960	0.978	0.943	0.953
本文算法 + $D_{L_2}^{mul}$	0.970	0.988	0.957	0.960

从表1和表2可以看出，统计特征提取方法给出的分类结果是令人失望的，也许是因为统计方法的全局特定不适用于有局部变化的图像。相比统计特征提取方法，SIFT 特征给出了较好的识别结果，尤其是在遮挡图像中。SIFT 的成功结果表明了局部方法的优势，消除了局部变化的影响，在所有局部特征相似度总和中相对的强调了有大相似度的局部特征，本文提出的加权距离度量能进一步加强这个效果，从而改善性能。从表中还可以看出，几何平均组合比简单乘法得到的结果略好。

（三）有人工遮挡的实验

实验二在原始图像中加入了一些人工遮挡，训练集和图库集与实验一相同。对于测试集，为每个人准备了 40 幅图像，在非训练集图像且无遮挡图像中的随机位置加入不同大小的局部矩形遮挡，矩形区域对整幅图像的相对大小包括 5 个级别，范围从 10% 到 50%，每个级别中，为每个人在随机位置产生 8 幅遮挡图像，训练图像和生成的测试图像样本如图 4 所示。共 4000 幅新产生的图像用于测试。考虑到这些人工遮挡会使基于直方图的局部特征描述符如 LBP 和 SIFT 极其稀疏，本文在测试阶段重新调整 LBP 和 SIFT 描述符向量到 0 ~ 1 范围内。

在第二个数据集上执行了与实验一相同的比较实验，图 5 给出了依赖于遮挡区域大小的识别率。从图 5 中可以明显看出，较大遮挡区域会迅速降低识别率，然而，在遮挡大小合理的情况下，本文算法比简单 DSIFT 及其他统计方法的性能更好，提出的四个距离度量表现出的性能几乎一致。此外，LBP 性能退化比 DSIFT 更严重，表明当遮挡大小增加时，LBP 特征不能很好地利用非遮挡区域的信息。

（四）会话变化的实验

实验三第一个会话中随机选择 50 个对象的中性和微笑表情 [见图 3（a）和 (d)] 用于训练，本文算法在训练过程估计 $p(\kappa)$。K–NN 分类器的图库集仅由中性图像组成，代替使用整个训练集。会话 1 和会话 2 中的两类遮挡图像 [见图 3（h）和（k）] 用于测试。在这样的数据设定下，本文实现了第一个实验和第二个实验中使用的方法，并与几种较为先进的算法进行了比较，包括 AMM、LG-BP 和 KLD–LGBP、S–LN–MF 和基于特征选择的 LBP，各算法的参数设置分别参照各自所在文献。

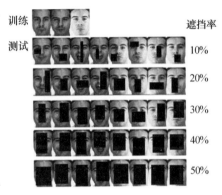

图 4 有人工遮挡的人脸图像示例

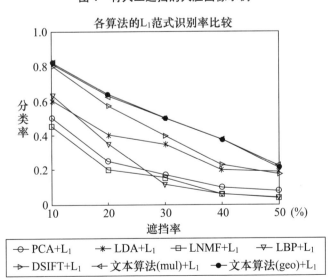

图 5 有人工遮挡的人脸识别结果

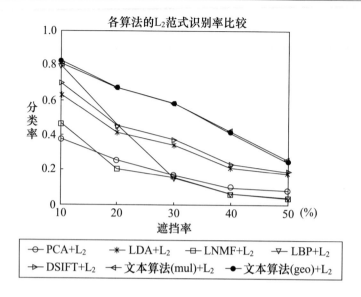

图5　有人工遮挡的人脸识别结果（续图）

表3列出了会话1和会话2遮挡图像的分类率。

所有算法中都可以看出数据与会话变化的性能退化，然而，SIFT特征通常给出的结果较好，尤其是对会话1的数据。关于遮挡类型，本文算法、LBP和统计方法对太阳镜遮挡能表现出较好的性能，而基于LGBP的算法和基于特征选择的LBP在围巾遮挡的情况下给出的性能较好。本文算法性能退化可能是由于遮挡区域较大以及人脸轮廓有阴影，它们在轮廓分明图像的人脸识别中是具有良好判别能力的特征。

表3　各种算法的识别率比较

方法	会话1		会话2		平均
	太阳镜	围巾	太阳镜	围巾	
PCA + L_1	0.74	0.30	0.46	0.02	0.278
PCA + L_2	0.72	0.20	0.38	0.14	0.243
LDA + L_1	0.74	0.24	0.44	0.16	0.238
LDA + L_2	0.80	0.28	0.50	0.16	0.243
LNMF + L_1	0.72	0.14	0.46	0.06	0.285
LNMF + L_2	0.74	0.18	0.14	0.34	0.350
LBP + L_1	0.90	0.84	0.62	0.48	0.710
LBP + L_2	0.82	0.80	0.48	0.56	0.665

续表

方法	会话 1		会话 2		平均
	太阳镜	围巾	太阳镜	围巾	
DSIFT + L_1	0.98	0.96	0.84	0.84	0.905
DSIFT + L_2	0.94	0.94	0.72	0.80	0.850
本文算法 + $D_{L_1}^{mul}$	0.98	0.96	0.84	0.86	0.910
本文算法 + $D_{L_2}^{mul}$	0.98	0.98	0.84	0.82	0.905
本文算法 + $D_{L_1}^{geo}$	1.00	0.96	0.86	0.88	0.925
本文算法 + $D_{L_2}^{geo}$	1.00	0.96	0.86	0.86	0.920
AMM[a]	0.80	0.82	0.54	0.48	0.660
LGBP[a]	0.80	0.98	0.62	0.96	0.840
KLD – LGBP[a]	0.84	1.00	0.80	0.96	0.900
S – LNMF[ab]	0.84	1.00	0.80	0.96	0.900
选择的 LBP[ac]	0.75	0.92	0.54	0.81	0.755

注：a 为原始文献中的结果。b 为 Kumar 和 Sathidevi（2013）中 136 个对象在 AR 数据库上的结果。e 为史加荣等（2011）中 80 个对象在 AR 数据库上的结果。

四、结束语

本文提出了一种鲁棒性人脸识别算法，通过利用局部特征和统计学习估计在训练图像中观察到的局部特征的概率密度，测量测试图像中每个局部特征的重要性；通过使用 SIFT 局部特征表示脸部图像，实现其对基本变化的鲁棒性；此外，通过引入新的距离度量，即合并权重和局部特征相似度，可以确保将来提高人脸特定局部变化鲁棒性的趋势。本文算法不仅给出了定义两幅脸部图像之间距离度量的总体框架，还合并了局部特征的学习权重和基于特征的相似度，实验结果表明了其良好的鲁棒性。

未来会在本文算法中引入各种局部特征和合并函数，并将其应用于其他类型的视觉识别问题，如物体识别，通过选择适当的训练集和局部特征的概率密度模型，进一步提高算法的鲁棒性。

参考文献

［1］Zhang D，Yang M，Feng X. Sparse representation or collaborative representation: Which helps face recognition? [C] //Computer Vision (ICCV), 2011 IEEE International Conference on. IEEE, 2011.

[2] 薛雨丽, 毛峡, 吕善伟. 遮挡条件下的鲁棒表情识别方法 [J]. 北京航空航天大学学报, 2010, 36 (4).

[3] Xue Y L, Mao X, Lv S W. Keep out under the condition of robust face recognition methods [J]. Journal of Beijing university of aeronautics and astronautics, 2010, 36 (4).

[4] Rahulamathavan Y, Phan R C W, Chambers J A, et al. Facial Expression Recognition in the Encrypted Domain Based on Local Fisher Discriminant Analysis [J]. Affective Computing, IEEE Transactions on, 2013, 4 (1).

[5] Oh S K, Yoo S H, Pedrycz W. Design of face recognition algorithm using PCA - LDA Combined for hybrid data pre - processing and polynomial - based RBF neural networks: Design and its application [J]. Expert Systems with Applications, 2013, 40 (5).

[6] Fang W T, Ma P, Cheng Z B, et al. Two - dimensional projective non - negative matrix factorization and its application to face recognition [J]. Acta Automatica Sinica, 2012, 38 (9).

[7] 王科俊, 邹国锋. 基于子模式的 Gabor 特征融合的单样本人脸识别 [J]. 模式识别与人工智能, 2013, 26 (1).

[8] Wang K J, Zou G F. Gabor feature fusion based on the pattern of the son of a single sample face recognition [J]. Pattern Recogniition and Artificial Intelligence, 2013, 26 (1).

[9] Yang B, Chen S. A comparative study on local binary pattem (LBP) based face recognition: LBP histogram versus LBP image [J]. Neurocomputing, 2013, 12 (3) .

[10] Kumar N A M, Sathidevi P S. Wavelet SIFT Feature Descriptors for Robust Face Recognition [M] //Advances in Computing and Information Technology. Springer Berlin Heidelberg, 2013.

[11] Chen W, Gao Y. Recognizing partially occluded faces from a single samlple per class using string - based matching [M] //Computer Vision - ECCV 2010. springer Berlin Heidelberg, 2010.

[12] 史加荣, 焦李戚, 尚凡华. 不完全非负矩阵分解的加速算法 [J]. 电子学报, 2011, 39 (2).

[13] Shi J R, Jiao L C, Shang F H. The acceleration of incomplete nonnegative

matrix decomposition algorithm ［J］. Chinese Journal of Electronics，2011，39（2）.

［14］苏煜，山世光，陈熙霖等. 基于全局和局部特征集成的人脸识别［J］. 软件学报，2010，21（8）.

［15］Su Y，Shan S G，Chien X L，et al. Face recognition based on global and local features integration ［J］. Journal of Software，2010，21（8）.

［16］Min R，Hadid A，Dugelay J. Improving the recognition of faces occluded by facial accessories ［C］//Automatic Face & Gesture Recognition and Workshops （FG 2011），2011 IEEE International Conference on. IEEE，2011.

［17］Zhang W，Shan S，Chen X，et al. Local gabor binary patterns based on kullback－leibler divergence for partially occlude face recognition ［J］. Signal Processing Letters，IEEE，2007，14（11）.

［18］周玲丽，赖剑煌. 基于尺度不变特征变换优化算法的带遮挡人脸识别 ［J］. 计算机应用，2011，31（A01）.

［19］闫常浩，丁先锋，韦鑫余. 人脸识别算法 ［J］. 四川兵工学报，2011，（4）.

［20］程旭，李拟珺，吴镇扬. 基于 SIFT 特征的粒子群优化的视觉跟踪算法 ［J］. 重庆邮电大学学报：自然科学版，2012，24（5）.

［21］Zhou L L，Lai J H. Face recognition with Facial Occlusion Based on scale invariant feature transform optimization algorithm ［J］. Computer Application，2011，31（A01）.

［22］Vedaldi，A，Fulkerson B. VLFeat：An open and portable library of computer vision algorithms ［C］//Proceedings of the international conference on Multimedia. ACM，2010.

［23］Vedder L C，Smith C C，Flannigan A E，et al. Estradiol－in－duced increase in novel object recognition rgquires hippocampal NR2B－containing NMDA receptors ［J］. Hippocampus，2013，23（1）.

Face Recognition with Facial Occlusion Based on SIFT Optimized by Statistical Learning

Wei Lin

Abstract：The traditional face recognition algorithms do not keep core information of original images with robustness, for which the algorithm of scale – invariant feature transform optimized by statistical learning is proposed. Firstly, given training images are denoted by a group of local features descriptors by using SIFT. Then, probability distribution function (PDF) of facial images SIFT features is got by performing statistical learning, and PDF is used to detect abnormal SIFT features of testing images. Finally, similarities between testing and training images are calcu – lated and K near neighbor classifier is used to finish face recognition. The effectiveness and robustness of proposed algorithm has been verified by experiments on AR database. Experimental results show that proposed algorithm has stronger robustness than several advanced face recognition algorithms.

Key words: Facial occlusion   Face recognition   Statistical learning   Scale – invariant feature transform   K near neighbor classifier

区域经济发展研究

国内外工业园区发展经验对江西的启示

黄小平

摘　要： 发展江西工业园区对江西经济社会发展有重大意义，本文挑选美国硅谷、苏州工业园区发展案例，归纳了其发展工业园区的成功经验，从四个方面分析了国内外工业园区发展经验对江西发展工业园区的启示。一是对工业园区进行科学规划，利用产业集群原理打造特色工业园区；二是促进园区土地高效集约使用，提升园区产业层次；三是进一步加大招商选资力度，提高工业园区产业集群度；四是进一步加大扶持力度，健全园区各种服务体系。

关键词： 工业园区　发展经验　启示

前　言

区域经济竞争的实质是工业园区的竞争力，江西要做大做强工业，工业园区发展是关键。工业园区正成为江西省加快工业化进程、实施大开放主战略的窗口，成为江西培育产业集聚，发挥产业集群效应和规模效应，实现江西在中部地区崛起发挥着重要的作用。但江西省工业园区同国内外一些非常成功的工业园区相比，差距还很大，因此通过借鉴国内外工业园区发展的成功经验，对江西工业园区的发展有非常重要的借鉴意义。

原文刊登于《江西企业家》2015 年第 2 期。

【作者简介】黄小平：工商管理系办公室副主任，副教授，研究方向：区域经济。

一、发展工业园区对江西经济社会发展的意义

（一）有利于推动江西区域经济快速发展

全省工业园区投产企业达 8229 家，安置从业人数 188.88 万人，比 2014 年增长 8.7%。全年园区完成工业增加值 3465.6 亿元，增长 14.2%，主营业务收入、利润、利税分别完成 16190.4 亿元、1010.3 亿元和 1632.8 亿元，分别增长 16.5%、21.1% 和 22.3%。年主营业务收入超百亿元的园区新增 13 家，总数达 59 家，其中南昌高新技术产业开发区达 902.1 亿元。通过工业园区的快速发展，江西近年的经济总量实现了快速增长，2007 年、2008 年、2009 年、2010 年、2011 年和 2012 年全省地区生产总值的增长速度分别为 13.2%、12.6%、13.1%、14.0%、12.5% 和 11.0%。因此，工业园区已经成为推动江西区域经济发展的重要支撑点。

（二）有利于推动江西城镇化进程

过去由于各种主客观原因，江西省的工业化和城镇化都是滞后的，为此江西省委、省政府确立了加快推进新型工业化、城镇化和农业农村现代化的战略，依靠工业园区来发展城市，园区壮大依赖城市发展，实现城市化工业化互动发展。近几年江西的城镇化率不断提高，平均每年提高 2% 左右，2015 年城镇化水平达到 45.7%。与 2010 年相比，上升了 1.64 个百分点。

（三）有利于推动江西产业集聚和产业集群的发展

全省 94 家工业园区中，大多数工业园区能够根据自己的优势，发展自己的特色产业，加强产业关联度和产业配套能力建设，充分发挥龙头企业、规模以上企业的示范带动作用，形成了一批有市场竞争力的产业集群和特色产业集群。例如，贵溪工业园区通过引进浙江 10 多家铜加工企业，重点发展铜线、铜杆、铜带、铜自等 10 多个铜系列产品，形成了以铜加工为主要特色的产业集群，九江星火工业园依托全国最大的有机硅生产厂家蓝星星火化工厂，吸引广东、浙江、

江苏等众多企业入驻，形成有机硅产业链，将成为亚洲第一、世界第三的硅化工产品基地。

（四）有利于招商引资，发展外向型经济

2012 年，全省工业园区招商实际到位资金 2851.97 亿元，同比增长 22.8%，其中，省外资金 1903.82 亿元，境外资金 31.31 亿美元。招商签约资金 4542.45 亿元，增长 14.3%，亿元以上的工业项目 1054 个，共签约资金 3773.30 亿元，招商资金实际到位率为 62.8%，同比提高 4.4 个百分点。外资大量进入工业园区极大地促进了江西省工业园区外向型经济的发展，2012 年，全省工业园区实现出口交货值 1449.85 亿元，增长 15.9%。

（五）有利于增加就业岗位、缓解就业压力

2012 年，江西省工业园区实际投产企业 8229 家，比上年增加 278 家。安置从业人数 188.88 万人，增长 8.7%。其中当年新增就业人数 14.86 万人，占当年全省新增就业 23.4 万人中的 63.5%，占当年城镇新增就业 53.3 万人中的 27.9%。因此，工业园区大量企业的进入和投产，有力地缓解了江西省的就业压力，转移了农村剩余劳动力，成为江西省增加就业岗位的重要渠道和阵地。

二、国内外工业园区发展基本情况
与发展经验介绍

无论是国外还是国内，都有一些做得比较好的工业园区值得江西发展工业园区借鉴，但限于篇幅，我们选取国外美国硅谷作为实例介绍，国内选取苏州工业园区作为实例介绍。

（一）美国硅谷基本情况介绍及成功原因分析

1. 美国硅谷基本情况介绍

硅谷位于美国加利福尼亚州的旧金山经圣克拉至圣何塞近 50 公里的一条狭长地带，是美国重要的电子工业基地和世界上有名的高科技产业园区，引领着全

球技术革命和金融创新。它依托美国一流大学斯坦福、伯克利和加州理工等世界知名大学，以高技术的中小公司群为基础，拥有思科、英特尔、惠普、朗讯、苹果等大公司，融科学、技术、生产为一体，集中了美国90%的半导体公司。20世纪70年代的半导体、80年代的PC、90年代的Internet技术革命都发生在硅谷。

2. 美国硅谷成功原因分析

（1）依托世界一流大学，形成良好的科研与生产结构。硅谷有美国第一流的斯坦福大学和伯克利两所研究大学，分布着3000多家高科技产业和多个研究开发机构。此外，当地还有州立旧金山大学、州立圣荷西大学和州立海沃德大学等专门培养大批高级技术人员和管理人员的大众化教育机构。大学与产业部门互相依托、互相促进，使教学、科研、生产三者协调发展。

（2）有雄厚的技术人才和睿智的创业家。硅谷人才众多，在硅谷有三四十个以上的诺贝尔奖奖金获得者，科学院和工程院的院士也有上千个，在硅谷的雇员中，40%的人拥有学士以上学位。美国对高学历、高科技人才采取来者不拒的移民政策，硅谷32%的人口是美国以外出生的，20～45岁的年轻人占了一半以上。在硅谷，创业氛围浓厚，几乎每个教授都办公司，几乎每个学生都在公司任职或自己创业。

（3）有宽松的创业环境和发达的创业文化。一是有推崇创业、宽容失败、鼓励冒险的硅谷文化，能够极大地激发人们的创新和奋斗精神。二是有宽松的创业环境。硅谷的一些大学专门为教员和科研人员的创业制定了积极政策。如斯坦福大学允许教员和研究人员每周有1天到公司兼职，甚至允许他们有1～2年时间离岗创业，到期可返回。

（4）有庞大的风险投资资金支持和成熟的风险投资机制。一是有庞大的风险投资资金支持。在斯坦福大学附近沙丘大街3000号，有超过200家的风险投资公司，集中了美国35%左右的创业资本公司，为创业者提供了充足的资金保证。二是有成熟的风险投资机制。如美国为风险投资量身定做了一个证券交易市场——纳斯达克交易所。美国高新技术上市公司中，软件的93.6%、半导体的84.8%、计算机的84.5%是在纳斯达克培育的，如微软、雅虎、德尔、英特尔等。

（二）苏州工业园区发展基本情况介绍与成功原因分析

1. 苏州工业园区发展基本情况

苏州工业园区是中国和新加坡两国政府间重要的合作项目，在中新合作双方的共同努力下，园区开发建设一直保持着持续快速健康的发展态势，2007年，全年实现地区生产总值 836 亿元，增长 22%；地方一般预算收入 76.3 亿元，增长 45%；进出口总额 567 亿美元，增长 13%；新增注册外资 47.7 亿美元、到账外资 18.2 亿美元，分别增长 24%、14%；城镇职工收入和农村居民人均纯收入分别增长 9% 和 13%，经济发展保持了财税增长高于 GDP 增长，企业利税增长高于产值增长的良好局面。

2. 苏州工业园区成功原因分析

（1）坚持园区超前规划，引领有序开发。苏州工业园区始终坚持科学编制规划，并且严格实施。一是坚持推进规划全覆盖，为有序开发提供前提。许多前来投资的国内外大公司，就是冲着规划而来的。二是坚持园区规划的权威性和强制性，强调严格按照规划去执行，任何人不得凌驾于规划之上，不以领导班子调整而去改变园区规划。

（2）以专业精准的眼光，坚持择商选资。一是招商条件公开透明，普通招商员与管委会主任给出的招商条件是一样的；二是诚信招商，以诚感商，总结出针对性极强的招商办法与技巧；三是高标准配备招商团队，善于与国际大企业沟通接洽；四是坚持择商选资标准，把择商目标瞄准世界级大企业，招商重点放在 LCD 薄显、集成电路两条产业链上。通过这些措施，逐步形成了园区欧美企业集聚和高新产业集群发展的优势，实现了从"优惠政策引资"到"产业集群引资"的转变。

（3）坚持整体协调推进，实现园区统筹发展。苏州工业园区始终注重经济社会环境的协调，实现城乡统筹发展。一是借鉴新加坡的成功经验，创立了以邻里中心为核心的新型社区管理与服务模式，使工业园区成了市民"家"的延伸和社区交流活动中心；二是园区推行公积金制度，在不增加企业负担、不减少员工收入的前提下，"一揽子"解决员工养老、医疗、生育、住房、失业等多项社会保障，使"老有所养、医有所靠、居者有其屋"由理想变为现实。

三、国内外工业园区发展经验对江西发展工业园区的启示

（一）对工业园区进行科学规划，利用产业集群原理打造特色工业园区

江西省工业园区在发展过程中存在的突出问题是全省园区缺乏整体规划，园

区数量多、规模小、产业联系松散，产业结构趋势和同质化竞争激烈，不能有效培育特色产业和特色工业园区。这就要求对全省工业园区整体规划和产业布局进行顶层设计，利用产业集群原理打造特色工业园区。途径有：一是以市场为依托，发展特色工业园区。如以景德镇为中心的陶瓷产业、樟树中药材市场等，依托这些已经成型的市场可以去发展特色工业园区。二是在产业链上寻求优势环节，发展特色工业园区，实现园区优势从廉价的土地和劳动力转移到产业链条优势上来。三是依托现有或具有形成可能的产业集群，发展特色工业园区。如樟树中药加工中心和永修木材集散中心等，这些都有可能发展成为产业集群。四是对传统产业进行改造和升级，发展特色工业园区。五是发挥传统农业优势，发展农业特色科技园区。如婺源的茶叶和有机食品、南丰的蜜橘、广昌的白莲等。

（二）促进园区土地高效集约使用，提升园区产业层次

江西省的工业园区没有形成适当的规模，土地投资强度低，土地征而不用、圈而不建的现象依然存在，产品技术含量低、产业层次较低。这些问题影响了江西省工业园区土地高效集约利用和园区产业层次的提高。对策有：一是对土地的使用进行规划，对超时限圈不建、开而不发的，要依法收回土地使用权。二是建立土地的投入效益评估体系，增加园区投资强度、提高容积率，鼓励建设多层和高层厂房，充分发挥土地资源的经济效益。三是在招商方面，应提高入园门槛，积极寻求和引进知名度高、产品竞争力强、发展后劲足的大型骨干企业。四是鼓励园区外的企业向园区集中，提高园区企业集聚度。五是做好园区闲置土地的清理整顿和招拍挂工作，盘活园区未投产企业土地。

（三）进一步加大招商选资力度，提高工业园区产业集群度

部分工业园区为了招商，引进的招商项目产业层次低，给出的优惠政策过多，引进的产业关联度不高。因此，应提高招商选资的针对性和实效性，优化招商选资服务体系。一是推动招商选资工作向专业招商、以商招商、全民安商转变。二是加强诚信招商力度，既要园区对客商的诚信，也要做好客商履约的诚信。三是进一步改善园区投资环境，多渠道筹措建设资金，加大对工业园区基础配套设施的投入，增强园区对客商的吸引力。四是要进一步提高招商选资的质量和水平，突出重大项目招商，带动园区企业技术进步和产业升级，尽快形成主导产业，提升工业园区产业集群能力。

（四）进一步加大扶持力度，健全与完善园区各种服务体系建设

一是要进一步解决园区融资难问题，健全工业园区金融服务体系建设。二是要进一步探索各种行之有效的工业园区管理模式，完善园区服务企业水平。树立对企业"全过程、全方位、全天候"的服务承诺体系和科学规范的管理秩序及依法治区的环境意识，为企业提供一站式审批和一条龙服务。三是要进一步推进园区信息化建设，完善各种公共服务平台建设，包括为广大中小企业搭建电子政务、电子商务、市场信息发布、网上咨询等便捷的服务平台。

参考文献

［1］董俊．江西省工业园区发展中存在的问题与对策［J］.经济师，2005（11）．

［2］高建斌．江西工业园区有效整合的思路与对策［J］.企业经济，2005.

［3］江西省统计局．江西省 2012 年国民经济和社会发展统计公报［EB/OL］. www. jxstj. gov. cn.

浅析江西民俗文化旅游的开发和利用

黄红英

摘　要：民俗文化旅游作为文化旅游的重要分支，具有独特的民族性、地域性、历史性和文化性，越来越受到游客的青睐。江西民俗文化旅游资源丰富，有吸引无数中外游客的古越人悬棺葬习俗、赣南客家风情、国家非物质文化遗产江西赣文化等，但民俗文化旅游发展却处于初级阶段。民俗文化旅游开发中存在文化内涵挖掘不深、文化特色不够鲜明、旅游基础设施不完善等问题。对此，本文有针对性地提出了深度挖掘民俗文化内涵、深度开发民俗文化旅游产品以及精心设计民俗文化旅游线路等深度开发的策略。

关键词：民俗　文化旅游　开发　利用

一、江西民俗文化旅游开发现状

（一）民俗文化旅游资源逐步得到开发

江西历史悠久，独特的地理环境、区位优势和浓厚的人文气息形成了丰富的民俗文化，开发前景极其广阔，民俗文化旅游资源已逐步得到了开发。例如，考古工作者曾利用现代吊装设备进入鹰潭龙虎山崖洞内考察，得到了丰富的文物资料，揭开了悬棺葬的千古之谜。现如今，仙水岩已开辟有悬棺仿古吊装表演的旅游项目，吸引了众多的中外游客。位于赣县的客家文化园建筑风格既秉承了传统的文化建筑理念，又结合了浓郁的地方人文特色，集祭祀庆典、文博展览、商贸

原文刊登于《江西企业家》2014 年第 1 期。

【作者简介】黄红英：财贸系副教授，研究方向：游旅管理、酒店管理。

活动、休闲娱乐为一体，是国内目前规模最大、功能最全的客家文化建筑群。客家文化园内包括客家宗祠、太极广场、杨公祠、艺术长廊、客家博物馆、风情街等主要景点，它是第十九届世界客家亲属省亲大会的重要参观点、中国（赣州）客家文化节主会场、中国客属第三届省亲联谊大会主会场。赣傩文化是独具特色的一种民俗文化，在江西许多农村流行，尤以南丰、上栗两县为盛，堪称"中国傩文化的活化石"。目前，南丰和上栗两个县均被文化部命名为"中国民间艺术"（傩舞）之乡。2001年南丰石邮傩班和萍乡傩班分赴日本和我国台湾地区表演，并在江西省文化厅的组织下，在我国香港地区的赣傩文化展示活动。2006年5月，江西赣傩被正式列入国家第一批非物质文化遗产名录。近年来，江西民俗文化资源在一定程度上得到了开发和利用，以丰富的文化内涵及特有的民俗风情吸引着中外游客，给他们留下了深刻的印象。

（二）民俗文化旅游促进地方经济发展

随着经济的飞速发展以及黄金周、小长假、带薪休假等现代休假制度的不断完善，城乡居民收入持续稳步增长，闲暇时间日益增多，出外旅游意愿不断增强，旅游的形式也由原来的纯自然观光旅游向生态旅游、休闲旅游、文化旅游等多种形式转化，旅游目的地的风土人情、文化品位、区域特色等更具吸引力，更能满足旅游者高层次的旅游需求。民俗文化旅游以其独具地方特色、文化底蕴深厚、旅游吸引力强等特点，在促进地方经济发展方面发挥了突出的作用。江西中部崛起战略和鄱阳湖生态经济区战略的实施，为江西旅游产业发展创造了难得的发展机遇，也为江西民俗文化旅游的发展提供了更广阔的空间。2011年，全省接待游客人数总计8103万人次，同比增长15.6%，旅游总收入559亿元，同比增长20.6%。同时，民俗文化旅游景点的开发对转移农村剩余劳动力，增加就业岗位，增加收入，保护和发扬本地民俗文化等方面都有积极的作用，对新农村建设和城乡一体化建设也有极其重要的推动作用。

二、江西民俗文化旅游开发存在的问题

（一）开发程度不够

江西省旅游资源丰富，呈现多元化的特色，但目前大多停留在旅游资源的表层开发，开发出来的产品属于初级旅游产品。旅游产品结构仍以观光度假和商务旅行为主，其他旅游产品只占领市场份额的很少 部分，产品结构严重倾斜，形式单一，大大制约了江西省旅游产品的市场吸引力。观光度假和商务旅游因其产品增值能力有限，仅仅属于资源的浅层次利用，由此可见江西省旅游资源开发程度不够。

（二）开发范围窄

文化旅游资源覆盖面极其广阔，基本上各地区都有其较独特的旅游资源。但近年来，由于种种原因（主要是旅游地知名度和客源数量及因素），江西省在旅游资源的开发问题上，地方文化资源开发力度较大，而对其他非热点地区，开发投入较少，致使旅游资源开发面相对较窄。

（三）项目重复建设现象较为突出

旅游资源的开发利用应以市场为导向，但市场机制是具有盲目性的。如何克服开发过程中的盲目性是旅游资源开发中的关键性问题。江西旅游市场经过近年来的发展，在资源的有效利用上有了长足进步，但在开发过程中，项目重复建设的问题比较突出，具体表现在什么样的项目赚钱就一窝蜂地上，缺乏对长远目标的规划和考虑。在投资项目时没有经过科学分析，造成了项目重复建设，使旅游资源的利用陷入了较盲目的状态。

（四）旅游资源开发可持续性差，保护力度不够

旅游资源的科学利用不仅表现在对资源的充分利用上，还表现在对资源的可持续利用上。虽然江西省旅游业发展取得辉煌的业绩，但在对资源的可持续利用问题上还存在不少问题。旅游开发缺乏对旅游文化的内涵、景观审美特征、地域文化背景的综合利用，缺乏集参与性、娱乐性、知识性于一体的多元化产品。从总体上说，目前的民俗文化资源的开发是一种高速度、低质量的发展模式，其发展后劲令人担忧。另外，旅游资源开发过程中，保护力度不够，破坏性开发现象时有出现。

三、江西民俗文化旅游资源开发中
若干问题产生的具体原因

（一）地方民俗文化资源的内涵挖掘不足

以江西龙虎山为例，鹰潭龙虎山景区是国家级著名风景名胜区，源远流长的道教文化、独具特色的碧水丹山和千古未解的崖墓之谜构成了龙虎山自然景观和人文景观的三绝，吸引了无数中外游客，然而龙虎山也是古越人生活的主要聚居区，古越人断发文身、悬棺葬、干栏式建筑、图腾崇拜等习俗也是宝贵的民俗文化资源，却未得到足够的开发和利用。

（二）缺乏科学合理的开发规划

江西是傩文化的故乡，被列入国家第一批非物质文化遗产的江西傩舞是江西重要的民俗文化资源，具有流行地域广、表演风格多样、品类丰富等特点，因缺乏科学合理的规划，各地的赣傩只成为节庆活动的表演项目，并未成为惯常的旅游项目，未能充分发挥独特民俗文化资源应有的价值。

（三）特色不够鲜明

民俗文化旅游实质上就是一种特色旅游，应该贵在特色、赢在特色上，体现独特资源强有力的吸引力，然而江西的许多民俗文化旅游并未达到这种良好的效果。以婺源的茶艺表演为例，游客一看就感觉和别的地方的茶艺表演大同小异，没什么新鲜可言，无非是看表演、卖茶叶。

（四）旅游基础设施投入不够

通常民俗文化资源丰富、保存比较完整的地方多数分布在地理位置偏远之处。目前，江西人口最多、唯一成乡镇建制的少数民族是畲族。截至 2013 年 9 月，江西省共建有 7 个畲族乡和 56 个畲族村，由南昌、九江、景德镇等主要旅游城市通往这些畲族乡村的交通还不方便，地理位置的偏僻和交通的不便极大地限制了畲族风情游的发展步伐。

四、江西民俗文化旅游资源开发的原则和途径

（一）开发原则

1. 特色性原则

特色即差异性。鲜明的特色是旅游资源的生命力所在。只有具备人无我有的独特之处，才可能吸引游客的注意力。旅游经济本身就是注意力经济，要关注旅游景点之间的差别性，体现独一无二的特色。开发利用旅游资源的实质就是要寻找、发掘和利用旅游资源的特色。经过开发的旅游资源，不仅应使它原有的特色得以保持，还应使其原有的特色更加鲜明并有所创新和发展，尤其要避免开发后的旅游资源原有的特色遭到破坏。

2. 共生性原则

共生性即这一旅游项目与另一旅游项目之间是共生的。旅游项目是外部性很强的项目，有正向和负向外部性之分。所谓正向外部性，是指旅游项目之间的相容的、互补的、协调的，看了这一景点之后，有一种再去浏览另一景点的渴望。所谓负向外部性，是指旅游项目之间是相克的、雷同的，而不是呈现合作形态。旅游资源的共生性，包括自然资源与自然资源之间、自然资源与文化资源之间、文化资源与文化资源之间的共生性现象，而且不同的旅游项目，其共生现象是不同的。如展览馆与宾馆、商场、交通设施、自然景点、人造景点相互之间是共生的。所以，要注意各种旅游景点在某一小区域内的协调。

3. 网络化原则

旅游业是一个扩大化了的网络，是自然网络。在江西旅游业的发展问题上，我们经常强调要有大长三角的观念，要发挥长三角各市的旅游资源优势。实际上，如果某地有独特性的旅游亮点，即使人为阻止是不行的，游客还是会千里迢迢去游览，会千方百计解决道路不畅、住宿饮食不便等问题。现在的关键问题是，我们的旅游景点有没有形成亮点、有没有形成网络，各地的旅游景点在大区域范围内有没有产生互补效应。

因此，科学、合理地开发民俗旅游资源是发展的关键，旅游资源具有重复利用的价值。一般来说，旅游资源不会因为旅游者的旅游活动而被消耗掉。旅游者

经过旅游活动后带不走旅游资源本身，旅游者带走的只能是在旅游活动中使用资源的感受和经历。因此，只要加强对旅游资源的保护，采取合理的旅游开发方式，就可以获得旅游资源的永续利用。旅游资源开发本身就是一个人与自然共同创造优美景观的过程，随着旅游业的进一步发展，需要开发更多的旅游资源，这就更需要保护和建设与自然协调的优美的旅游景观和旅游环境。

（二）开发途径

综上所述，江西民俗文化旅游资源开发中应重点关注以下几个方面：

1. 注重江西旅游资源的深层开发

充分发掘江西省丰富多样的旅游资源，深层次挖掘可开发利用的有效资源，不要把开发仅仅停留在满足传统度假游之类的表层开发上，要注意找出旅游资源的丰富内涵，把资源的优势转为旅游发展过程中的新经济增长点，要把资源优势转化为产业发展优势。

2. 把开发的范围进一步扩大，在开发过程中注重资源的可持续发展性，切忌为了眼前经济利益而进行毫无保护的破坏性开发

江西旅游资源丰富，各地区均有其特色明显的旅游资源。所以，在开发过程中应把视野放开阔一点，不要把开发紧紧盯在一点上，这样才能使旅游业真正成为江西省的支柱产业。另外，在充分开发旅游资源的同时，不能忽视对旅游资源的保护工作，不然会形成对旅游资源的破坏性开发，从而使旅游业的发展走进死胡同。

3. 强调旅游资源开发的系统性，避免项目的重复建设

要树立"大旅游"的发展观念。江西旅游资源开发是一项长期的系统工程，这便要求在资源开发问题上要有较强的科学性和系统性。从以往江西省旅游资源开发的情况来看，这一点做得是不够的。旅游资源的系统开发应在政府有关部门的引导下选择最优方案进行。最好能够用投标的方式，让开发商做出最理想的方案，然后经过论证后执行。这样做，还可以有效避免开发过程项目重复建设的问题，避免在人力、财力、物力上产生的不必要浪费。

4. 把人力资源利用好

旅游资源的开发归根结底还是对人的智力因素的挑战。充分调动和发挥人的作用是旅游资源开发最终成功的关键。从事旅游行业的人将随着旅游业的发展而不断增多，如何把人力资源管好、用好是旅游主管部门和各旅游企业值得注意和探讨的问题。江西省地处长江中游地区，旅游从业人员文化素质普遍较低。所以，把人力资源利用好，特别是那些拥有扎实旅游专业知识的专门人才，一定要

充分发挥他们的主观能动性，把先进的旅游知识、与时俱进的发展理念同江西省实际情况结合起来，使江西省旅游业朝着健康、良性的轨道大步迈进。

参考文献

[1] 赵景深．戏曲笔谈 ［M］．旅游教育出版社，2010.

[2] 章寿松，洪波．婺剧简史 ［M］．浙江人民出版社，2005.

[3] 罗哲文．大文化视角　保护与开发 ［J］．观察与思考，2007（5）.

[4] 周村．江西风物志 ［M］．江西高教出版社，2005.

[5] 沈华甫等．江西文化资源开发 ［M］．人民出版社，2011.

南昌轨道交通集团综合一体化
运营实践模式的探索

黄小平

摘　要： 各国的经验表明，城市轨道交通具有高效、节能、方便、舒适的优点，因而成为世界各大城市改善交通状况的首选。但城市轨道交通投资大、建设周期长、运营后成本回收慢，导致地铁盈利难是普遍存在的难题。我们认为，轨道公司采用综合一体化运营模式是解决亏损，实现可持续发展的重要途径。本文首先简要介绍了国内外城市轨道公司主要的运营模式，其次介绍了综合一体化运营模式的内涵及意义，再次介绍了城市轨道公司实现综合一体化运营模式的几大关键要素，最后以南昌轨道公司"地铁＋社区"的发展模式为例，介绍了城市轨道公司实现综合一体化运营模式的可行性，并对南昌加快城市轨道建设提出了一系列的政策和建议。

关键词： 城市轨道公司　综合一体化　地铁＋社区　运营模式

近年来，随着中国新型城镇化步伐的加快，城市人口迅速增长，交通拥堵和汽车尾气、噪声污染问题日益突出，严重影响了城市居民的生活和工作，也严重制约了城市健康、快速的发展。地铁作为一种高效、快捷、安全、舒适的交通工具，被很多城市提上了城市规划的重要日程。截至目前，全国已有 35 个城市正在修建地铁，正在施工建设的地铁线路超过 70 条，总投资超过 7000 亿元，加上已获批的项目，总投资达 1.5 万亿元，预计到 2020 年，全线轨道交通运营里程将达到 6000 千米。在国内地铁建设如火如荼、高歌猛进的时期，几乎所有的城市轨道公司都面临着如何实现盈利的困境。因此，探讨城市轨道公司综合一体化运营模式，实现盈利并获得可持续发展就成为城市轨道公司所面临的最大难题。

原刊登于《江西企业家》2014 年第 1 期。

【作者简介】黄小平：工商管理系办公室副主任，副教授，研究方向：区域经济。

一、城市轨道公司综合一体化运营模式的内涵及意义

（一）城市轨道公司综合一体化运营模式的内涵

城市轨道公司综合一体化运营是指城市轨道交通产品和服务由一个轨道集团公司提供，该集团公司作为当地城市政府的代理人，负责城市轨道交通沿线的拆迁、设计、建设到运营的全过程。这种模式对地铁公司的好处是可以有效实现将外部效益内部化，即通过政府赋予其地铁沿线土地资源经营和上盖物业开发的权力，将兴建地铁带来的沿线土地和房产升值的效益，实现外部效益内部化。

（二）城市轨道公司综合一体化运营模式的意义

城市轨道公司通过建设、运营、资源开发纵向一体化，可以充分发挥资源的协同效应，实现资源的整合：一是实现行业资源集合，通过在建设方面提供施工配合、在运营方面提供票务支持、在开发方面提供配套服务等方式，引导与地铁利益相关的行业和各类社会力量及社会资源参与地铁上盖物业与社区的联合开发。二是实现社会资源整合，通过灵活应用地铁独特的票务资源，对相关的体育、教育、医疗、旅游、文化、信息、商业等各类资源进行整合和"嫁接"，从而构成地铁上盖物业的复合房地产概念，实现资源开发的最大经营效益。三是实现内部资源整合，借助地铁公司的核心资源——交通引领能力，对公司内部的规划、设计、建设、客运、广告、商贸、通信、物管等资源进行整合，从而形成独特的差异化竞争优势。

当然，这种综合一体化运营模式也存在一定的不利因素。由于地铁是典型的准公共产品，具有公益性、自然垄断性及外部性，需要政府的参与，城市轨道公司必须与政府的多个职能部门进行业务交流和衔接，增加了协调成本，降低了效率；同时，采用一体化运营模式，城市轨道公司难以形成一套全面系统、明晰的业绩考核体系，不利于对经营单位的激励。

二、城市轨道公司实现综合一体化运营的几大关键成功要素

（一）土地收储与经营

国内外众多专家学者的研究及实践表明，地铁建设与开通运营将会对地铁站点及沿线的土地价值产生明显的正效应，会大大提高周边房地产的价值。这主要是因为：地铁的建设和开通使站点和沿线物业的可达性和便利性大大提高，使商业和住宅设施向轨道交通沿线高度集聚，吸引居民到该区域居住、出行、购物、娱乐及休闲等。据初步估计，南昌地铁建成后沿线房地产价值的上涨幅度将在20% ~30% 。因此，城市轨道公司在地铁建设项目启动前，就应超前谋划，加强站点及沿线土地利用规划，对地铁将要到达区域的土地等资源进行有效控制和开发，把交通优势转化为空间增值优势、产业转型优势，将地铁预期的经济收益留在地铁产业上，最终实现地铁的可持续发展。

（二）轨交一体化

现代人出行往往需要通过换乘两种以上的交通方式才能到达目的地，所以如何使地铁与其他交通方式间高效、便捷地换乘，实现轨交一体化就成为轨道公司需要考虑的重点问题。

1. 实现地铁内部线路间方便换乘

地铁内部线路间最基本的换乘方式有平行换乘、"十"字换乘、"T"形换乘、"L"形换乘、通道换乘以及以上换乘形式的组合换乘。目前，我国地铁车站换乘存在的主要问题有：换乘时间过长；换乘距离不平衡；换乘空间不足；站内换乘客流交叉干扰等。这就需要城市轨道公司在设计地铁内部线路间的换乘方式时，应该有针对性地采取减少交通换乘问题的措施，实现交通换乘的无缝衔接。

2. 实现地铁与其他城市交通方式间的方便换乘

这就需要建立一个地铁与其他公共交通系统换乘的、使地铁更具吸引力的换乘平台。主要包括：①建立地铁与铁路客运站的多层衔接的换乘设计，这是因为

多层衔接可以综合利用地面上下空间，使人流便捷地进行换乘；②建立地铁与飞机场一体化综合交通模式换乘设计，即综合航空、铁路、地铁（轻轨）、公共汽车等多种交通工具为一体的一体化换乘模式，可以实现最便捷的换乘目的；③建立地铁与汽车客运站换乘设计，其换乘设计可以借鉴铁路客运站的模式；④建立地铁与公共汽车站的换乘设计，其换乘设计主要是通过常规公交站台与地铁车站出入口的设置来实现；⑤建立地铁与出租车的换乘设计，可以在地铁车站出入口附近设置专供正规出租车使用的上、下客点；⑥建立地铁与私家车换乘设计，可以通过停车换乘系统（P＋R模式），在地铁车站修建地下车库，使地铁能与私家车方便换乘。

3. 加强地铁换乘枢纽站建设

地铁枢纽站是城市交通体系的重要组成部分，是实现地铁与地铁各线、航空、铁路、市内公共交通、私人交通等多种交通方式转换的建筑物。在建设地铁换乘枢纽时，应对换乘地点、换乘站的数量以及便捷的换乘方式加以考虑，这样不但能提高城市轨道交通系统的效率，也能降低工程建设的费用。

（三）"地铁＋社区"模式

"地铁＋社区"的发展模式是南昌轨道公司在吸收前人经验的基础上进行的经营模式的创新，它是指通过对地铁车站、上盖空间及沿线周边有效资源进行合理规划、综合开发，使其形成以地铁站点为中心的集交通、居住、餐饮、购物、娱乐、文化于一体的综合性服务社区，构建出"地下一个站、地上一大片、片片都相连"的格局，形成人气、商气、财气商业黄金链条，创出"吃住生活在地铁、购物娱乐在地铁、幸福享受在地铁"的生活新方式，从而实现地铁"自我投资、自我开发、自我建设、自我发展"的良性循环。

（四）融资方式的多样化

地铁建设成本高，在国内地铁建设突飞猛进时期，几乎所有的地铁建设城市都面临着资金筹措的困境，如何实现融资的可持续发展就成为各个地铁建设城市所面临的最大难题。这就要求轨道公司应主动出击，创新融资方式，切实解决"融资难、融资成本高"的问题，一是要以"未来收益前期化，融资成本最小化"为切入点，依托资本市场来实施直接融资，降低融资成本；二是要合理安排政府资本、企业资本、社会资本的结构比例关系；三是要优化债务结构、创新金融工具，合理安排长期债务与短期债务的比例、国内债务与国际债务的比例、银行贷款和国债的比例；广泛采取银行贷款、项目融资、融资租赁、国际贷款、保险资本、企业债券、资产证券化等多种方式融资，拓宽融资渠道。

（五）收益来源的多元化

轨道交通相关产业链条长，衍生资源相当丰富，要以轨道交通多元化业务发展为抓手，积极探索收益多元化的路径，为轨道交通建设提供稳定的现金流。一是要鼓励乘客坐地铁，千方百计增加客流量，实现票务收入稳定增长；二是发展地铁沿线和站点周边住宅及商业项目、物业租赁、广告、电讯服务及国际顾问服务等多种市场业务，拓展盈利空间；三是争取在当地形成地铁产业，如南昌轨道公司与北车集团合作建设的总投资20亿元的"南昌轨道交通车辆组装生产基地"将大大增加产业收益，为城市轨道交通可持续发展提供资金保障。

（六）高素质的人才队伍

为了满足城市轨道公司可持续发展的需要，必须把大力培养和造就一支结构合理的高素质干部队伍摆在首位。一是创新形式，强化学习，全面提升干部的综合素质。要把干部教育培训作为一项长期的、经常性的工作抓紧抓好，分层次开展专题专项培训，做好年轻干部挂职锻炼工作，在一线培养发现干部。二是拓展人才选拔渠道，加大干部的选拔力度。要积极探索从其他轨道公司、科研院所选聘引进轨道交通专业技术领军人才和复合型管理人才的方式方法；完善干部竞争选拔制度。三是建立年轻干部全程跟踪考察机制。进一步完善后备干部、挂职干部培训或挂职结束后的跟踪培养。在此基础上，制定培养选拔预案，有针对性地加强年轻干部的选拔、培养和管理。

三、南昌轨道公司综合一体化运营模式的实践

南昌轨道交通集团成立于2008年10月，拥有地铁项目管理公司、地铁运营公司、地产开发公司、地铁置业公司以及南昌轨道交通设计研究院四个子公司和一个研究院，专门负责南昌轨道交通的融资、建设、营运和管理。公司成立以来，紧紧围绕"工程建设、地铁运营、开发置业"三大任务，牢牢把握"工程安全、质量安全、干部安全"三个关键，全面落实做责任、做文化、做企业、做

经济"四位一体"的工作思路，创造性地提出了"地铁 + 社区"的综合一体化运营模式，闯出了一条符合南昌发展的地铁建设路径。

（一）在土地收储上，申请成立轨道土地储备中心，开展土地融资工作

一是加强地铁交通沿线土地利用规划编制，按照"资源变资产、资产变资本、资本变资金"的工作思路，对地铁沿线土地和地铁未来将要到达区域周边的土地等资源进行有效控制和开发，将地铁预期的经济收益留在地铁产业上；二是加快土地的收储工作，自 2013 年 7 月，南昌轨道交通集团已经收储土地 1.5 万亩，2015 年达到 5 万亩；三是有序做好相关土地出让工作，着眼长远，科学选择停车场、车辆段等大宗轨道交通建设地块，作为融资用地先行收储控制，减少后期工程造价和施工难度。

（二）在轨交一体化上，南昌轨道公司注意与高铁、长途客远、公交、火车站等交通结点的衔接，建立综合立体化交通网络

一是加快建设规划报批，加强站点规划设计，尽快稳定线网规划；二是最大限度利用好地铁站点地上地下空间，本着以人为本、便捷便民的规划理念，解决好轨道交通与城市间原有交通、城市区域、客流的衔接问题，实现平行换乘、立体接驳，进一步提高整体规划、建设和服务水平。

（三）在经营模式上，南昌轨道公司创造性地提出了"地铁 + 社区"发展模式

南昌轨道线网规划为"网格 + 放射状"结构，由 5 条线路构成，全长约 168 千米，设站 128 座，静态总投资 1000 亿元，动态投资 1200 亿元。在资金来源上仅依靠政府的财政投入显然是"杯水车薪"，为此，南昌轨道公司提出了"地铁 + 社区"的发展模式，启动了近百万平方米的上盖物业开发工作，建设以地铁站点为中心的集交通、居住、餐饮、购物、娱乐、文化于一体的综合服务性社区，闯出了一条符合南昌发展的地铁建设路径。目前，"地铁 + 社区"的综合经营模式已经从理论进入实质性操作阶段。南昌轨道交通集团现已完成了 1 号线 24 个站点周边及上盖商业策划定位，启动了 5A 级写字楼、精品品牌住宅、五星级酒店、高端商业区等 80 多万平方米的上盖物业开发工作，从而为轨道交通建设

提供长期、稳定的资金来源。

（四）在融资方式上，优化融资结构，降低融资成本

为实现"财政少拿钱，企业来融资，运营低票价"和"政府建得起，运营用得起，百姓坐得起"的目标，早部署、早行动，确保项目建设资金充足到位。目前，1 号线建设资金已全部落实。其中，银行贷款 140 亿元、地方政府债券 21 亿元、搭桥贷款 22 亿元、实际到位资金 40.6 亿元。积极筹划 2 号线、3 号线建设资金，拓宽融资渠道，采用发行企业债券、融资租赁、世行贷款以及 BT、BOT、PPP 等方式筹措资金。

（五）在收益来源上，注重收益的多元化

轨道交通相关产业链条长，衍生资源相当丰富，南昌轨道交通集团充分发挥资源优势，采用"走出去"与"请进来"相结合的方式，积极探索多元化发展的路子。一方面加大对广告、通信、商贸、租赁等业务的开发和拓展；另一方面积极引进一批地铁装备配套产业落户南昌，打造轨道产业装备园，既为南昌地铁运营提供了后期维护、技术支持，同时还将大大增加产业收益。

（六）在人才队伍建设上，注重建设高素质人才队伍

为切实解决地铁人才紧缺的"瓶颈"，南昌轨道公司大力实施人才战略。一是德才兼备、以德为先，加大人才引进力度。按照特殊人才引进一批、内部选拔一批、社会公开招聘一批、超前储备一批的"四个一批"工作思路，打出一记人才工作"组合拳"，先后引进青年技术骨干 40 余名。二是强化素质，突出技能，加大人才培养力度。通过邀请国内外名师现场授课讲座、选送员工到北京、上海、广州等地铁公司进行实操培训、让干部在工程一线培养锻炼等方式使员工增阅历、强本领。三是完善制度，强化管理，加大人才考核、选拔力度。在集团内部先后提拔使用了 1 名总经济师，2 名总经理助理，引进使用了 2 名副总工程师；开展全员竞聘上岗工作，14 名员工因竞聘考核较差被降职或落聘，在集团上下营造了"能者上、平者让、庸者下"的良好用人环境。

四、加快南昌城市轨道建设发展的政策建议

（一）土地收储及土地融资工作需尽快落实

为了实现土地的封闭运行，一方面要尽快成立对应机构。建议由国土部门牵头，在专程赴外地学习的基础上，成立南昌市土地储备中心地铁分中心，隶属市国土资源局，专门负责市政府批准范围内土地储备整理等相关工作。另一方面为了落实市政府颁布的《关于配置土地资源保障轨道交通建设的决定》中融资房地数量要求的把关条款。要求市政府加强协调，尽快落实融资用地。

（二）税费减免及土地使用政策需给予倾斜

一是明确减免轨道交通建设用地和融资用地土地使用税、耕地占用税。二是将站点周边已征收的工程建设期地作为经营性期地协议出让给轨道交通集团，将站点周边的收储土地及安置房地块根据需要调整为经营性用地性质（主要为居住、商服用地），提高容积率；各属地政府等相关单位加快净地交付及土地出让工作以满足地铁社区发展和物业回购的需要。

（三）出台专门的支持轨道交通建设的若干政策规定

通过出台专门的支持轨道交通建设的若干政策，可以为轨道交通建设过程中工程报批、资金筹措、房屋征收、融资用地储备、产业发展等方面提供有力的政策保障。

（四）在人才引进和使用方面给予大力支持

目前，全国近30个城市正在建设地铁，与南昌市其他建设单位相比，地铁建设、运营人才流动性较强，国内同等行业薪酬水平普遍较高，轨道交通建设相关专业人才紧缺。建议在地铁建设、运营以及管理人员引进、使用方面给予一应的政策倾斜。

参考文献

［1］韩晓晶．地铁上盖物业设计探讨［J］.山西建筑，2011（8）.

［2］陈振强．城市轨道交通与沿线房地产开发的互动效应［J］.城市轨道交通研究，2006（7）.

［3］肖苏萍，杨建智．"地铁＋社区"模式引领南昌都市新生活［N］.江西日报，2012－08－07.

长江中游城市群高等教育与
区域经济的协调度研究

席元凯

摘　要： 本文利用灰色系统理论，以江西、湖北、湖南三省2004～2013年的面板数据，测算了长江中游城市群高等教育与区域经济的协调度，得出两者协调性强弱度为基本协调的结果，说明在长江中游城市群区域内，尽管高等教育和区域的经济总量均处于全国中上游，但高校培养的人才大多数流失到沿海地区，区域的经济增长方式仍以粗放型为主，故而两者的协调度不高，区域内的高等教育与区域经济未能发挥良好的互补作用。

关键词： 高等教育　区域经济　灰色关联系数　协调度

引　言

　　长江中游城市群是以武汉城市圈、环长株潭城市群、环鄱阳湖城市群为主体形成的特大型城市群，国土面积约31.7万平方公里，2014年的经济总量超过4.5万亿元，是继长三角、京津冀、珠三角之后的第四大经济区。长江中游城市群是中国经济发展的新增长极、中西部新型城镇化先行区、内陆开放合作示范区，能否让区域经济保持长期稳定的发展，是当前面临的问题。近年来，尽管长江中游城市群的经济取得了长足的发展，但区域内的经济增长方式仍是粗放式的、以高污染高耗能为代价，面对新的经济形势，区域内的经济必须转变发展方

　　原刊登于《江西企业家》2015年第4期。

　　席元凯：组织人事部，讲师，研究方向：物流管理、区域经济。

式，而这无疑离不开先进的科学技术和高素质的劳动者，先进的科技和高素质的人才来源于高等教育。区域经济的发展是高等教育发展的硬件，高等教育发展能够促进科技进步、人才增值、产业结构优化和社会教育公平。近几年，全国高等学校一再扩招，但是高校毕业生的就业形势却越来越严峻，大学毕业生就业的收入水平相对于未接受高等教育人员逐年呈下降趋势，这似乎说明高等教育超出了经济发展的需求，高等教育与区域经济不够协调？所以，本文拟以长江中游城市群为对象，对此问题进行探讨。

一、文献回顾

对于区域内高等教育与经济之间的协调性研究，学术界已经有不少研究成果，如毛胜勇应用了因子分析法，对我国高等教育与经济发展水平的协调性进行了深入剖析。高耀等综合采用因子分析、相关分析、聚类分析和象限分析等研究方法，对我国十大城市群 107 个城市的高等教育与区域经济之间的协调度进行了实证研究。吕述华和王芳兰在文章中介绍道，要实现"江西在中部地区崛起"战略，离不开高等教育、经济和科技的发展，因此他们提出以教育推动经济、科技发展，以经济支撑教育、发展科技，以科技促进教育和经济发展，使三者之间协调互动发展，是加快江西发展的有效之路。他们利用计量软件对江西高等教育与区域经济、区域科技的各项指标进一步回归分析和曲线估计，最后为江西省高等教育与区域经济、区域科技的发展提出对策及建议。类似的研究成果很多，在此笔者就不再一一赘述。

二、长江中游城市群高等教育与
区域经济的协调度水平测算

（一）测算方法的选取

一般探索两个行业之间的协调度，习惯采用如模糊隶属度函数、数据包络分析法、主成分分析法等数理统计方法，这些方法的前提是需要大量准确统计数据为依托，然而本文所要探讨的高等教育和区域经济的协调度受到内外诸多不确定性因素影响，且对两者协调度的度量需要借助 10 年的数据，涉及变量组合共 40 对，所以单纯利用严格的数理统计方法进行计算，在数据及指标因素皆存在较大误差的情况下，选取这种计算方法是不妥当的。灰色关联分析法则弥补了数理统计的缺陷，它对样本数量没有要求，且计算方便。因此，根据数据的可得性，本文采用灰色关联分析法来度量长江中游城市群高等教育与区域经济的协调度。

（二）测算指标和数据的选取

考虑到评价高等教育和区域经济的发展水平是一个动态的系统工程，而且学术界并未形成统一的评价标准，所以笔者在指标的选取时遵循科学性、可操作性、系统性、客观性以及数据的易得性，从高等教育发展的规模、水平、投入和区域经济的规模、结构、效益综合考虑，选取每百万常住人口拥有普通高校数（X_1）、每 10 万人口中高校平均在校生数（X_2）、高校专任教师中副高以上人数（X_3）、每百万人口发明专利授权量（X_4）、高校生均教育经费支出（X_5）5 个指标来评价高等教育发展水平，选取地区生产总值（Y_1）、第三产业增加值占地区生产总值比重（Y_2）、人均地区生产总值（Y_3）、城镇单位就业人员平均工资（Y_4）、城镇居民人均可支配收入（Y_5）、农村居民家庭人均纯收入（Y_6）、城镇居民人均消费支出（Y_7）、农村居民人均消费支出（Y_8）来评价区域经济水平，并选取江西、湖北、湖南三省2004～2013 年的统计数据，数据分别由国家统计局网站、《中国教育经费统计年鉴》（2004～2012 年）公布的数据整理得出。

（三）测算模型的构建

（1）设高等教育发展水平的评价指标为参考数列，即

$X_i = \{x_i(k)\}$

其中，i = 1，2，…，5；k = 1，2，…，10（k = 1，2，…，10 依次代表的是2004 年、2005 年，…，2013 年）。$x_i(k)$ 代表的是高等教育发展水平第 i 个评价指标对应的第 h 个年份数值。

（2）设区域经济发展水平的评价指标为比较数列，即

$Y_j = \{y_j(k)\}$

其中，j = 1，2，…，8；k = 1，2，…，10（k = 1，2，…，10 依次代表的是2004 年、2005 年，…，2013 年）。$y_j(k)$ 代表的是区域经济发展水平第 j 个评价指标对应的第 k 个年份的值。

（3）对以上数列数值分别采取初值化处理来增强数据之间的可比性，保证分析结果的可靠性，即

$$x'_i(k) = \frac{x_i(k)}{x_1(k)}, \quad y'_j(k) = \frac{y_j(k)}{y_1(k)}$$

（4）灰色关联系数：

$$\gamma(x_i(k), y_j(k)) = \frac{\min\limits_i \min\limits_j \min\limits_k |x_i(k) - y_j(k)| + \rho \max\limits_i \max\limits_j \max\limits_k |x_i(k) - y_j(k)|}{|x_i(k) - y_j(k)| + \rho \max\limits_i \max\limits_j \max\limits_k |x_i(k) - y_j(k)|}$$

其中，ρ 为分辨系数，用于削弱 $\max\limits_i \max\limits_j |x_i(k) - y_i(k)|$ 数值过大而失真的情况。这里我们设定若关联系数小于 0.4，则认为两个变量之间的关联度较弱；若关联系数介于 0.4 与 0.6 之间，则关联度一般；若关联系数介于 0.6 与 0.85 之间，则关联度较强；若关联系数大于 0.85，则关联度非常强。

（5）协调度：

$$\phi(X, Y) = \frac{1}{m \times n} \sum_{i=1}^{m} \sum_{j=1}^{n} \gamma(x_i(k), y_i(k))$$

协调度强弱划分如表 1 所示。

表 1　协调度划分

(0, 0.2)	(0.2, 0.2)	(0.4, 0.5)	(0.5, 0.6)	(0.6, 0.8)	(0.8, 1)
极不协调	不协调	不太协调	基本协调	比较协调	高度协调

（四）　模型的计算及结果分析

本文依据 2004～2013 年的统计数据，计算得出高等教育与区域经济两者各项指标之间的关联度，关联度矩阵如表 2 所示。

表 2　中三角地区高等教育与区域经济的关联矩阵

	Y_1	Y_2	Y_3	Y_4	Y_5	Y_6	Y_7	Y_8	均值
X_1	0.4867	0.7471	0.4933	0.5152	0.5393	0.5091	0.5656	0.4548	0.5389
X_2	0.5014	0.7405	0.5082	0.5311	0.5562	0.5251	0.5841	0.4682	0.5519
X_3	0.5059	0.6787	0.5139	0.5395	0.5676	0.5309	0.5995	0.4662	0.5503
X_4	0.8235	0.5442	0.8124	0.7720	0.7372	0.7698	0.7082	0.7851	0.7441
X_5	0.5603	0.5394	0.5671	0.6054	0.6545	0.6103	0.6914	0.5398	0.5960
均值	0.5756	0.6500	0.5790	0.5926	0.6110	0.5890	0.6298	0.5428	

表2中最后一列的均值反映的是高等教育各项指标与区域经济之间的协调度，其中γ（X₄，Y）的值为0.7441，其余均值都是处于［0 5，0 6）的范围，说明指标X₄与区域经济比较协调，其余指标与区域经济基本协调；从表2中最后一行的均值来看，γ（X，Y₂）、γ（X，Y₅）、γ（X，Y₇）的值处于（0.6，0.85），其余均值都是处于（0.4，0.6），说明指标Y₂、Y₅和Y₇与高等教育的关联度较强，其余指标与高等教育关联度一般；从最后一列来看，同理可知指标X₄与区域经济关联度较强，其余指标与区域经济关联度一般。依据协调度的计算公式可得长江中游城市群高等教育与区域经济的协调度为：φ（X，Y）=0.5962，说明两者之间是基本协调，可见江西省高等教育的发展未能与时俱进地去促进区域经济的发展。人才在国民经济发展中的作用越来越突出，所以促进高等教育快速发展，以便更好地为区域经济发展发挥智库和人才基地的作用是当前中部地区迫切需要解决的问题。

三、结论及建议

从以上的分析得出，长江中游城市群的高等教育与区域经济两者协调性强弱度为基本协调的结果。得出这样的结果，似乎与长江中游城市群区域内的高等教育和区域经济总量均处于全国中上游的地位不相匹配，然而事实却不然。究其原因，区域内有华中科技大学、武汉大学、湖南大学、中南大学四所"985工程"大学及南昌大学、中国地质大学、湖南师范大学等11所"211工程"大学，近80名院士在区域内工作，国内专利申请受理量达109090项，占全国总量的4.9%，规模以上工业企业R&D人员和经费支出分别占全国的7.6%和8.4%。区域经济总量仅次于长三角、京津冀、珠三角。然而，长江中游城市群区域内的高校毕业生大多数就业的地域集中在上海、广州、深圳、杭州等沿海发达城市，区域内的经济发展主要依托低端劳动密集、高消耗高污染的粗放型为主。所以，要改变目前这种现状，使高校培养的人才能留住，区域经济走向良性循环的轨道，笔者认为应从以下几方面着手：

（1）优化高等教育的区域布局。当前区域内的高校大多集中在省会城市，而各地区产业依托地域禀赋，各具特色。因此，高等教育也应依照地域禀赋进行合理布局，重点发展特色专业和院校，进而使高校与区域经济发挥优势互补、互惠互利的作用。

（2）增强高校的社会服务功能。充分发挥高校的智库作用，开展产学研合作，与当地企业深入开展校企合作、科技研发、人才培养培训等合作。

（3）制定完善人才储备政策。通过完善的人才储备政策的制定，为区域内的高素质、高技能人才营造良好的工作和生活环境，让更多的优秀大学毕业生选择留在家乡就业，吸引更多的区域外的优秀人才进来。

参考文献

［1］毛胜勇．中国高等教育与经济发展的区域协调性［J］.统计研究，2009（5）.

［2］高耀，顾剑秀，方鹏．中国十大城市群主要城市高等教育与区域经济协调综合评价研究［J］.统教育科学，2013（3）.

［3］吕述华，王芳兰．江西省普通高等教育与区域经济、科技发展关系的定量研究［J］.江西农业大学学报，2011（4）.

［4］许正平．基于灰色关联分析的漳州市制造业与物流业协调发展实证研究［J］.湖南商学院学报（双月刊),2014，21（1）.

［5］谭峻，李楠，魏倚含．北京市土地利用协调度模拟分析［J］.中国土地科学，2008（9）.

台商投资与两岸制造业产业
内贸易的关系研究

摘　要：本文通过 GL 指数和 GHM 方法度量了两岸制造业产业内贸易水平以及类型，并建立 VAR 模型分析了台商投资与制造业产业内贸易的动态关系。研究表明：两岸制造业还处于以产业间贸易为主、产业内贸易为辅的格局，但产业内贸易水平呈现出较快增长的趋势；两岸制造业产业内贸易是以垂直型产业内贸易为主体的，水平型产业内贸易发展不足；在长期，台商投资与两岸制造业产业内贸易表现出互相促进、互动发展的关系；在短期，台商投资显著地促进了两岸制造业产业内贸易的发展，但具有时滞性，制造业产业内贸易则对台商投资的影响较为微弱。

关键词：产业内贸易　垂直型产业内贸易　单位脉冲响应函数　方差分解

一、引言

海峡两岸经贸关系经过 40 多年的发展，已经形成相当规模，依存度不断提升。到 2012 年，两岸贸易总额增加到 1689.6 亿美元，比 1987 年的 15.2 亿美元增加了 110 倍，年均增长率为 20.7%。大陆已经成为台湾最大的出口市场及贸易顺差来源地，对台湾的经济发展具有举足轻重的影响。而且，从 20 世纪 90 年代初开始，台湾工业原料、半成品、零组件以及机械设备输往大陆的数量大幅扩增，而大陆输往台湾的农工原料及半成品也在不断增加，产业内贸易开始发展起来。两岸产业内贸易的蓬勃发展是伴随着台商投资的不断增加的，从 1987 年开

【作者简介】胡敏：财贸系讲师，研究方向：贸易。

始，由于大陆方面的推动及台湾当局的政策松动，台商投资大陆发展迅猛，截至2013年7月底，大陆累计批准台资项目8.9万项，实际利用台资金额584.66亿美元，如加上经第三地转投资，台商在大陆投资将近1100亿美元。在这种形势下，孤立地看待台商投资和两岸产业内贸易都是不合时宜的，同时也不利于贸易与投资目标的协调与相互支持。因此，有必要研究台商投资与两岸产业内贸易的关系。

针对外商直接投资与产业内贸易的关系的研究，学者们在理论方面得出了一些成果。Konan（2000）通过建模得到，两国的工资差异越大，在国外投资的可能性越大，企业内贸易和产业内贸易的规模越大，即 Konan 的模型支持对外直接投资促进产业内贸易的论点。强永昌（2002）认为，以生产为导向的国际投资会促进产业内贸易的发展；而对于以市场为导向的投资，由于它可能存在对于某些产业部门内部的贸易流量的替代，有可能降低产业内贸易水平。Fukao 等（2003）认为：当两国存在要素禀赋差异时，FDI 是两国间垂直型产业内贸易产生的途径，且两国要素价格的差异越大，由此产生的两国垂直型产业内贸易的规模越大。关于 FDI 与产业内贸易的关系问题的实证研究主要有王洪庆（2006）、李淑贞与徐艳（2006）、李季与赵放（2011）、梁会君（2013）等，这些研究大多支持 FDI 对于产业内贸易或者垂直型产业内贸易有推进作用的观点。

台商投资与两岸贸易的关系问题是两岸经济关系研究中的热点问题，在这方面取得研究成果的学者主要有张传国（2004）、王华（2008）、段小梅（2011）以及台湾的许振明（2004）、蔡宏明（2006）、刘祥熹与高振洲（2011）等，其研究结果大多是台商投资与两岸贸易是互补关系或者是互相促进的动态关系。但是，关于台商投资与两岸产业内贸易的关系的研究比较缺乏。本文先通过 GL 指数与 GHM 方法测定两岸制造业产业内贸易水平以及类型，再运用 VAR 模型得出台商投资与两岸制造业产业内贸易的关系，最后给出结论以及政策建议。

二、两岸制造业产业内贸易的水平及类型

（一）研究方法及数据来源

本文在测度两岸制造业产业内贸易的水平时采用的是 GL 指数，在测度其类

型时采用的是 GHM 方法。① 选取的时间范围是 1992 ~ 2012 年，所使用的两岸商品往来的数据来自联合国商品贸易统计数据库（UNCOMTRADE）。② 这里对制造业的划分标准以联合国《国际贸易标准分类》第三次修订标准（SITC Rev. 3）为基准，根据该标准，初级产品指 SITC 的 0 ~ 4 类，制造业产品是指 SITC 的 5 ~ 9 类，由于第 9 类基本是未分类的其他制品，所以本文所讨论的制造业产品只包括 5 ~ 8 类。其中，SITC 的第 5 类产品是与化学有关的各种产品，第 6 类是以原材料划分的制成品，第 7 类是机械及运输设备等产品，第 8 类是杂项制品；SITC 第 6 类和第 8 类属于劳动密集型产品，第 5 类和第 7 类属于资本和技术密集型产品。

（二）两岸制造业产业内贸易的水平

表 1 给出了 1992 ~ 2012 年表示两岸制造业产业内贸易水平的 GL 指数，该表是以 SITC 三分位数据为同一产业，并计算各产业的加权平均值得到的。

表 1　两岸制造业产业内贸易的水平（GL 值）

单位：%

年份	制造业	SITC5	SITC6	SITC7	SITC8
1992	11. 68	8. 75	10. 78	8. 72	27. 71
1994	18. 17	10. 47	10. 31	18. 36	52. 24
1996	18. 82	10. 77	11. 68	22. 20	47. 27
1997	21. 94	12. 46	12. 96	30. 35	47. 10
1998	24. 75	14. 02	12. 19	37. 00	48. 93
1999	23. 27	13. 60	13. 15	31. 78	47. 67
2000	21. 82	12. 80	15. 03	27. 04	43. 86
2001	21. 44	11. 72	13. 12	27. 83	38. 65
2002	22. 18	12. 77	14. 15	28. 58	25. 19
2003	24. 06	13. 86	17. 24	29. 63	24. 95
2004	26. 05	14. 59	24. 22	30. 81	23. 98
2005	27. 47	16. 75	26. 04	33. 40	20. 94
2006	29. 30	20. 97	34. 07	34. 20	17. 73

---

①　喻志军. 产业内贸易研究——兼论中国的贸易优势重构 [M]. 企业管理出版社，2009.

②　虽然 UNCOMTRADE 数据库没有在国家选项中标注"台湾"（Taiwan），但是该数据库中中国大陆与"Other Asia, nes"的贸易数据就是大陆与台湾的贸易数据，因为它与《中国统计年鉴》上的两岸贸易数据是基本一致的。

年份	制造业	SITC5	SITC6	SITC7	SITC8
2007	28. 77	23. 67	36. 39	31. 23	20. 81
2008	29. 80	26. 32	37. 28	32. 37	21. 74
2009	28. 17	25. 30	26. 56	30. 58	25. 22
2010	30. 79	28. 21	34. 97	32. 75	25. 48
2011	32. 72	31. 85	35. 84	33. 62	28. 76
2012	33. 81	30. 68	36. 03	36. 50	26. 20
增长幅度	22. 13	21. 93	25. 25	27. 78	- 1. 51

资料来源：根据 UN COMTRADE 数据库整理计算。

由表 1 可知，两岸制造业产业内贸易水平较低，1992～2012 年，除去 2010 年之后，其余各年还不到 30%，低于 0.5 的产业内贸易分界水平，表明两岸制造业还处于以产业间贸易为主、产业内贸易为辅的格局，传统的比较优势理论在两岸制造业贸易中还将发挥重要作用。但是，两岸制造业产业内贸易水平增长较快，21 年间共增长 22.13 个百分点。从发展趋势上看，各行业的发展很不平衡。SITC 5 与 SITC 6 类商品的 GL 指数基本上处于上升的态势下；SITC 7 类商品的产业内贸易水平在 20 世纪 90 年代中后期突然暴涨，到 90 年代末已经超过 30%，但此后增长幅度不大；SITC 8 类商品 90 年代产业内贸易水平较高，甚至有两年超过 50%，但 2000 年之后减少到不足 30%。

（三）两岸制造业产业内贸易的类型测度

表 2 显示了 1992～2012 年的产业内贸易的结构类型，该表使用 GHM 方法，以 SITC 四分位数据作为同一产业，分别计算了低质量垂直型产业内贸易、高质量垂直型产业内贸易和水平型产业内贸易的产业数在各大类商品以及制造业中所占的比重。从该表可知，两岸制造业中低质量垂直型产业内贸易的产业数比重最大，为 50%～60%，而高质量垂直型产业内贸易与水平型产业内贸易比重较小，反映两岸制造业产业内贸易是以垂直型产业内贸易，尤其是以低质量垂直型产业内贸易为主体的，水平型产业内贸易的发展不足。大陆向台湾出口的多是技术含量和价格相对较低的同行业产品，而从台湾进口的是技术含量和价格相对较高的同行业产品。可见，两岸制造业的产业分工实际上是具有水平分工因素的垂直分工，是一种较高形态的垂直分工。

从制造业内部的各行业来看，各大类商品都是以垂直型产业内贸易为主，但是 SITC 5 与 SITC 6 两类商品低质量垂直型产业内贸易的比重较低，高质量垂直型产业内贸易与水平型产业内贸易所占比重较高；而 SITC 7 类商品低质量垂直型产业内贸易的比重最高，高质量垂直型产业内贸易与水平型产业内贸易所占比重最低。这反映了 SITC 5 类商品（资本密集型产品）与 SITC 6 类商品（以原料划分的劳动密集型产品）的水平分工已经有了一定程度的发展，在两岸贸易中有一定的竞争优势。SITC 7 类商品（技术密集型产品）水平分工水平偏低，在两岸产业分工中处于不利的地位；对于此类产品，大陆主要从事低附加值、低技术含量的生产环节的生产，而高附加值、高技术水平的生产环节仍然留在台湾。

表 2　两岸制造业产业内贸易的类型

单位:%

类型	年份	1995	1998	2000	2002	2004	2006	2008	2010	2012	平均值
SITC5	低垂	32.67	37.61	38.74	40.52	44.35	45.13	41.82	48.21	51.79	42.32
	高垂	46.53	41.28	31.53	31.03	29.57	19.47	23.64	23.21	18.75	29.45
	水平	20.79	21.10	29.73	28.45	26.08	35.40	34.54	28.58	29.46	28.24
SITC6	低垂	44.39	39.02	43.48	44.13	48.31	48.78	54.15	54.50	54.21	47.89
	高垂	26.34	35.12	25.60	26.29	24.64	21.95	17.07	19.43	19.16	23.96
	水平	29.27	25.85	30.92	29.58	27.05	29.27	28.78	26.07	26.63	28.16
SITC7	低垂	61.15	62.42	65.87	74.57	68.38	67.91	75.38	73.88	74.05	69.29
	高垂	22.93	26.67	21.56	13.29	16.18	14.18	13.43	17.16	14.50	17.77
	水平	15.92	10.91	12.57	12.14	15.44	17.91	11.19	8.96	11.45	12.94
SITC8	低垂	44.55	41.03	50.86	65.83	66.67	63.16	66.23	72.41	82.75	61.50
	高垂	30.00	38.46	34.48	20.83	18.89	18.95	22.08	14.94	11.49	23.35
	水平	25.45	20.51	14.66	13.33	14.44	17.89	11.69	12.65	5.75	15.15
制造业	低垂	46.95	45.64	50.17	56.11	55.47	55.21	58.75	60.85	63.05	54.69
	高垂	29.67	34.56	27.24	22.51	22.63	19.01	18.25	18.93	16.73	23.28
	水平	23.39	19.80	22.59	21.38	21.90	25.78	23.00	20.22	20.22	22.03

资料来源：根据 UN COMTRADE 数据库整理计算。

三、台商投资与两岸制造业产业内贸易的关系

为了考察台商投资与两岸制造业产业内贸易的互动关系，本文选择对于 GL 指数及台商对于大陆制造业累计投资 FDI 建立 VAR 模型。

（一） 单位根检验

对于序列 GL 以及 FDI 取对数，记为 LGL 与 LFDI，然后对每个序列进行单位根检验。由表 3 可知，对于序列 LGL 与 LFDI 来说，都在 5% 的显著性水平上拒绝"存在单位根"的原假设，因而序列是平稳的，可以直接进行回归分析与建立 VAR 模型。

表 3　单位根检验结果

变量	检验形式（C，T，k）	ADF 统计量	伴随概率 p 值	结论
LGL	（C，T，3）	−4.466	0.011	平稳
LFDI	（C，T，3）	−12.898	0.000	平稳

注：检验形式中 C 和 T 分别表示检验方程带有截距项和趋势项（N 则表示没有相应项），滞后期数 k 以 SC 值最小准则确定。

（二） 回归分析

分别建立以下两个方程：

$$LGL = C + \alpha LFDI \tag{1}$$

$$LFDI = C + \beta LGL \tag{2}$$

对于方程（1）与方程（2）进行 OLS 估计，且为克服序列相关性，加入 AR (1) 项，所得结果如表 4 所示。

由表 4 可知，从长期看，台商投资对于两岸制造业产业内贸易有显著的促进作用，台商投资每增加 1 亿美元，可以促进两岸制造业产业内贸易增加 0.179 个百分点。这与 Fukao（2003）的观点相一致，由于两岸之间要素禀赋差异的存在，台商对大陆投资促进了两岸垂直型产业内贸易的发展，而两岸产业内贸易是以垂直型为主体的，所以台商投资对于两岸制造业产业内贸易有显著的正向影响。实际上，两岸产业内贸易的主体是大陆的台资企业，台商为了利用两岸要素禀赋差异降低成本，在大陆投资后，所需要的机器设备、原材料及中间产品有相当一部分要从台湾进口，而所生产的产品也有一部分要回销台湾，从而促进了两岸产业内贸易的发展。反之，两岸制造业产业内贸易对于台商投资也有促进作用，但是仅在 10% 的显著性水平下显著。这是因为一方面，台资企业对台湾回销产品的增加会"以需求促进生产"，即台湾对在大陆生产的产品的旺盛需求会促进台商增加对大陆的投资；另一方面，台商自台湾进口生产资料促进台商上游产业跟进下游产业投资，"下游先行、上游尾随而至"是台商投资的重要方式。

表4 方程（1）和方程（2）的回归分析结果

	变量	系数	标准误差	T 值	收尾概率
方程（1）	C	2.220	0.141	15.695	0.000
	LFDI	0.179	0.025	7.218	0.000
	F 值	85.921			
	调整的 R^2	0.910			
	D. W. 值	1.867			
方程（2）	C	0.105	3.43	0.0316	0.976
	LGL	1.832	0.999	1.832	0.085
	F 值	124.57			
	调整的 R^2	124.57			
	D. W. 值	1.79			

（三）格兰杰因果检验

作为对各变量彼此之间短期动态关系进行分析的基础准备，运用格兰杰（Granger）因果关系检验来确定在 VAR 系统中各变量间的相互影响关系，结果如表5所示。

表5 格兰杰因果检验结果

原假设	滞后期数	F 统计量	伴随概率
LFDI 不是 LGL 的格兰杰原因	2	6.362	0.022 *
LGL 不是 LFDI 的格兰杰原因	2	0.229	0.638

注：＊表示在5%的显著性水平上拒绝原假设。

由表5可知，在5%的显著性水平上拒绝"LFDI 不是 LGL 的格兰杰原因"，从而 LFDI 是 LGL 的格兰杰原因，这说明了经由台商在大陆投资设厂、代工生产的中间环节，由台湾出口机器设备、零部件，再进口制成品从而导致两岸制造业产业内贸易在短期内的可能性。但不能在5%的显著性水平上拒绝"LGL 不是 LFDI 的格兰杰原因"，这说明台湾对于台资企业产品需求的增加不会立即促进台资企业投资的增加，而台资企业从台湾进口的增加在短期内很难促进台商上游企业跟随下游企业到大陆投资，从而对于台商投资的影响较微弱。

（四）单位脉冲响应函数

利用序列 LGL 与 LFDI 建立 VAR 模型，根据似然比（LR）、赤池准则
（AIC）和施瓦茨信息准则（SC）等判别方法进行判断，可以得到最佳滞后期
是两期。对模型进行稳定性检验，得到特征方程全部根的倒数值都在单位圆
内，VAR 模型是稳定的。因此，可以对此 VAR 模型做脉冲响应函数分析和方
差分解。

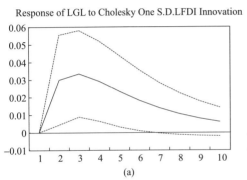

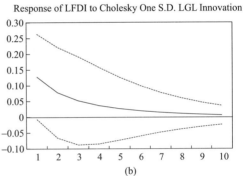

图1　LGL 与 LFDI 的脉冲响应函数

图 1（a）反映了两岸制造业产业内贸易对于台商投资在当期的一个标准差
冲击的动态响应：对于台商对制造业投资一个标准差的冲击，两岸制造业产业内
贸易开始没有变化，然后从第 1 期开始出现正向反应，而且迅速增大，到第 3 期
这种正向反应最大，而后迅速减弱，大概到第 6 期正向反应减弱到近乎为 0。这
说明在短期内台商投资对于两岸制造业产业内贸易有显著的正向影响，但这种正
向影响具有时滞性，这种时滞性的产生很可能是由于两岸产业内贸易是通过台资
企业从台湾进口生产资料，再将所生产的产品返销台湾推动的。图 1（b）反映
了台商投资对于两岸制造业产业内贸易在当期的一个标准差冲击的动态响应：对
于制造业产业内贸易一个标准差的冲击，台商投资的反应走势的两倍标准不包含
X 轴，从而在短期，两岸制造业产业内贸易对于台商投资的影响不显著，这与格
兰杰因果检验的结论是一致的。

（五）方差分解

方差分解方法是将 VAR 系统中每个内生变量以预测误差方差表示的波动，按其成因分解为与各方程随机扰动项相关联的几个组成部分，通过计算各组成部分所占的百分比，来分析每一结构冲击对于内生变量变化的相对贡献率，从而进一步评价不同结构冲击的重要性。

由图 2（a）可见对两岸制造业产业内贸易的方差分解结果在第 6 期以后趋于稳定，产业内贸易的变动中大约有 60% 由其自身决定，而台商投资变动的冲击对产业内贸易变动的贡献率达到 40%，进一步证明了台商投资是影响两岸制造业产业内贸易的重要因素。由图 2（b）可见对台商投资的方差分解结果在第 3 期即达到稳定，台商投资的变动中大约有 90% 由其自身的变化决定，产业内贸易的冲击对其变化的贡献率仅为 10%。

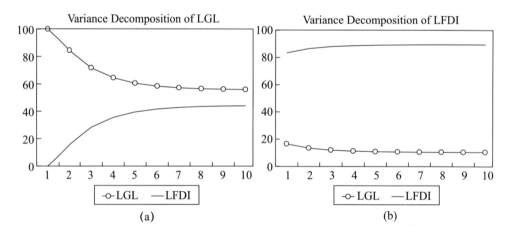

图 2 LGL 与 LFDI 的方差分解

四、主要结论及对策建议

本文运用 GL 指数、GHM 方法对于两岸制造业产业内贸易的水平和类型进行了测度和分析，并运用 VAR 模型探讨了台商投资与制造业产业内贸易的互动关系。得到如下结论：两岸制造业还处于以产业间贸易为主、产业内贸易为辅的格局，其产业内贸易水平较低但增长较快。两岸制造业产业内贸易是以垂直型产业内贸易为主体的，水平型产业内贸易的发展不足，尤其是 SITC 7 类产品（技术密集型产品）的水平型产业内贸易水平偏低。从长期看，台商投资对两岸制造业产业内贸易有显著的正向影响，而制造业产业内贸易也对台商投资产生促进作用，二者在一定程度上表现为互相促进、互动发展的格局。从短期看，台商投资对于两岸制造业产业内贸易有正向促进效应，但具有时滞性，大约在第 3 期这种促进效应达到最大值；而制造业产业内贸易对于台商投资没有显著的影响。

笔者对于进一步推进两岸经贸关系提出以下建议：应尽快签署 ECFA 后续协议，包括货品贸易协议和争端解决机制等协议，进一步推进两岸投资、贸易自由化，促使两岸贸易投资一体化程度的加深，推动两岸经贸关系的深化发展。大陆方面应重视制造业产业结构升级，积极扶植高新技术产业的发展，鼓励高新技术企业与高校、科研机构合作，进行自主研发，技术创新，缩小与台湾的技术差距，增加出口产品的附加值与技术含量，推动两岸制造业产业内贸易由垂直型向水平型的转化。积极促进大陆和台湾在制造业的双边投资，采取措施推动两岸制造业投资向高科技产业领域、新兴产业领域迈进，提升两岸投资领域的产业层次。一方面，台湾应适当放宽对于陆资入台的政策限制，开放陆资感兴趣的高科技产业、新兴产业、公共工程项目等；另一方面，大陆应该注意对台商投资的引导和选择，鼓励台商投资高科技产业及生物科技、绿色能源等新兴产业，并帮助经营传统的劳动密集型产业的台资企业转型升级。两岸应在 ECFA 框架下积极推动制造业产业合作，推动两岸制造业产业内贸易尤其是水平型产业内贸易水平的提高，提升两岸产业的技术层次和竞争力，在全球产业分工体系中提升自己的地位。

参考文献

［1］ Konan D E. The vertical multinational enterprise and international trade ［J］. Review of International Economics, 2000（1）.

［2］ 强永昌. 产业内贸易论——国际贸易最新理论 ［M］. 复旦大学出版社, 2002.

［3］ Fukao K, Ishido H, Ito K. Vertical intra – industry trade and foreign direct investment in East Asia ［J］. Journal of the Japanese and International Economies, 2003（4）.

［4］ 王洪庆. 外商直接投资对我国产业内贸易的影响 ［J］. 上海交通大学学报, 2006（4）.

［5］ 李淑贞, 徐艳. 产业内投资与产业内贸易——基于美国的经验检验

[J].特区经济，2006（12）.

[6] 李季，赵放．日本对华直接投资与中日垂直型产业内贸易实证研究 [J].现代日本经济，2011（5）.

[7] 梁会君．服务业产业内贸易与外商直接投资研究——基于 VAR 模型的实证分析 [J].中南财经政法大学研究生学报，2013（4）.

[8] 张传国．台商投资与两岸贸易互动效应的实证分析 [J].台湾研究集刊，2004（4）.

[9] 王华．台商对祖国大陆投资与两岸贸易间的动态关系——基于向量自回归模型的实证研究 [J].厦门大学学报（哲学社会科学版），2008（1）.

[10] 段小梅．替代抑或互补：台商投资与两岸贸易的动态效应分析 [J].世界经济研究，2011（2）.

[11] 许振明．台湾的两岸经贸政策及两岸经济合作之分析 [J].台湾政策论坛，2004（1）.

[12] 蔡宏明．台湾经贸发展对两岸经贸互动之影响 [J].台湾远景基金会季刊，2006，7（2）.

[13] 刘祥熹，高振洲．台湾对中国大陆直接投资与进出口贸易互动关联性之研究——Panel VECM 之应用 [J].台湾应用经济论丛，2011（90）.

Study on the Relationship between Taiwanese Investment and Cross – strait Intra – industry Trade in Manufacturing Industry

Hu Min

Abstract: In this paper, we measure level and basic pattern of intra – industry trade in manufacturing industry between both sides of the Taiwan straits by using GL index and GHM method. And we also analyze dynamic relationship between Taiwanese investment and cross – strait intra – industry trade in manufacturing industry by establishment VAR model. The research shows that the cross – strait trade within manufacturing industry is in situation that inter – industry trade is dominant and intra – industry trade is secondary, but the level of intra – industry trade is showing fast – growing trend. Vertical intra – industry is in dominant position within the cross – strait intra – industry trade in manufacturing industry, but the development of horizontal intra – industry trade is not enough. In the long term, Taiwanese investment and cross – strait intra – industry trade in manufacturing industry show relationship of promoting each other and developing in interaction. In the short term, Taiwanese investment promote development of cross – strait intra – industry trade in manufacturing industry significantly, but it has character of time delay. Cross – strait intra – industry trade in manufacturing industry has weak effect on Taiwanese investment.

Key words: Intra – industry Tradevertical Intra – industry – Tradeunit Impulse Response Functionvariance – Decompsition

上海自贸区新型贸易业态发展的启示

熊　焱

摘　要：自 2013 年 9 月 29 日上海自贸区成立以来，很多新型的贸易业态不断推出和深化，在满足业务需求的同时，也可能在全国范围内复制和推广。本文就跨境电商、平行进口汽车、离岸贸易三种新贸易业态的发展现状，谈谈由此产生的影响和启示。

关键词：跨境电商　平行进口　离岸贸易

贸易作为现代服务经济的基础，新型贸易业态已成为现代贸易竞争的重要手段，上海自由贸易试验区（以下简称上海自贸区）新型贸易业态主要包括跨境电商、平行进口汽车、离岸贸易等。这些新贸易有利于更好地满足国内消费者对进口商品的需求，有利于复制、推广相关业务制度模式。

一、跨境电商

跨境电商，是指来自不同关境的贸易参与者依托互联网、移动端等在线交易平台，完成展示、商谈、成交、支付结算等交易环节，并通过跨境物流将商品送达顾客，惠顾消费者的一种国际贸易新业态。跨境电商通常由跨境电商平台、跨境物流公司和跨境支付平台三大模块构成（见表1）。

原文刊登于《江西企业家》2015 年第 4 期。

【作者简介】熊焱：财贸系讲师，研究方向：国际物流。

表 1　跨境电商三大模块

模块	功能	种类	代表企业
跨境电商平台	提供交易信息、在线匹配与撮合	B2B、B2C、C2C	阿里巴巴、亚马逊、ebay
跨境物流公司	提供交易物品跨境流动服务	跨境包裹承运商、货代公司	EMS、UPS、DHL
跨境支付平台	提供交易物品的跨境支付功能	银行转账、信用卡、第三方支付等	VISA、PayPa

跨境电商基于互联网、移动端在线交易等优势，对传统外贸模式进行颠覆式创新。交易环节整合取代了传统外贸模式下的境内渠道出口商以及境外渠道中的境外进口商、境外批发商、境外零售商等繁杂的中间交易环节，从而降低企业的交易成本。支付手段方面，跨境电商依托网络优势，通过贝宝（PayPal）等第三方跨境支付平台结算货款，避免了传统外贸模式下开立信用证等繁琐步骤，使货款支付结算更加便捷，有效提升资金使用效率。物流方面，通常采用 UPS、DHL等国际快递公司提供的跨境物流服务，通过航空快递包裹取代"集装箱"式海运物流交付货物，极大地缩短供货时间，使用网络对物流信息及时追踪更新。

（一）上海自贸区发展跨境电商的现状

2013 年 10 月，上海自贸区启动全国首个跨境电商试点平台——"跨境通"。这也意味着近年来一直处于"半地下"状态的"海淘"（指跨境网购、代购）行业有了在"阳光"下发展的平台，全球商家也有了"直邮中国"、面向中国广大消费者开展个性化服务的便利渠道。目前，"跨境通"网站已吸引联想控股、东方网、东方国际等企业入驻，与亿贝、亚马逊、国旅中免、韩国现代百货等大型电子商务、进口免税以及百货企业正在洽谈入驻事宜。2014 年 8 月亚马逊正式入驻上海自贸区"跨境通"。

2015 年 4 月，"跨境通"电商平台提供的进口通道，有自贸区的海外直邮模式和仓储保税模式两种。海外直邮，即消费者在国外网站直接下单，从美国仓库物流配送至国内，一般从下单到收货，需要 7~10 天。自贸区仓储保税模式，即在自贸试验区建设自己的物流仓库，将部分商品提前进口至上海，实行保税仓储，等消费者下单后，直接从自贸区配送，这样成本更低，配送时间也将大大缩减。两种模式能够使物流成本大幅降低，同时所有商品经过正规备案能够保证质量，在对国内从事"海外代购"商户带来巨大冲击的同时，减了国内外奢侈品价格的较大差距。自贸区跨境电商这种新型贸易方式将消费者网购的进口商品以"个人物品"监管出区，并征收不同比例的行邮税。

据了解，行邮税是海关对入境旅客行李物品和个人邮递物品征收的进口税，它也恰恰是"跨境通"得以推进并形成价格优势的重要原因。根据海关总署的相关公告规定，个人寄自或寄往港、澳、台地区的物品，每次限值为800元；寄自或寄往其他国家和地区的物品，每次限值为1000元。消费者使用"跨境通"平台也需要遵循此规定，因此，每个消费者的年度消费总金额及总数量会有所限制。但有相关人士表示，海关将根据"跨境通"的发展情况进行限制规模的相应修改，以适应跨境电商发展的需要。

另外，在降低关税上，通过"跨境通"平台进境商品享有一定程度上的税收优惠，普通货物的进口税通常包含进口关税、进口环节的增值税和消费税，而跨境电商进口商品按行邮税率（包含进口环节的增值税和消费税）征收，按不同商品分为10%、20%、30%、50% 4档税率（见表2）。以进口2000元金项链为例，普通进口货物根据原产地不同而享受不同的进口关税率，按最惠国税率、协定税率和普通关税率征收的进口税分别为925元、45元、3499元，而跨境电商以10%行邮税率征收的进口税仅为200元。

表2 跨境电商与普通货物的进口税差异比较

单位:%

商品信息		跨境电商进口模式	普通货物进口模式				
商品分类	商品举例	进口行邮税率	进口关税率			进口环节增值税率	进口环节消费税率
			普通税率	最惠国税率	协定税率（东盟）		
母婴用品	奶粉	10	40	15	0	17	0
个护彩妆	眼霜	50	150	10	0	17	30
休闲食品	咖啡	10	130	30	0	17	0
营养保健	燕窝	10	80	25	0	17	0
生活家居	电饭煲	20	130	15	0	17	0
鞋靴箱包	手提包	10	100	10	0	17	0
时尚服饰	西装	20	100	17.5	0	17	0
精美配饰	金项链	10	130	20	0	17	5

（二）上海自贸区发展跨境电商的启示

1. 持续推进跨境电商的发展需要贸易便利化改革

通过调研，形成跨境电商新型贸易业态的贸易便利化制度创新，在上海自贸区内注册的跨境电商企业中先行先试。推动施行"一线放开"，准许跨境电商企业凭进口舱单将商品直接进入自贸区海关特殊监管区，探索简化进境备案清单的申报手续。坚定执行"二线安全高效管住"，确保通关电子数据联网，通过对比跨境商品的备案清单、卡口核注管理、风险监控等措施强化跨境电商保税进口模式的通关管理，促进"二线"与"一线"监管模式的顺利对接和跨境电商海关监管制度贸易便利化改革创新。

2. 跨境电商采用清单管理制度，同时加强风险监控体系和质量追溯体系

完善跨境电商入境物品管理，建立跨境电商产品负面清单制度，除负面清单内商品禁止以跨境电商形式入境外，全面支持跨境电商发展。

优化进口电商企业和产品的质量安全监管方式，实施线上监测、线下预警的安全管理和风险监测的工作机制。制定重点商品和重点项目监管清单，通过现场查验、抽样检测和监督检查等，加强风险监控和预警。充分运用信息化手段，实现跨境电商商品"源头可溯、去向可查"。加强与质监部门的合作，建立"风险监测、网上抽查、源头追溯、居地查处"的质量监测机制。

3. 依托跨境电商支持重点项目建设，推动相关产业集聚发展

上海发展跨境电商重点推动跨境水果、生鲜等贸易产业发展，支持在自贸试验区设立进口水果、生鲜电商综合交易服务平台，推动洋山进境鲜活农产品展贸中心的建设。利用上海自贸区浦东机场综合保税区等海关特殊监管区的保税功能优势，吸引跨境电商物流配送、金融服务等产业链上下游企业入驻，打造跨境电商创新示范区，推动跨境电商创新人才集聚机制，发挥产业集聚效应和规模效应。

二、平行进口汽车

（一）上海自贸区发展平行进口汽车的现状

为"进一步优化进口环节管理"，调整汽车品牌销售有关规定，2015 年 2

月，上海自贸区正式启动平行进口汽车试运行。所谓平行进口汽车，一般是指除总经销商以外的其他进口商从产品原产地进口的汽车，与国内授权经销渠道"平行"。通常进口汽车，必须通过所在国汽车总经销商，而平行进口汽车是未获得跨国汽车厂商及在华总经销商授权或许可而进口的，并非针对中国市场设计和生产的原装正品汽车，行业内被称为"灰色进口汽车"由于中间环节少，平行进口汽车售价往往要比 4S 店便宜 10%～30%，但在售后服务体系上，平行进口汽车也有不足。

上海自贸区的汽车平行进口试点方案，正是就售后保障提出了一系列解决方案。"试点通知"在责任主体、进口汽车产品质量安全、售后服务等环节都做出了明确的要求。第一批 17 家试点企业都需要依法履行产品召回、质量保障、售后服务、汽车三包等义务。

（二）上海自贸区发展平行进口汽车的启示

1. 促进汽车流通

"平行进口汽车"的放开政策可以使进口汽车的价格更趋合理化，因为这种政策是允许国内的汽车贸易商通过非授权渠道进口汽车，从而使汽车流通市场竞争更加充分。通过平行进口进入国内销售的汽车，价格与传统的 4S 店的售价相比，要低出 20% 左右，这种趋势将对进口汽车的销售市场产生深远和直接的影响。

2. 让消费者受益

"平行进口汽车"的放开也打破了进口汽车渠道的垄断，消费者不仅可以买到比传统 4S 店更加便宜的进口汽车，也获得了更多的选择空间。而且之前一直处于"灰色地带"的平行进口汽车不再冠以"水货"等模糊的说法，而将以阳光化的合法形式进行销售。同时，"平行进口汽车"也为中国国内的汽车代理商们打开了新的进口渠道，这会给现在的进口汽车格局造成很大的冲击，进口汽车的售价将会进一步拉低，这也充分发挥了市场竞争的作用，让消费者真正受益。

3. 规范国内进口汽车市场

"平行进口汽车"这种新政策的执行也可以促使进口车品牌商更加合理地制定中国区域的汽车售价，消费者除了可以低于国内价格 20% 左右购买进口汽车，也可以享受试点方案未执行之前的进口汽车厂商同样的质保服务以及售后服务。这样，之前饱受诟病的售后服务将得以改善，这也非常有利于进口汽车的市场规范。

三、离岸贸易

一般来说，离岸贸易（Offshore Trade）是指本国/地区的贸易商经营的货物直接由关境外的生产地付运到客户，而不经过该贸易商所在国家/地区。离岸贸易的主体——贸易中间商，往往集聚于交通、通信基础设施优越的国际贸易中心城市，并以这些城市为基点发展其全球贸易业务。由于跨国贸易中间商通常拥有庞大的全球贸易营销网络，因此它们利用这种网络优势，成为区域甚至全球贸易的订单处理和结算中心，但货物流却直接从原始供应商发往最终客户。之所以直接发货，是应客户要求，同时也为降低运输成本和风险，货物并不经过贸易中间商所在城市的海关，离岸贸易应运而生。

（一）上海自贸区发展离岸贸易的现状

上海自贸区具有"境内关外"的显著特征，跨国贸易中间商集聚于上海自贸区开展离岸贸易，主要是为国内大量制造业子公司与国外母、子公司以及关联公司之间提供订单集中处理和统一结算的功能，最大限度地降低交易成本。

中国香港和新加坡是当今全球范围内离岸贸易最发达的地区和国家，一般的离岸贸易具有"两头在外"的特点。如图1中新加坡的贸易中间商C公司从美国的A公司买入货物然后出售给日本的B公司，从中赚取差价，但货物直接从美国发往日本，不经过新加坡海关，该离岸贸易方式下的最终客户是日本企业，原始供应商是美国企业，二者都不是新加坡当地企业。

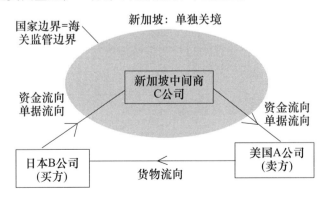

图1 "两头在外"的离岸贸易

与单独关境区城市新加坡有所不同的是，上海自贸区具有"境内关外"的显著特征，其离岸贸易模式不仅包括类似新加坡的那种"两头在外"的离岸贸易，同时还包括"一头在内一头在外"的离岸贸易，即所涉货物的最终客户和原始供应商中必有一方是国内企业，另一方为国外企业。如图2中上海自贸区内的C公司作为贸易中间商从南昌的A公司买入货物，再直接出售给美国的B公司，从中赚取差价或佣金，但货物直接从南昌发往美国，不经过上海自贸区海关。事实上，由于中国大陆是全球重要的生产市场，同时也是重要的消费市场，跨国公司设在上海自贸区内的贸易中间商，承担了连接其国内子公司与国外子公司关联公司之间贸易桥梁的功能，因此上海自贸区的离岸贸易业务，绝大多数属于"一头在内一头在外"的离岸贸易。截至2012年底，试点企业已扩大到50家，累计完成离岸贸易收支23188笔，离岸贸易结算额达85亿美元。

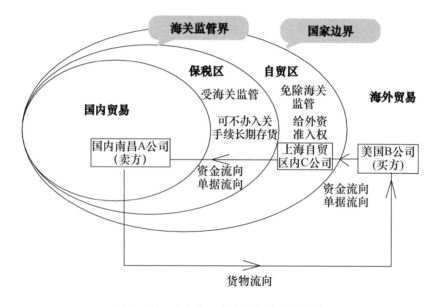

图2 "一头在内一头在外"的离岸贸易

（二）上海自贸区发展离岸贸易的启示

1. 推动与货物贸易相关的服务业细分和专业化性

在离岸贸易方式下，由于货物不进出上海自贸区的海关，贸易中间商的功能主要是发挥信息网络优势，集中订单处理和贸易结算，专注于其最具有核心竞争力的环节。同时，从事离岸贸易的贸易中间商会将其他非核心服务环节外包给其他部门，这些服务环节的外包，促使传统贸易服务产业不断细分和专业化，从而极大地推动了相关服务贸易的发展，如贸易信息资讯服务、贸易展示服务、与国际贸易有关的研发设计和打样服务、贸易代理服务、贸易融资、结算和保险服务、国际物流服务、国际仓储服务、国际采购服务、国际批发服务、国际零售服务、国际电子商务服务和国际维修服务等。

2. 推动人民币成为国际支付货币的进程

离岸贸易作为一种新型贸易业态，它可以为进出口企业开辟大幅度降低成本之门，合理、合法地规避企业所面临的大量的贸易壁垒及各种税费。同时也解决了某些国家国际结算中的风险难题。依托离岸贸易发展离岸金融市场，有助于打通国际融资渠道、集聚国际金融机构募集国际资本、推动所在国生产、贸易和资本的国际化，上海要成为世界贸易的大平台，即世界各国的厂商，公司在上海这个平台上做生意，发展离岸贸易，是实现人民币的国际化的必然过程。按照"人民币跨境贸易结算—人民币离岸中心—人民币区域化—人民币国际化"的发展战略，可以绕过资本项目非自由兑换的束缚，找到进行非自由兑换的人民币离岸金融中心，打造自贸区功能性离岸金融中心，加快建设上海区域性离岸金融中心，继而逐步实现人民币区域化。中国人民银行提出，将从周边国家和地区的互换安排入手，进而谋求人民币成为亚洲区域性货币，最终实现全球范围的国际化。

参考文献

［1］郭晓合，赖庆反．上海自贸区跨境电商创新发展研究［J］．北华大学学报（社会科学版），2015（8）．

［2］王冠凤．上海自贸区新型贸易业态发展及服务功能的拓展［J］．现代经济探讨，2015（2）．

［3］徐美娜，彭羽．中国（上海）自由贸易试验区离岸贸易发展战略研究［J］．亚太经济，2014（3）．

［4］刘永超．自贸区启动平行进口汽车政策下市场规范发展分析［J］．经营管理者，2015（4下）．

［5］鄂立彬，黄永稳．国际贸易新方式：跨境电商的新研究［J］.东北财经大学学报，2014（3）．

略论城镇化与新农村建设协同发展的理论依据与实施策略

黄俐波　吕　辉

摘　要：自改革开放以来，依据我国的基本国情和国际上一些国家的经验，在中共中央的正确领导下开始走新农村建设与城镇化建设之路，并取得了一定的成效。本文总结了国际上一些国家的新农村建设与我国新农村和城镇化建设的经验以及各专家学者提出的理论依据，从三方面阐述了城镇化与新农村建设的联系——城镇化与新农村建设联系紧密；新农村建设与城镇化协调发展的理论根据以及如何统筹新农村建设与城镇化协同发展。以更好地促进新农村建设和城镇化的协同发展，最终实现"城乡互动，携手并进——共创城乡一体化的美好格局"。

关键词：新农村建设　城镇化　协同发展　城乡一体化

国内外新农村建设经验概述

1970 年以来，韩国通过政府支援和农民自主的基本方式，以开发项目为桥梁，大力提倡以"勤奋、自主、合作"的理念来提高农民的积极性，带动广大农民开展家乡建设取得了巨大的成功。与此同时，日本也在进行其新农村建

基金项目：江西省社会科学规划（2013 年）项目《新型城镇化背景下九江市新农村建设研究》（项目编号 13YJG03）的成果之一。

原文刊登于《商业时代》2014 年第 12 期。

【作者简介】黄俐波：建筑工程管理系主任，教授，研究方向：贸易经济；吕辉：建筑工程管理系讲师，研究方向：规划设计。

设，日本的新农村建设采取的是分阶段进行的方法，第一阶段由于受到"二战"的影响，以农业现代化带动农村发展的方式，政府投入大量资金，加强农田水利基础建设。大规模建设条田化、暗渠排灌、农用道路及农业防灾等基础设施。第二阶段则进入了农业与农村同时发展的模式，极大程度地缩小了城乡差距，提高了农业和农村的现代化程度。"二战"之后，欧洲国家为了实现欧洲重建，诞生了欧洲经济共同体，在经济一体化的带动下，法国、荷兰、意大利为实现农业一体化，建立了共同农业政策，使欧洲国家的农业和农村都得到了快速发展。

韩国、日本和欧洲一些国家新农村建设取得的巨大成就也启发着我国走新农村建设的发展道路。改革开放以来，我国也提出了很多指导性的政策和方法引领中国走新农村建设之路。1956 年，一届人大三次会议第一次提出了"建设社会主义新农村"的奋斗目标，直到 2006 年全面取消农业税，农村的生产生活面貌发生了历史性的转变。再到十八届三中全会提出了要促进产业和城市同时发展，推动不同规模的城镇协同发展，推进城镇化和新农村建设共同协同发展，我国的新农村建设面临新的历史机遇。与此同时，我国的城镇化建设也在改革开放之后与新农村建设同时进行。十二届三中全会上党中央做出了进行城市经济体制改革的决议，决议提出实施有计划的商品经济；十四大提出了建立社会主义市场经济体制，使商品经济迅速发展起来，我国的城镇化水平呈现出了一片新景象；2000年 10 月，十五届五中全会通过的关于制定第十个五年规划的相关建议中明确提出了大力推进城镇化建设的战略；十八大再次强调把解决好"三农"问题作为全党的首要工作；十八届三中全会就进一步完善城乡一体化的体制机制提出了相关政策建议。这一系列指导性政策的提出和实行都体现了我国城镇化与新农村建设并举、并重，以达到城乡一体化和谐发展的美好格局。

城镇化与新农村建设相互关联且密不可分

新型城镇化建设之路是指人们的生产生活方式由农村向城镇转变的过程。

坚持以人为本，以统筹兼顾为原则，把工业化作为动力，提升城镇化生活的质量，走城乡统筹、协调发展的城镇化道路建设。因此其核心并不是建立高楼大厦，而是农村人口向城镇的转移。它既包括城乡人口的变动所导致的农村劳动力向城镇转移、农村的生产资金向城镇流动，也囊括转变农民观念，提高质量和改进城镇自身发展以及素质的提高。

新农村建设的核心是指采用工业辅助农业、城镇带动村落的方法，调动农民的积极性，在党和政府的正确引导下，规划农村的政治、经济、文化等方面，通过提高农民的生活水平、提升农村的生产力、推进农村基层民主的建设，最终实现把农村建成经济繁荣、设施完善、环境优美、文明和谐的社会主义新农村的目标。因此，城镇化和新农村建设有着非常紧密的联系。

第一，城镇化是新农村建设的强大助推器。首先，城镇化可拓展农产品市场，扩大农产品需求，有利于农业市场化程度的提高。随着农业市场化进程的提高和农民收入的提升，可大大提高工业产品的需求层次，形成新农村建设的城市发展和产业之间的良性互动，为提高农业市场化的程度奠定基础。其次，城镇化推动了农业经营规模的扩大，以达到实现农业现代化的目标。城市化可以促进农业劳动力转移到第二、第三产业，降低农村直接从事农业生产的人口数量，使农业生产实现由小规模到大规模生产的跨越。在大规模生产条件下，农户能够通过使用大型机械等农用生产资料，采用先进农业科技成果、改善经营管理，从而提升农业劳动生产率，实现农业生产的现代化。最后，城市化可以加强农业生产和大市场之间的联系，实现农业生产的可持续发展。只有发达的城镇化，才能通过各种市场信息传递，使农产品顺利销售出去，避免农产品出现供大于求或者供不应求的情况，从而保证农业持续稳定发展。

第二，新农村建设有利于城镇化的健康发展。首先，新农村建设为城市化提供需要的物质保证。城镇拥有庞大的销售农产品市场，农产品不仅要满足自身需要的农业人口，同时也满足了非农业人口不断增长的需求。其次，新农村建设，为城市化提供需要的劳动力资源。新农村建设通过基础教育和职业教育投资的增加，基础设施和教育、农业技术学校的建立，完善农村文化知识水平和职业技能水平；通过激励和约束机制，促使农民定期参加农业知识以及思想意识的培训，消除农民的小农意识，解放农民的思想。因此，新农村建设在一定程度上提高了农民的素质，促进了农村的劳动力转移到城镇，为城市化的发展提供了足够的人力资源。最后，新农村建设通过农村的工业化推进城市化，通过对农村工业化发展新农村建设，促进农业产业结构调整，从而促进城市化的发展。

城镇化与新农村建设协调发展的理论依据

首先，从系统的角度来看，城镇和农村本就是一个体系，在这个体系中，人流、物流、信息流按照各自的方式合理地流动，从而使得城乡经济、社会以及文化完美地融合在一起，互相渗透、互相依赖。农业在一定基础上支持着工业，从而激励着城镇化的发展。同时，农业发展可以为工业部门注入工业生产所需的要素，进一步提高工业化和城镇化水平。其次，从整体发展的角度分析。马克思和恩格斯认为，未来社会并不会被固化在城乡和农村地区的分工，要实现新的融合。融合是在"抛弃"的基础上，实现城市和农村的"综合"，而不是实现没有任何差别的城乡统一；应该重视大工业和城市的历史地位，充分发挥城市在城乡统筹中的积极作用；打破"产业布局视图和现实的城市"，加强城市和农村地区及其产业间的关系，必须跳出"三农"抓"三农"。通过工业化、城镇化的健康发展，规划"以工哺农，以城带乡"的美好格局，实现城乡共同繁荣与发展。最后，从农村劳动力资源配置角度来看，推动城镇化是利用农村的劳动力、增加农民收入的主要措施。刘易斯模型认为，在二元经济结构中，传统农业部门最大的特点就是剩余劳动力的存在，由于工农业之间的收入水平存在明显的差距。因此，从资源配置的角度分析，新农村建设与城镇化的协调发展，对于人口及经济活动从农村向城镇转移有很大的帮助。另外，随着小城镇基础设施的完善，投资资金也会有很大的增幅，这样可以增加农民的劳动收入，从而可以推进新农村建设。由此看出，结合我国具体实际，以城市"异质性"结构的存在为前提，可行的办法是建立小城镇。"离土不离乡"的实现，不仅可以提高城镇化率，而且可以推动新农村建设，从而达到城镇化与新农村建设的协调发展。

如何推进城镇化与新农村建设的
良性互动与协调发展

2005 年，在党的正确指导下，江西省政府、九江市也推出了新农村建设的试点工作，提倡"五新三好"全面推进新农村建设的模式，"五新"是一种新的机制、新产业的发展、建立新的习惯、新的村庄和城镇建设、培养新农民；"三好"即管理好方式、创建好班子、依靠好环境。在这个模式中，九江市建立了"两步走"的发展战略：第一步，到 2010 年，全面建设"五新三好"发展、达到标准的示范乡镇，50% 的村镇基本达到"安康经济和社会的发展，人民群众的生活，人与自然的和谐"的目标；第二步，依据全面实现小康目标和构建和谐农村的要求，全面推动农村经济往更高的水准发展，争取到 2020 年全面迈入小康社会。近年来，九江市又开展了以"合村并居"为主的新型城镇化和新农村建设，采取分三步走的有效策略，即"合村子，选班子，建社区"，改变小村子人才少，带头人难选的窘境，取得了可观的成效。江西省九江市"五新三好"和

"合村并居"的新农村建设发展模式以及新农村建设和城镇化的关系，提出了如何使新农村建设和城镇化朝着良性互动，协调发展的美好格局发展的具体措施。第一，新产业的发展——新农村建设和城镇化的动力源泉。一方面，产业是城镇化发展的有力支撑。如果一个城镇没有产业支撑，那么大量的城镇人口就没有就业机会，人民的生活水平就得不到保障，这样的城镇化就是一个空壳。另一方面，农民收入的提高，只靠种地这第一产业也是不可能得到提高的，必需依靠第二、第三产业的发展，以第二、第三产业的发展来带动新农村建设。因此，新农村建设与城镇化都不能脱离产业发展、产业调整、产业提升、产业延伸、产业支撑、产业对接，不管是新农村建设还是城镇化都无从谈起。第二，提高农民素质。农民是新农村建设的主体，也是城市化的主要动力。因此，高素质的农民对于城镇化和新农村建设尤为重要。为了提高农民素质，要加强对农民的培训，实现农村人口向城市转移、农民向市民的转变。只有农民的生活习惯和思维方式改变了，才能使农民成为更高素质的居民。第三，突出中心村镇的建设。中心村是未来的新农村，是城市化的基础。因此，可以根据地理条件、资源环境和经济趋势一步步地发展新农村，成为新农村建设和城市化的结合物。可以对相隔比较近以及有经济往来的村镇，在基础和公用设施、产业布局等各方面实现一体化，互相协调发展，汇集各个类似的产业，从而形成小城镇的模式，使城乡差距逐次缩小，加快城镇化和新农村建设的快速发展。

新农村建设和城镇化一直是人们关注的热点，随着建设新农村与构建和谐社会的逐步发展，如何更好地缩小城乡差距，使城乡协调发展成为大家更关注的重点。如今我国的新农村建设和城镇化建设是积极、有效的，然而新的问题和矛盾也随之而来。本文通过总结韩国、日本和欧洲等国家和我国新农村建设的经验，分析了城镇化和新农村建设之间存在的紧密联系，促进新农村建设与城镇化建设协调发展以及如何更好地推进城镇化和新农村建设的协调发展，以实现农村与城市之间的互动，携手共进，共创城乡一体化的美好格局。

参考文献

[1] 陈志刚，曲福田，韩立，高艳梅. 工业化、城镇化进程中的农村土地问题：特征、诱因与解决路径 [J].经济体制改革，2010（9）.

[2] 周天勇. 中国城市化道路并不比印度贫民窟方式优越 [J].经济参考报，2010（5）.

[3]"十二五"如何统筹城市化和新农村建设 [N].学习时报，2010 – 05 – 14.

[4] 王厚俊，杨守玉，周辉. 城市化进程中的农民问题 [M].中国农业出版社，2011.

［5］任志军，左理．新农村建设与城市化互动关系研究［J］.经济问题探索，2007（8）.

［6］刘书清．新农村建设与城市化［J］.黑河学刊，2006（6）.

［7］冯海发．农村城镇化发展探索［M］.新华出版社，2004.

向莆铁路对赣闽旅游业竞合发展空间布局的影响研究

许 静 王 珏 白彩全

摘 要：向莆铁路的正式通车使江西、福建两省（以下简称赣闽两省）的旅游业合作前景一片光明。本文通过引入旅游引力模型，计量分析了两省旅游业的竞合发展空间布局问题，提出了向莆铁路旅游长廊的形成条件、发展阶段和相关政策建议。

关键词：向莆铁路　赣闽两省　旅游业　旅游引力　旅游长廊

一、引言

一条铁路的贯通往往可以拉动铁路沿线旅游业的发展。向莆铁路又名昌福铁路，是国家一级快速铁路干线，途经江西省南昌市、抚州市和福建省三明市、福州市、莆田市，穿越了武夷山、大金湖、玉华洞、青云山等七大名胜古迹，被誉为"中国最美高速铁路"。2013 年 9 月 26 日，向莆铁路客运线正式开通运营，掀起了江西与福建中长距离的旅游热潮，江西与福建的区域旅游业发展进入更深层次的合作与竞争阶段。

【基金项目】江西省社会科学"十二五"（2013 年）规划项目"向莆铁路开通后的江西区域旅游竞合研究"（13YJG03）。

原文刊登于《价格月刊》2014 年第 8 期。

【作者简介】许静：团委书记，讲师，研究方向：经济管理、工商管理；王珏，财贸系副教授，研究方向：区域经济、旅游规划；白彩全：南昌大学理工学院、南昌大学计量经济研究会硕士研究生，研究方向：区域经济、人文地理。

二、文献回顾

区域旅游引力是指一地区旅游业对外的吸引力，它的形成不仅取决于区域旅游资源的知名度，还取决于区域旅游的服务水平、综合环境、客源市场、可进入性等因素。向莆铁路的开通使赣闽两省的旅游资源连接成了一片共享区域。新形成的共享区域是否具有更高旅游引力是本文需要研究和解决的问题。张红英（2006）利用旅游引力计量模型，分析了影响城市旅游引力的三方面因素，包括旅游城市供给、客源市场需求和两地之间的阻力等，并构建了城市旅游引力影响因素结构模型。王良举、李万莲（2012）基于扩展旅游引力模型，评估了人民币升值对中国入境旅游的影响，认为人民币升值给中国入境旅游发展带来了强烈冲击，客源国经济发展水平、人口规模以及中国经济发展水平与中国入境旅游发展呈正相关关系，客源国与中国的空间距离是阻碍中国入境旅游发展的重要因素。向莆铁路所穿越的旅游景点在空间上可以发展成为旅游长廊。高燕霄（2004）、郭豪（1998）的研究结果表明，这种空间上的旅游长廊模式是区域旅游整合发展的重要形式，在目前的区域旅游发展规划中运用非常广泛。李瑞、曲扬（2006）以宁西铁路旅游走廊为例，分析了旅游走廊的概念、动力机制和发展模式，认为旅游走廊发展将会分为增长极阶段、点—轴发展阶段和网络发展阶段。薛宝琪、范红艳（2007）对大黄河旅游走廊建设问题进行了研究，认为必须在遵循开发和保护、有序开发与协同发展、功能分区域整体推进、突出区域主题形象等原则下，实现黄河沿线旅游的自由整合，进而构建大黄河旅游走廊。不过这种不通过铁路交通所构建的旅游走廊大多处于设想阶段，可实施性较弱。

三、向莆铁路提升赣闽旅游引力的计量分析

（一）赣闽两省旅游业生产函数的构建

本文基于高德武（2013）我国区域旅游引力计量模型，构建了江西、福建两地的旅游引力计量模型及两地旅游资源合作后的旅游引力模型。

根据 Cobb – Douglas 生产函数的基本形式，旅游业生产首先取决于旅游业的资本投入 K 和劳动投入 L，并受到技术要素 A 的影响。笔者为了更加科学地构建旅游业生产函数，引入了旅游人数 P_0 构建出旅游业 Cobb – Douglas 生产函数如下：

$$Y = K^{\alpha_1} A^{\alpha_2} L^{\alpha_3} P^{\alpha_4} e^{\alpha_5} \tag{1}$$

式中，Y 表示旅游业产出，以旅游业营业收入衡量；K 表示资本投入，以旅游业固定资产投入衡量；A 表示技术要素，以全员劳动生产率衡量；L 表示劳动投入，以旅游业从业人员衡量；P 表示旅游人数，以入境旅游者人数衡量；e 表示常数项。右上标 α_1 表示 K 的贡献系数，α_2 表示 A 的贡献系数，α_3 表示 L 的贡献系数，α_4 表示 P 的贡献系数，α_5 表示常数项系数。将式（1）两边取对数后得到：

$$\ln Y = \alpha_1 K + \alpha_2 A + \alpha_3 L + \alpha_4 P + \alpha_5 \tag{2}$$

为了对式（2）进行估计，通过查阅《中国旅游统计年鉴》，我们收集了赣闽两省 2000 ~ 2011 年上述 5 个指标数据。将两省数据加总合并后，对每个数据进行取对数处理，得到对数化后的两省旅游业基础数据如表 1 所示。

表 1　2000 ~ 2011 年对数化处理后的赣闽两省旅游业基础数据

年份	营业收入 Y	固定资产 K	劳动生产率 A	从业人员 L	旅游人数 P
2000	13.0424	13.8011	2.1282	12.5385	5.1798
2001	13.1890	14.1046	2.8593	11.0047	5.2101
2002	13.4194	13.9777	2.8052	11.3090	5.3419
2003	13.6770	14.0884	2.9922	11.3127	5.1137
2004	13.7620	14.2419	2.4423	12.3486	5.3066
2005	13.8568	14.2285	3.0096	11.5467	5.4581
2006	14.2035	14.8997	2.8226	12.4029	5.6326
2007	14.1396	14.7728	2.9189	12.0657	5.8148
2008	14.6770	15.2082	3.5193	11.8462	5.9227
2009	14.7007	15.2232	3.5735	11.8209	6.0124
2010	14.4660	14.4192	4.8806	11.5388	6.1782
2011	14.8918	14.7317	3.8241	11.7125	6.3337

利用表 1 数据对式（2）进行估计，可以得到赣闽两省的旅游业生产函数。通过 Stata 软件估计，得到：$\alpha_1 = 0.5968$，$\alpha_2 = 0.1738$，$\alpha_3 = 0.0524$，$\alpha_4 = 0.5936$，$\alpha_5 = 0.8595$，拟合优度为：$R^2 = 0.9407$，表明拟合情况比较理想。

（二）单个区域旅游引力计量模型

一个地区的旅游业对外吸引力往往取决于该地区旅游业的资本投入、技术投入、劳动投入、旅游资源禀赋和对外知名度等因素。其中，资本投入、技术投入和劳动投入3项指标能够提升旅游产品的质量，使游客得到更好的旅游体验。旅游资源禀赋和对外知名度2项指标能够有效宣传旅游产品，提升地区旅游吸引力。根据以上分析，构建地区旅游引力模型如下：

$$F = T_1^{\alpha_1} T_2^{\alpha_2} T_3^{\alpha_3} C_1^{\alpha_4} C_2^{\alpha_5} \tag{3}$$

式中，F 表示旅游引力；$\alpha_1 \sim \alpha_5$ 与上述求解结果对应；$T_1 \sim T_3$ 分别为投入到地区的旅游业资金、技术水平和劳动投入指标；C_1 表示地区旅游资源禀赋，可用观光人数表示；C_2 表示地区对外知名度，以式（1）中的常数项系数表示。对式（3）求一阶偏导可得：

$$\frac{\partial F}{\partial T_1} = 0.5968\frac{F}{T_1} > 0, \quad \frac{\partial F}{\partial T_2} = 0.1738\frac{F}{T_2} > 0,$$

$$\frac{\partial F}{\partial T_3} = 0.0524\frac{F}{T_3} > 0, \quad \frac{\partial F}{\partial C_1} = 0.5936\frac{F}{C_1} > 0,$$

$$\frac{\partial F}{\partial C_2} = 0.8595\frac{F}{C_2} > 0 \tag{4}$$

式（4）中的一阶偏导结果均大于0，表明一个地区的旅游引力随着资本投入、技术投入、劳动投入、旅游资源禀赋和对外知名度的增加而提升。对式（4）求二阶偏导可得：

$$\frac{\partial^2 F}{\partial T_1^2} = 0.5968 \times (0.5968 - 1)\frac{F}{T_1} < 0$$

$$\frac{\partial^2 F}{\partial T_2^2} = 0.1738 \times (0.1738 - 1)\frac{F}{T_2} < 0$$

$$\frac{\partial^2 F}{\partial T_3^2} = 0.0524 \times (0.0524 - 1)\frac{F}{T_3} < 0$$

$$\frac{\partial^2 F}{\partial C_1^2} = 0.5936 \times (0.5936 - 1)\frac{F}{C_1} < 0$$

$$\frac{\partial^2 F}{\partial C_2^2} = 0.8595 \times (0.8595 - 1)\frac{F}{C_2} < 0 \tag{5}$$

式（5）中的二阶偏导结果均小于0，表明资本投入、技术投入、劳动投入、旅游资源禀赋和对外知名度的增加对旅游引力的影响不是永远成正比的。开始时旅游引力的边际变化率最大且为正值，但随着要素投入的增加，旅游引力的边际变化率逐渐降低，达到某临界值时，旅游引力的边际变化率转为0，之后旅游引力边际变化率转为负数，要素投入对旅游引力的促进作用逐渐消退。

（三）旅游资源联合后的两个区域旅游引力模型

赣闽两省区域旅游资源通过向莆铁路联合起来后，形成了一个新的大旅游区域，但新组建的区域旅游吸引力通过优势互补是否能达到"$1+1>2$"的效应？

设江西省的旅游引力为：$F_1 = T_{11}^{\alpha_1} T_{12}^{\alpha_2} T_{13}^{\alpha_3} C_{11}^{\alpha_4} C_{12}^{\alpha_5}$，福建省的旅游引力为：$F_2 = T_{21}^{\alpha_1} T_{22}^{\alpha_2} T_{23}^{\alpha_3} C_{21}^{\alpha_4} C_{22}^{\alpha_5}$。其中 T_{i1} 表示投入到省 i 的旅游业资金，T_{i2} 表示投入到省 i 的技术水平，T_{i3} 表示投入到省 i 的劳动力，C_{i1} 表示省 i 的旅游资源禀赋，C_{i2} 表示省的知名度。它们各项指数的系数依然为 $\alpha_1 \sim \alpha_5$。赣闽两省的区域旅游引力均满足式（4）和式（5）的一阶偏导和二阶偏导性质。将两省区域旅游资源合并后，其区域旅游引力为：

$$F_{new} = (T_{11} + T_{21})^{\alpha_1} (T_{12} + T_{22})^{\alpha_2} (T_{13} + T_{23})^{\alpha_3} (C_{11} + C_{21})^{\alpha_4}$$
$$(C_{12} + C_{22})^{\alpha_5} \qquad (6)$$

下面分析合并后的区域旅游引力是否得到改善。从式（6）可以发现，旅游引力函数是一个凸函数，对于两个构成元素的旅游引力函数，其表达式为 $F_1 = T_{11}^{\alpha_1} T_{12}^{\alpha_2}$，$F_2 = T_{21}^{\alpha_1} T_{22}^{\alpha_2}$。该函数的海赛矩阵为：

$$\begin{bmatrix} \alpha_1(\alpha_1 - 1) T_1^{\alpha_1 - 2} T_2^{\alpha_2} & \alpha_1 \alpha_2 T_1^{\alpha_1 - 1} T_2^{\alpha_2 - 1} \\ \alpha_1 \alpha_2 T_1^{\alpha_1 - 1} T_2^{\alpha_2 - 1} & \alpha_2(\alpha_2 - 1) T_1^{\alpha_1} T_2^{\alpha_2 - 2} \end{bmatrix}$$
$$= \alpha_1 \alpha_2 (\alpha_1 - 1)(\alpha_2 - 1) T_1^{2(\alpha_1 - 1)} T_2^{2(\alpha_2 - 1)} - \alpha_1^2 \alpha_2^2 T_1^{2(\alpha_1 - 1)} T_2^{2(\alpha_2 - 1)}$$
$$= \alpha_1 \alpha_2 T_1^{2(\alpha_1 - 1)} T_2^{2(\alpha_2 - 1)} [(\alpha_1 - 1)(\alpha_2 - 1) - \alpha_1 \alpha_2]$$
$$= \alpha_1 \alpha_2 T_1^{2(\alpha_1 - 1)} T_2^{2(\alpha_2 - 1)} [1 - (\alpha_1 + \alpha_2)] \geq 0 \qquad (7)$$

从式（7）可以看出，两个构成元素的旅游引力函数是凸函数，同理类推，可以证明 5 个构成元素的旅游引力函数依然为凸函数。凸函数具备如下性质：$F_1 + F_2 \leq F_{new}$，表明向莆铁路开通后，合并后的区域旅游引力要大于合并前赣闽两省各自的旅游引力之和，且如果两个区域旅游资源具有互补性的话，合并后的区域旅游引力会得到极大提升。众所周知，江西省拥有丰富的人文旅游资源，福建省拥有丰富的自然旅游资源，因此两省旅游资源合并后，区域旅游引力将会得到较大提升。

四、向莆铁路旅游长廊发展模式分析

（一）向莆铁路旅游长廊的形成条件

2013 年 9 月 23 日，赣闽两省共同成立向莆铁路旅游营销联盟，并发表联盟合作宣言，拉开了两省联手打造向莆铁路旅游长廊的序幕。旅游长廊是将现代旅游业所有要素通过交通通道的联结和聚合，形成区域旅游整合空间关系，这种空间关系是旅游业生产力布局的独特地域表现形式。旅游长廊具有以下 4 个特点：第一，旅游长廊是带状区域旅游空间系统，会有大量物质、资金和信息在通道中与外界进行交流，促进系统发展。第二，旅游长廊是以自组织和规划调控为原则聚合形成的，边界较模糊，即无法计算出一个准确的辐射范围。一般而言，可以铁路交通经济带所定义的 50～80 千米作为旅游长廊宽度。第三，旅游长廊区域内各种旅游要素和旅游中心主要通过聚合轴线联结，虽然两个旅游区域之间具有间断性，但旅游长廊在空间上呈现出的连续带状分布特征可以消除间断性的缺陷。第四，旅游长廊在发展过程中始终处于动态环境，长廊内任何一个子系统都有自己的生命周期，各个结点不断发展成熟，最终形成一个结构合理、子系统协调且资源配置最优的旅游长廊系统。

赣闽两省通过向莆铁路形成旅游长廊是否具备先天性条件？对此，可以从旅游长廊形成的前提条件和发展基础两个方面进行分析。第一，形成旅游长廊的前提条件为：具有聚合作用的线状地带，交通线属于最常见的线状地带。向莆铁路恰好符合这两个前提条件，一方面使得铁路沿线区域的可进入性得到提升，增大了客流量；另一方面将赣闽两省离散的旅游景区在时空中拉近并串联起来。因此，向莆铁路所提供的交通条件能够有效地促进两省旅游长廊的形成和两省旅游中心的长足发展。第二，旅游长廊的发展基础为：沿线旅游资源禀赋具有相似性和差异性。旅游资源的相似性会产生竞争，进而促进各旅游景区提升旅游服务质量。旅游资源的互补性主要体现在旅游资源禀赋在区域空间分布上的不均衡，包括人文旅游资源和自然旅游资源的不均衡，使得各景区游客拥有不同的观光体验。赣闽两省旅游资源既有相似性也有互补性，满足了向莆铁路旅游长廊持续健康发展的需求。

（二）向莆铁路旅游长廊发展阶段

旅游长廊发展一般分为三个阶段，且各阶段旅游长廊整合形态呈现递进性特点，三阶段分别为增长极阶段、点—轴发展阶段和网络发展阶段。

第一阶段，增长极阶段。目前，向莆铁路旅游长廊正处于起步阶段，旅游产品开发主要集中在铁路沿线一些交通便利的城镇。这些城镇利用区位条件优势不断吸收旅游业投入要素，并整合地区旅游资源禀赋，促使旅游辐射范围变广。在向莆铁路沿线，南昌、向塘、泰宁、三明、福州这 5 个城市的旅游业资源禀赋比较丰富，将会在第一阶段中较快完成资源整合、形成增长极，带动周边地区旅游业发展。

第二阶段，点—轴发展阶段。在该阶段，旅游增长极城市通过吸纳旅游资源而不断壮大，通过"结合式"发展路径使其所能聚合的旅游资源地域逐渐扩展，并与向莆铁路连接起来，构成区域旅游发展轴线和客流运行通道，再加上旅游长廊不断向周边地区渗透，使旅游长廊更具有旅游吸引力。

第三阶段，网络发展阶段。该阶段是在点—轴发展阶段基础上进一步形成的长廊成熟发展形态。达到该阶段的旅游长廊，其沿线区域增长极之间或点—轴之间都可以进行横向和纵向整合，促使旅游要素配置效率提升，形成具有互补性的旅游产品集群。在向莆铁路旅游长廊发展成熟后，赣闽两省将形成各具特色的、一体化的旅游产品，并通过京九线、沪昆线、福厦铁路及东部沿海铁路，与外部区域进行各种交流和连接，最终形成两省旅游景区既相互竞争又充分合作的旅游长廊空间发展格局。

五、结论及政策建议

（一）结论

研究结果表明：赣闽两省旅游资源整合后，区域旅游引力要大于两省旅游资源合并前的引力之和；由于两省旅游资源具有互补性，整合后的区域旅游引力将得到极大提升。未来两省区域旅游资源联合应以发展向莆铁路旅游长廊模式为主，实现长廊由"点"到"轴"再由"轴"到"网"的发展阶段跨越，使赣闽两省旅游资源配置达到最优，实现旅游业持续健康发展。

（二）政策建议

1. 积极促进赣闽两省的旅游业合作

江西省除了红色旅游资源外，文化旅游资源十分丰富；福建省拥有武夷山、大金湖、玉华洞、青云山等七大风景名胜区，自然旅游资源十分丰富。因此，两省旅游资源具有较高的互补性，合作将使整体旅游效益得到较大提升。

2. 将旅游长廊作为向莆铁路旅游业主要发展模式

向莆铁路发展旅游长廊具有先天条件优越，向莆铁路管理部门可以将旅游长廊作为向莆铁路旅游业今后的发展方向，制定相应发展规划和长期发展目标。

3. 加快向莆铁路沿线旅游增长极城市的建设

向莆铁路旅游长廊发展模式中，第一阶段是增长极阶段，目前向莆铁路旅游发展正处于该阶段。在该阶段，向莆铁路沿线旅游资源禀赋较高的城镇将会吸收和整合周边资源，形成增长极。为了促进这些增长极的顺利形成，相关管理部门可以对有关城镇进行重点投入，扩大其旅游辐射的范围和影响力。

Research on Spatial Structure of Xiang – pu Railway to the Competition – cooperation Development of Gan – Min Tourism

Xu Jing   Wang Jue   Bai Cai quan

Abstract：The formally opening of Xiang – pu railway eliminates the isolation of Jiangxi and Fujian provinces, making it possible to provinces tourism cooperation.

By introducing tourism gravity model, this paper quantitatively analyses the spatial arrangement of the competition – cooperation between the two provinces, and puts forward suggestions for the form condition and development stage of Xiang – pu railway tourism corridor.

Key words：Xiang – Pu Railway   Gan – Min   Tourism   Tourism – Gravity   Tourism – Corridor

参考文献

[1] 张红英. 城市旅游引力的影响因素分析 [J]. 商场现代化，2006 (6).

[2] 王良举，李万莲. 人民币升值对中国入境旅游的影响评估——基于扩展旅游引力模型的实证分析 [J]. 旅游科学，2012 (5).

[3] 高燕霄，白翠玲. 京津旅游走廊开发模式浅析 [J]. 地质技术经营管理，2004 (3).

[4] 郭豪. 论肇庆市在西江旅游走廊的开发与定位 [J]. 地理学与国土研究，1998 (2).

[5] 李瑞，曲扬. 旅游走廊：概念、动力机制、发展模式研究——以宁西铁路旅游走廊为例 [J]. 南阳师范大学学报，2006 (3).

[6] 薛宝琪，范红艳. 黄河沿线旅游资源开发整合研究——对建设大黄河旅游走廊的构想 [J]. 河南大学学报（自然科学版），2007 (5).

[7] 高德武. 我国区域旅游引力计量模型分析 [J]. 统计与决策，2013 (7).

向莆铁路优化沿线旅游交通网络的实证分析

许 静 王 珏 白彩全

摘 要: 向莆铁路途经南昌市、抚州市、三明市、福州市、莆田市和厦门市6个地级市,贯通了江西、福建两省的铁路旅游,拉近了两省的时空距离。本文从定量的角度出发,首先,计算了衡量向莆铁路沿线旅游交通网络结构整体性能的 β 指数、γ 指数和 α 指数,结果表明:该旅游交通网络整体性能较好。其次,通过对比在向莆铁路开通前后6个旅游结点的交通通达度的变化来分析结点的个体特征,发现向莆铁路的开通极大地提升了各个结点的交通通达度,其中抚州市的变化幅度最大,总通达度由12.86小时下降为了4.81小时,另外在6个旅游结点中三明市的旅游交通通达度最高。最后,针对实证分析结论,提出了相应的政策建议。

关键词: 向莆铁路 旅游交通网络 网络整体性能 交通通达度

一、引言

高速客运铁路的贯通极大地降低了两地交通所花费的时间,并创造出大量的

【基金项目】江西省社会科学"十二五"(2013年)规划项目"向莆铁路开通后的江西区域旅游竞合研究"(13YJG03)。

原文刊登于《企业经济》2014年第12期。

【作者简介】许静:团委书记、讲师,研究方向:经济管理、工商管理;王珏:财贸系副教授,研究方向:区域经济、旅游规划;白彩全:南昌大学理学院、南昌大学计量经济研究会硕士研究生,研究方向:区域经济、人文地理。

客流量，这些客流量又直接拉动铁路沿线旅游产业的发展。向莆铁路又名福昌铁路，是国家一级快速铁路干线，跨越江西和福建两省，途经武夷山、大金湖、玉华洞、青云山等七大名胜古迹，被誉为"中国最美高速铁路"。2013 年 9 月 26 日向莆铁路客运线开通运营，使向莆铁路沿线旅游景区的交通网络更加完整，沿线人们的旅游出行更加方便快捷。

二、研究现状

在对交通网络的研究中，学者们普遍认为一个结构完整、性能良好的交通网络会极大地促进地区旅游产业的发展。隋玉正等（2006）基于地理信息系统（GIS）选取青岛市主要旅游景点作为交通网络分析的结点，对青岛市旅游交通网络空间布局进行深入分析，讨论了青岛市各个景点的交通通达度和相对连通性。赵中华等（2007）对长三角地区交通网络进行了分析，从有利于旅游发展的角度看，发现长三角地区旅游交通在管理体制、专业化水平、信息流通等诸多方面仍然存在问题。陈浩等（2008）针对珠三角区域的形态以及区域空间连接度、通达度，构建城市群旅游目的地空间模型，提出了优化珠三角城市群旅游空间结构的方案。另外，针对具体的省市区，陈晓和李悦铮（2008）以大连市为例，从定量角度分析城市交通与旅游产业的协调发展，其方法具有一定的创新性。陈淑兰等（2009）运用了 β 指数、γ 指数和 α 指数对中部 6 省省会城市旅游交通网络进行整体分析，用交通通达度对各个城市进行了具体分析，发现中部 6 省省会城市间交通网络总体情况较好，但各个省会城市的对外交通通达度相差较大。

向莆铁路的开通对于沿线旅游产业的发展意义重大，目前学者们已经对向莆铁路的积极作用做了一定的分析，其中黄花（2010）在向莆铁路开通之前就将该铁路对区域产业的影响进行了预测，提出了向莆铁路莆田段产业布局的战略构想。陈浩等（2008）基于莆田市旅游业及福厦、向莆铁路的建设，以车站数量、经济规模、人口数量等数据对向莆铁路开通后对莆田旅游规模的影响进行了预测。可以看出，对向莆铁路拉动旅游发展的主要研究还集中在向莆铁路开通之前学者们的预测。向莆铁路客运线已经开通将近 1 年，对向莆铁路如何优化沿线交通网络的实证研究还处于相对缺乏的状况。在此研究背景下，本文对向莆铁路优化沿线旅游交通网络进行了实证分析，目的是判断向莆铁路整体性能如何，以及沿线中各旅游结点的个体特征，为向莆铁路沿线旅游产业的发展和旅游长廊的构建提出政策建议。

三、向莆铁路提升沿线旅游交通网络整体性能分析

（一）分析指标

我们以向莆铁路所经过的城市为结点，以交通线路为路径，包含铁路交通和公路交通，以此构成向莆铁路沿线旅游交通网络。

旅游交通网络的性能受到多种因素的影响，其中包括该网络中结点的数量、结点之间形成路径的数量以及结点与路径所构成的环路。通过分析旅游交通网络的结构特征，可以得出旅游交通网络的整体性能。通常可以采用 β 指数、γ 指数和 α 指数等指标（陈淑兰等，2009；张建春等，2002）。

1. β 指数

β 指数是用来衡量旅游网络连接度的指标，其计算公式如下：

$$\beta = \frac{L}{V}$$

其中，L 表示旅游交通网络中两两结点直接连线的数量；V 表示旅游交通网络中结点的数量。一般 β 指数的值会落在区间 ［0，3］ 中，β 指数越大，那么旅游网络的连接度就越好。

2. γ 指数

γ 指数是衡量旅游交通网络完整性的指标，其计算公式如下：

$$\gamma = \frac{L}{L_{max}} = \frac{1}{3 \ (V-2)}, \ (V \geqslant 3, \ V \in N)$$

从理论上说，γ 指数的最大值为 1。γ 指数的值会落在区间 ［0，1］ 中，0 表示旅游网络中结点之间无连线，1 表示旅游网络中每个结点都与其他结点有连线。γ 指数越大，则表示该旅游交通网络就越完整。

3. α 指数

α 指数是衡量旅游交通网络回路性的指标，其计算公式如下：

$$\alpha = \frac{实际环路数}{最大环路数} = \frac{L-V+1}{2V-5}, \ (V \geqslant 3, \ V \in N)$$

从理论上说，α 指数的值会落在区间 ［0，1］ 中。α 指数越大，则表示该旅游交通网络回路性越高，回路性高，说明游客能够享受到更好的多地旅游往返服务。

（二）向莆铁路沿线整体性能分析

本文主要针对向莆铁路沿线的城市进行研究，所研究的城市包括南昌市、抚州市、三明市、福州市、莆田市和厦门市共6个地级市。通过查阅中国公路和铁路交通网络，发现，L=12，V=6，且该数值没有因为向莆铁路的开通而变化。然后我们运用上述求解β指数、γ指数和α指数的方法，可以求得β=2、γ=1、α=1。

β指数、γ指数和α指数三个指数综合反映了旅游交通网络的结构特征，该特征从数值上反映了区域旅游交通的整体连接情况。从三个指数的计算结果上看，三个指数基本都达到了理论最大值。该结果表明向莆铁路所经过的6个主要城市的旅游交通网络整体上连接十分通畅，优良的旅游交通网络保证了向莆铁路沿线旅游客流的自由相互运输，游客在这些城市间相互旅游整体上不存在较大问题，且我们发现游客的整体旅游网络性能体验没有随着向莆铁路的开通而得到提升。所以，向莆铁路的开通主要解决了城市间旅游的通达度，接下来我们将分析向莆铁路如何提升城市间旅游通达度的问题。

四、向莆铁路提升赣闽旅游交通通达度分析

（一）分析方法

通达度主要取决于网络交通中结点和连线的数目、组合和空间连接状况（Kwan，1998；张兴平等，2000）。这里我们将向莆铁路所经过的6个主要城市作为网络结点，旅游城市的交通网络通达度将直接对游客对旅游地点的选取产生影响。

通达指数是用来衡量单个旅游结点对外旅游交通的通达程度的指标，对于该指标的计算，一般采用平均径路长表示。该通达指数与结点通达性呈反向关系，即通达指数越小，则表示通达度越好。通达度指数的计算公式如下：

$$A_j = \sum_{i=1}^{n} D_{ij}/V$$

式中，A_j为结点j的通达度指数；D_{ij}为结点i到结点j的最短距离；V表示结点的数（隋玉正等，2006）。

在这里，我们认为时距才是影响交通通达度的关键因素，由此我们以时距代替公式中的距离。

（二）高速公路通达度分析

对于高速公路，我们将首先通过 Arcgis 软件找出向莆铁路沿线交通网络中两两城市之间的最短路径，然后考虑车速对其进行转换。一般而言，在高速公路上，车速取决于车况、路况等多种因素，为了便于研究，本文以高速公路最大允许的车速 120 千米/小时为准。通过计算，得到向莆铁路沿线城市间高速公路最短时距如表 1 所示。

表1　向莆铁路沿线城市间高速公路最短时距　　　　　单位：小时

	南昌市	抚州市	三明市	福州市	莆田市	厦门市
南昌市	0	1.1	3.4	4.9	5.6	5.9
抚州市	1.1	0	2.5	3.9	4.7	5.4
三明市	3.4	2.5	0	1.9	2.4	2.8
福州市	4.9	3.9	1.9	0	0.9	2.1
莆田市	5.6	4.7	2.4	0.9	0	1.4
厦门市	5.9	5.4	2.8	2.1	1.4	0

在得到最短时距数据后，代入旅游结点交通通达度计算公式，可以计算得到各个结点的高速公路通达度，如表 2 所示。

表2　向莆铁路沿线各旅游结点的高速公路通达度　　　　　单位：小时

结点	南昌市	抚州市	三明市	福州市	莆田市	厦门市
高速公路通达度指数	3.48	2.91	2.17	2.30	2.51	2.93

观察表 1，我们可以看出，向莆铁路沿线高速公路交通中一个结点到其他结点最短时距的最大值分别为：南昌 5.9 小时，抚州 5.4 小时，三明 3.4 小时，福州 4.9 小时，莆田 5.6 小时，厦门 5.9 小时。

观察表 2，我们可以看出，向莆铁路沿线中各个结点之间的高速公路通达度都较高，其中三明市最高。抚州、福州、莆田、厦门 4 个结点的交通通达度相近，而南昌市的网络交通通达度最低，通达度为 3.48 个小时。

（二）铁路通达度分析

对于铁路，我们将通过对比向莆铁路开通前后各个结点之间的铁路时距进行分析，计算铁路通达度。铁路交通网络的数据可以通过查询中国铁路网站得到。

1. 向莆铁路开通前

首先我们收集得到向莆铁路开通前，6 个结点之间铁路最短时距如表 3 所示。

表3　向莆铁路开通前各旅游结点最短时距　　　　单位：小时

	南昌市	抚州市	三明市	福州市	莆田市	厦门市
南昌市	0	2.3	9.0	12.3	13.2	13.8
抚州市	2.3	0	11.3	14.6	15.5	16.0
三明市	9.0	11.3	0	5.5	7.6	8.2
福州市	12.3	14.6	5.5	0	0.6	1.8
莆田市	13.2	15.5	7.6	0.6	0	0.9
厦门市	13.8	16.0	8.2	1.8	0.9	0

在得到向莆铁路开通之前铁路交通最短时距数据后，我们同样代入旅游结点交通通达度计算公式，可以计算得到各个结点在向莆铁路开通之前铁路交通的通达度指数如表4所示。

表4　向莆铁路开通前各旅游结点铁路通达度　　　　单位：小时

结点	南昌市	抚州市	三明市	福州市	莆田市	厦门市
铁路交通通达度指数	8.43	9.95	6.93	5.80	6.30	6.78

观察表3，从总体上可以看出，在向莆铁路开通前，结点到其他结点最短铁路时距的最大值分别为：南昌 13.8 小时，抚州 16 小时，三明 11.3 小时，福州 14.6 小时，莆田 15.5 小时，厦门 13.8 小时。

观察表4，从铁路交通通达度可以看出，铁路通达度最高的是福州市，为 5.80 小时，但较高速公路客运，仍然显得花费时间过长。

2. 向莆铁路开通后

在向莆铁路开通后，该铁路线路是如何优化向莆铁路沿线铁路交通网络？我们收集得到向莆铁路开通后，6 个旅游网络结点之间的最短时距，如表5所示。

表5 向莆铁路开通后各旅游结点最短时距 单位：小时

	南昌市	抚州市	三明市	福州市	莆田市	厦门市
南昌市	0	0.6	2.1	3.3	3.4	4.3
抚州市	0.6	0	1.5	2.7	2.8	3.8
三明市	2.1	1.5	0	1.5	1.1	2.1
福州市	3.3	2.7	1.5	0	0.5	1.4
莆田市	3.4	2.8	1.1	0.5	0	0.9
厦门市	4.3	3.8	2.1	1.4	0.9	0

同样，我们运用交通通达度的公式计算出向莆铁路开通后各旅游结点的交通通达度，结果如表6所示。

表6 向莆铁路开通前各旅游结点铁路通达度 单位：小时

结点	南昌市	抚州市	三明市	福州市	莆田市	厦门市
铁路交通通达度指数	2.28	1.90	1.38	1.57	1.45	2.08

对比表5和表6，我们很容易发现，在向莆铁路开通之后，结点到其他结点最短铁路时距的最大值明显下降了很多。

（四）总通达度分析

总通达度是综合衡量某结点高速公路通达度和铁路交通通达度的指标，可通过将该结点的高速公路通达度与铁路交通通达度相加得到。具体通达度变化情况如表7所示。

表7 向莆铁路开通前后各旅游结点总通达度对比 单位：小时

结点	南昌市	抚州市	三明市	福州市	莆田市	厦门市
向莆铁路开通前	11.91	12.86	9.10	8.10	8.81	9.71
向莆铁路开通后	5.76	4.81	3.55	3.87	3.96	5.01

从表7的对比中可以看出，从总通达度最小的角度看，在向莆铁路开通之前，福州市的交通通达度最小，而在向莆铁路开通后，三明市成为沿线中交通通达度最高的地区。因此，可以考虑将三明市建成为向莆铁路沿线中的旅游中心发展城市，这对于促进向莆铁路旅游长廊的建设具有积极的意义。

五、结论与建议

（一）结论

本文首先通过计算向莆铁路沿线交通网络 β 指数、γ 指数和 α 指数 3 个指数的方法，发现这 3 个指数基本都接近于最大值，表明向莆铁路沿线交通网络整体性能较好。为了深入探究向莆铁路如何提升沿线交通网络旅游体验，本文从交通通达度的角度进行分析，将交通总通达度分为高速公路通达度和铁路交通通达度，并对比分析了向莆铁路开通前后沿线各个结点的铁路交通通达度的变化以及总通达度的变化，发现向莆铁路的开通极大地提升了沿线各个旅游结点的交通通达度，其中抚州市的变化幅度最大，总通达度由 12.86 小时下降为 4.81 小时。另外，在 6 个旅游结点中三明市的旅游交通通达度最高。

（二）建议

基于上述结论，本文所提出的政策建议主要包含县级交通网络线路建设、赣闽旅游产业相互合作以及打造三明市中心旅游地区 3 个方面。

1. 加强县级城市间高等级线路建设

从结论中我们发现，向莆铁路沿线的交通网络相对完整，旅游交通网络整体性能较好，但是并非所有游客都集中于旅游结点的市区；相反，还有大量的游客存在于县级城市。许多县级城市往往要通过第三个城市才能串联起来，从而降低了旅游交通网络的 β 指数、γ 指数和 α 指数。所以，在完善向莆铁路沿线市级城市交通网络建设的基础上，同时也要注重县级交通网络的建设。

2. 促进赣闽旅游产业相互合作，打造向莆铁路旅游长廊

向莆铁路的开通极大地提升了沿线各个旅游景区的交通通达度，使得向莆铁路沿线旅游资源在时空上串联在一起。旅游结点的交通通达度固然会影响该结点的旅游产业能否在沿线中占据优势，但也并非是决定旅游产业发展的唯一因素。还需要配套地发展旅游资源的丰裕程度、旅游资源的种类以及旅游配套的服务设施等。

3. 打造三明市中心旅游地区

三明市地处向莆铁路的中间地段，也位于赣闽两省的交界之处，区位优势较明显。通过本文中的分析，三明市在向莆铁路沿线不仅高速公路通达度最高，同

时总通达度也最高。在向莆铁路沿线中客流来往十分便捷，具备交通方面的现实优势。现阶段可重点发展三明市旅游产业，以壮大该增长极，增大其对外辐射范围，带动周边地区旅游业的发展。

参考文献

[1] 隋玉正，李淑娟，陈戈．基于 GIS 的青岛旅游交通网络空间分析 [J]．青岛理工大学学报，2006（2）.

[2] 赵中华，汪玉明．基于长江三角洲案例的区域旅游交通配置优化研究 [J]．地域研究与开发，2007（3）.

[3] 陈浩，陆林，章锦河，郑嬗婷．珠江三角洲城市群旅游空间结构与优化分析 [J]．地理科学，2008（1）.

[4] 陈晓，李悦铮．城市交通与旅游协调发展定量评价——以大连市为例 [J]．旅游学刊，2008（2）.

[5] 陈淑兰，张宏乔，穆桂松．基于中部旅游合作的六省省会城市旅游交通网络分析 [J]．河南大学学报（自然科学版），2009（3）.

[6] 黄花．铁路建设对区域产业的影响研究——以向莆铁路建设对莆田产业的预期影响为例 [J]．郑州航空工业管理学院学报，2010（2）.

[7] 陈超，王卓霖，接栋正．福厦与向莆铁路的开通对莆田旅游规模的影响 [J]．莆田学院学报，2008（4）.

[8] 张建春，陆林．芜湖长江大桥与安徽旅游交通条件的改善 [J]．人文地理，2002（4）.

[9] Kwan MP. Space – time and integral measure of indi – vidual accessibility：a comparative analysis using a point – based framework [J]. Geographical Analysis，1998，30（3）：191 – 126.

[10] 张兴平，杨建军，毛必林．杭州市区旅游交通网络空间分析及其对策 [J]．浙江大学学报，2000（4）.

The Empirical Study on the Optimization for the Tourism Traffic Network along the

Xu Jing　Wang Jue　Bai Cai quan

Abstract：The Xiang – pu railway goes through six cities, including Nanchang,

Fuzhou (Jiangxi province) , Sanming, Fuzhou (Fujian province) , Putian and Xiamen, and links up Jiangxi and Fujian provinces ' rail tourism, making the time and space dis – tance of the two provinces closer. From the quantitative perspective, firstly, we calculate β, γ and α indexes measuring the overall performance of Xiang – pu railway tourism transportation network structure, which shows that the whole condition of the tourism transportation network is favorable. Then by comparing the changes of six tourism nodes ' transportation accessi – bility around the opening of the Xiang – pu railway to analyze the individual characteristics of the nodes, we find out that the opening of Xiang – pu railway greatly enhances the transportation accessibility of each node, among which, Fuzhou of Jiangxi has the greatest change, whose total transportation accessibility decreased from 12. 86 hours to 4. 81 hours. Besides, the degree of accessibility of Sanmin is the highest. Finally, based on the empirical analysis conclusion, we put forward the corresponding policy recommendations.

Key words: Xiang – pu Railway   Tourism Transportation Network   Overall Network Performance   Transportation Accessibility

江右茶叶类老字号品牌文化的
传承与创新

——以林恩茶业有限公司为例

林 芸 严 琦

摘 要 江西产茶历史悠久，江右商帮的茶叶老字号为数众多。本文以林恩茶业有限公司为例，从老字号品牌文化的形象、品牌文化的内容、品牌文化的营销三方面进行探讨，分析江右茶叶类老字号在新的历史条件下如何进行突破与创新，从而让老字号焕发出新光彩。

关键词 品牌文化 茶叶类老字号 林恩

无论是在从前还是现在，老字号都以其独特的文化魅力影响着人们的生活。但当步入现代化经济发展浪潮，老字号的影响力却慢慢淡出人们的视线。作为民族的品牌象征，老字号如何延续其珍贵的形象，保留其无形的价值，重现其昔日的辉煌，既是一项紧迫任务，也是责无旁贷的历史责任。为弘扬老字号品牌价值，挖掘经济和社会价值，促进老字号健康发展，积极发挥老字号在经济和社会发展中的作用，商务部实施了"振兴老字号工程"，2006 年和 2010 年分别公布了两批中华老字号名录。江西省商务厅 2013 年开展了第一批"江西老字号"推荐认定工作，公布了第一批"江西老字号"。

自古以来，上达君臣，下至布衣，皆饮茶润心或品茗怡情。江右有着久远的茶文化历史，深厚的茶文化底蕴，丰富的茶叶类老字号。随着时代的变迁，有的老字号逐渐销声匿迹，有的老字号却百年风采依旧。如江西省遂川县狗牯脑茶厂、江西宁红集团公司被商务部认定为"中华老字号"企业；江西林恩茶业有

基金项目：2010 年江西经济管理干部学院招标课题"江右商帮老字号品牌文化研究"。

原文刊登于《老区建设》2014 年第 7 期。

【作者简介】林芸：外语系主任，教授，研究方向：经济管理；严琦：外语系副教授，研究方向：经济管理。

限公司（以下简称林恩）、江西井冈山茶厂、江西含珠实业有限公司及浮梁县浮瑶仙芝茶业有限公司荣获"江西老字号"称号。这些老字号历史悠久，拥有世代传承的产品、技艺或服务，具有鲜明的中华民族传统文化背景和深厚的文化底蕴，取得了社会广泛认同，形成了良好信誉的品牌。

本文拟从品牌文化传承与创新的角度，以林恩为例，从老字号品牌文化的形象、品牌文化的内容、品牌文化的营销三方面进行探讨，以充分发挥现有江右优秀茶叶类老字号对行业发展的榜样示范和引领带动作用，促进其他老字号在创新发展中创造更多社会、经济和文化价值。

一、茶叶类老字号品牌文化现存的突出问题

茶叶类老字号作为传统品牌，面临着与国产和国外品牌的激烈竞争。江西境内生态环境优越，种茶条件得天独厚，是全国茶叶重要产区。老字号茶叶多而杂，但能与碧螺春、龙井、大红袍、金骏眉等齐名的茶叶品牌寥寥无几，市场竞争力难以显现。竞争，最终是品牌文化的竞争，江右茶叶类老字号在品牌文化建设上相对滞后，主要表现在以下几个方面。

（一）品牌形象个性模糊

品牌形象是指企业或其某个品牌在市场上、在社会公众心中所表现出的个性特征，它体现了公众对品牌的评价与认知。品牌形象与品牌不可分割，主要包括品名、包装、图案广告设计等。

品名方面，在中国五千年文化的熏陶和浸润下，江右茶叶类老字号品名体现出两大特色。一是体现了商家对利益追求的美好愿望，品名中"兴"、"隆"、"祥"、"顺"、"恒"等比比皆是。二是体现了传统文化中的为人处世原则，品名中"仁"、"德"、"信"、"和"等也随处可见。这些品名固然能够反映出老字号"老"的特色，但是与现代消费者的使用语境相去较远，不太容易产生亲近感，容易产生混淆，不利于记忆。

包装方面，江右茶叶类老字号的包装在色调上较保守，基本为绿、红、黄、金等有限的民族性色彩；在包装的造型上较保守；在印刷工艺上较落后、设计上缺乏新意。图案设计方面，江右茶叶类老字号也较多体现的是民族性和传统性，如龙、凤、祥云或者仕女的图案等，这与食品、酒类等一些传统产品的包装相

仿，不易辨别。

（二）品牌文化内容单薄

品牌文化内容建设是一个系统工程，包括品牌的准确定位，品牌的核心价值的挖掘、品牌个性的选择、品牌文化的整合传播等很多方面。江右茶叶类老字号不像天津泥人张、北京六必居、成都夫妻肺片那样有着丰富的品牌文化内容。同时，人才传承和技术创新等方面面临的难题在一定程度上影响了茶叶类老字号品牌文化的竞争力和吸引力。

（三）品牌文化传播滞后

江右茶叶类老字号的传播途径基本上固定在人际传播，靠的是口碑和声誉。究其原因主要有三点：首先，部分老字号的品牌传播意识不强，依然以老自居。其次，受资金的影响，不少老字号的传播渠道有限。最后，老字号品牌传播的技巧有待提高。在当今信息时代和大众传播时代，老字号品牌的传播途径如不加以改进，则很可能使品牌陷入困境。

二、老字号品牌文化问题的解决

江右茶叶类老字号要想真正拥有自己的一片蓝天，应在传承自身优秀文化的基础上，创新品牌文化，实现品牌形象个性鲜明化、品牌文化内容系统化、品牌文化传播多元化，才能提升自身的市场竞争力，不断适应和满足广大居民对老字号产品和服务的需求。

林恩是江西省农业产业化重点龙头企业和重点农产品出口企业，自创建以来，一直从事传统绿茶、红茶、特种茶的种植、收购、加工、拼配、分装、研发和国内外市场营销业务，现经营着林恩茶业（林恩是江西著名商标），林恩春蕾茶庄（春蕾是南昌最老的老字号茶庄），林恩·茶研园。曾荣获"江西省农业产业化重点龙头企业"、"江西十佳茶企"、"江西著名商标"、"2011 年中国质量诚信企业"、首批"2013 年江西老字号"、"2013 年度南昌市科技进步三等奖"等荣誉称号。

春蕾茶庄前身为徽商清雍正七年（1729 年）在南昌创办的"信贸南货茶

号"。清光绪三十四年（1908 年），南昌知府徐嘉禾将茶号自制的茉莉花茶进贡给光绪皇帝品尝，获得御赐金牌，一时传为美谈。1952 年公私合营，在以"信贸南货茶号"为代表的多家茶庄的基础上，成立了国营南昌茶厂。从此，"春蕾"品牌孕育而生。经历几个世纪的发展，林恩茶业、春蕾茶庄一如既往地秉承老字号"诚信守则、品质恒一"的经营理念，为消费者们提供超值的服务。

（一） 品牌形象个性鲜明化

品名：春蕾，其寓意不言自明，单看名字便能让人眼前浮现出初春枝头上那生机盎然的翠绿与飘浮于杯中那梨花带雨似的娇嫩，对好茶人而言，这是难以抵抗的诱惑。

包装：林恩品牌各款茶叶包装简洁、时尚。中档价位的茶叶为单层包装；中高档价位的茶叶为两层独立包装；即使是较高档次的礼品茶包装也绝不超过三层包装。包装材料皆为可回收的纸质包装，去金属、去胶水，可循环和降解。林恩包装去"奢侈化"既体现了环保理念，又降低了包装成本，为茶叶的"百姓化"、"价值化"创造了良好的条件。

图案广告：五片舒展的茶叶围绕着"林恩"的艺术字体，美丽的茶叶相互缠绕，像是花环，让人联想到春日踏青时游人头上用柳条与鲜花编织的花环，是美丽的追求与自然的享受。清新的创意设计给人以亲和、高雅的品位感，体现林恩企业以"恩·礼"文化为核心，致力于把悠久的中华茶文化传播到世界各地。

（二） 品牌文化内容系统化

林恩的定位是"百姓茶"、"民生茶"、"方便茶"、"安全茶"。即让富有悠久茶文化传统的江西茶产业做强做大，质优价廉，走进千家万户，名扬世界。据说，有一早已移居美国的南昌籍老太太，多次托本地亲属购买林恩茶叶，却一直买不到正宗产品。一次老太太回到老家，亲自带着小辈来到春蕾茶庄，告诉他们"这就是我在南昌一直喝的'南昌茉莉银毫'，以后记住啊，就在这儿买！"

1. 品牌的核心价值的挖掘

林恩倡导"简单、责任、创新、和美"的核心价值观。简单是指专心做一件事，那就是敬茶、乐茶、制茶、爱茶。责任是指林恩人要肩负起社会责任，生产出标准、美味、安全的好茶。创新是企业发展的动力，林恩茶业不断开发新型茶产品并推向市场。和美则是指公司始终致力于促进公司与客户、员工、消费者的共赢，促进和谐美好社会的建设。

2. 品牌个性的选择：时尚、简洁、便利、健康

时尚：林恩于 2006 年率先单独设立新产品研发部，并与国内知名院校专家、教授合作，引进专门人才从事茶产品的科技研发和持续创新。并引入国际大企业参与投资和全球合作，通过对茶产品的深入研究和海外市场的流行趋势摸索，围绕中国茶的多品种做文章，每年定期向市场推出一批国际流行的新类别、新口味、新款式，树立起中国茶在国际市场时尚的新形象，走在了产业链的最前端，实现了科技创新的最佳价值。

简洁：林恩茶产品的外包装以黑、红、白为主，一扫繁褥之风，以简单、清爽的图案对应现代的简约风，给人耳目一新的感觉。

便利：林恩的百姓茶"春蕾"品种 40 多种，商礼茶"林恩"系列 30 多种，英伦红茶"亚曼"品种 30 多种，可满足社会各阶层对茶品的需求。2013 年新开发的"慢享"、"随享"系列专门针对商旅人士和白领办公阶层，在沿海城市广受欢迎。

健康：林恩历来遵循最严格的欧盟农药残留标准。林恩在省内首家引进全程清洁化、不落地、中央除尘和集中收集、激光刻录、自动称量分装、全程质量监控的流水化生产体系；加之 ISO22000 和 ISO9001—2000 和 QS 以及质量安全可追溯体系的高效运行，确保了产品的标准化、清洁化。

2013 年，林恩在南昌城郊梅岭国家级风景名胜区投资建造了集茶研发、茶休闲、茶体验、茶交流、茶食品于一体的国际化"林恩·茶研园"，力求通过科技、人文、国际合作，借助江西独特的茶产业生态资源优势，把时尚、简洁、便利、健康的林恩茶推向世界。茶研园首创江西茶主题休闲客栈、互联网青年茶沙龙、林恩·茶书吧、林恩·周末茶沙龙等，通过一系列体验活动，拉近茶与消费者之间的距离，增加品牌的体验性、互动性。

3. 品牌文化的整体传播：林间茶语，恩礼世界

林恩以"感恩简朴之心、敬畏专注之行、谦礼回报之情"做好茶品。

《说文》中对恩的解释为：恩，惠也。《礼记·丧服四制》对恩的解释为：恩者，仁也。小篆的"恩"字，由心、口、大组成，其含义深远。"口"是象形文字，表示基址，"心的基址"就是心地，其本质是人善良的本性，其量如同大地般能承载一切万物。含藏在心地中的"大"，意味着本善的心性能无限延展。

礼在中国古代用于定亲疏，决嫌疑，别同异，明是非。《释名·释言语》曰："礼，体也。言得事之体也。"《礼器》曰："忠信，礼之本也；义理，礼之文也。无本不立，无文不行。"礼既是一个人为人处世的根本，也是人之所以为人的一个标准。

林恩以"恩"、"礼"为品牌文化的整体传播，符合中华民族的传统文化，体现了礼仪之邦的传统，容易引发顾客的好感，也能更好地表达购买的心意。

（三）品牌文化传播多元化

林恩充分利用网络和传统媒介开展了各种推广活动，进一步提升了大众对林恩的品牌认知、扩大了林恩在省内外的推广、交流与合作。

1. 茶言茶语诗词大赛

为了推进中国茶诗文化的传承和发展，宣传和扩大林恩品牌的知名度和美誉度，2013 年至今，林恩与江西省作家协会成功举办了江西"林恩"杯茶言茶语诗词大赛，此项活动已成为企业文化的一部分。

2. 谷雨茶诗会

自 2013 年起，林恩联合江西省文联，湾里区委区政府，江西省广播电视台绿色之声频率，首创茶与诗的结合之林恩谷雨·茶诗会每年在梅岭国家级风景名胜区的林恩·茶研园举办。2013 年茶诗会的主题为：传承茶文化，回归大众茶；诗画，林恩茶语，恩礼世界。2014 年的主题为：悦梅岭，品林恩。2015 年的主题为"诗画梅岭茗馨林恩"。2016 年则以"探寻诗和远方"为主题。

3. 茶叶包装设计大赛

林恩开展了"创意以茶之名"的茶叶包装设计大赛。面向包装设计企业、专业设计机构、国内外具有包装设计意愿的人才征集优秀作品；通过在各大设计比赛网站、微博、微信等平台发布消息、投票、公示获奖信息并兑奖等，以茶为媒体，宣传了生态江西，诗画瓷江西及人文江西，使茶成为未来江西的另一张名片。

4. 公益活动

林恩响应中国茶叶学会倡议，深入宣传、推广茶知识，传播茶文化，传递"茶为国饮、喝茶有益健康"理念，在南昌举办了全民饮茶日活动。借助这一活动，林恩茶业在消费者心目中形成了"为民、为公"的形象，在一定程度上打动了消费者的心。

5. 提供赞助

林恩通过对元宵灯谜大赛的赞助，推广企业品牌，提升企业形象。灯谜大赛围绕茶文化设置，活动时，先由江西林恩茶业有限公司的"茶博士"为大家介绍茶文化知识及林恩·春蕾茉莉花茶老字号的悠久历史及独特的加工工艺。活动结束后，所有参赛人员都可领到林恩茶业提供的礼品。

6. 现代网络推广

林恩通过现代网络手段，用官网、微博、手机短信、天猫等综合自媒体对品牌进行宣传推广。借助林恩·茶研园的官网平台，持续宣传林恩茶人只为一件事、专心做好茶的创业理念、产品定位与服务。

三、总结

江西茶业发展已进入了转型升级的关键时期，江西正用工业化的理念谋划茶产业发展，着力"扩规模、提品质、创品牌、拓市场、增效益"，努力把江西省打造成全国茶叶生产、加工、出口重要基地和茶叶交易、茶文化交流中心，实现由产茶大省向产茶强省转变。

江右茶叶类老字号更应抓住这一难得的历史机遇，从品牌文化方面下功夫，在传承的基础上不断创新、开拓进取，真正把老字号做成具有强大经济竞争力与文化影响力的知名品牌。

参考文献

[1] 潘月杰，田耕耘，张筝．中华老字号品牌文化继承与创新发展研究[J].生产力研究，2013（10）.

[2] 林芸，严琦．江右商帮茶叶老字号的品牌调查[J].天津市经理学院学报，2011（10）.

[3] 吴水龙，卢泰宏，苏雯．老字号品牌命名研究——基于商务部首批老字号名单的分析[J].管理学报，2010（12）.

现代服务业发展研究

利率市场化下我国商业银行利率风险管理探析

聂小红

摘　要： 利率市场化是金融自由化的产物，也是一把"双刃剑"。本文以我国利率市场化为背景，通过分析我国利率市场化的进程及影响提出了现阶段我国商业银行应首选利率敏感性缺口模型，待条件成熟后可采用"以持续期缺口模型为主 VAR 为辅"的利率风险管理体系。

关键词： 利率市场化　商业银行利率风险管理　利率敏感性缺口模型

利率市场化是金融自由化的产物，也是一把"双刃剑"。一方面，利率市场化可以使利率的定价权由政府转移到市场，由资金的供求关系决定利率，有利于资金这种稀缺资源的优化配置；另一方面，利率市场化改革的深入带来大量的不确定因素，利率市场化进程的加快将使国内银行失去长期赖以生存的底牌，促使我国银行业真正形成优胜劣汰的竞争机制。

一、利率市场化及我国利率市场化改革进程

（一）利率市场化

利率市场化，是指中央银行放松对商业银行利率的直接控制，把利率的决定权交给市场，由市场主体自主决定利率；中央银行则通过间接调控手段形成资金利率，使之间接地反映中央银行货币政策的一种机制。根据我国现有理论来看，

原文刊登于《江西企业家》2015 年第 1 期。

【作者简介】聂小红：硕士研究生，副教授，研究方向：工商管理、企业财务。

利率市场化包括了四方面的内容：一是金融交易主体享有利率选择权；二是利率的数量结构、风险结构和期限结构应由市场自发地决定；三是同业拆借利率或短期国债利率将成为市场基准利率；四是政府对利率的调控依靠间接手段。

（二）我国利率市场化进程

我国利率市场化改革的基本思路是"先农村后城市、先外币后本币、先贷款后存款、先长期大额后短期小额"。围绕着该基本思路，我国逐步建立了以市场供求状况决定金融机构存贷款利率，中央银行间接调控的利率形成机制。

自 20 世纪 70 年代末，我国政府逐渐认识到僵化的利率体制不利于我国社会主义市场经济的发展，开始变革利率的决定和传导机制。1982 年，国务院授予中国人民银行 20% 的利率浮动权限，中国人民银行逐渐地把浮动权限下浮给予专业银行，由此高度管制的计划利率体制转为浮动利率体系，开始了利率市场化的探索。1995 年，中国人民银行出台了《关于"九五"时期深化利率改革的方案》，选择以放开同业拆借市场利率作为放松利率管制的突破口。1996 年，我国实现了国债的市场化发行，此后又相继放开了银行间拆借、债券回购利率、现券交易利率、金融债券利率等。2000 年 9 月 21 日，中国人民银行放开了大额外币存款利率；2003 年 11 月，小额外币存款利率下限放开。2004 年 10 月 29 日，中国人民银行不再设定金融机构（不含城乡信用社）人民币贷款利率上限，下限为基准利率的 0.9 倍；允许金融机构人民币存款利率下浮，但存款利率不能上浮。

目前，我国已经逐步放开了债券市场利率（包括国债、银行间债券和政策性银行金融债券）；稳步推进了外币存款贷款利率的市场化；人民币贷款利率上限不受限（不含城乡信用社）；积极探索人民币存款利率市场化。至 2004 年，"贷款利率管下限、存款利率管上限"的阶段目标达成。

2011 年 3 月 5 日，温家宝在《政府工作报告》中强调要推进利率市场化改革。下一阶段，对人民币存贷款利率的管制也会被逐步放开，贷款基准利率的 0.9 倍的下限规定将被取消，由金融机构自主确定存款利率形成机制建设会进一步加强，货币政策传导机制和上海同业拆借利率的基准利率功能将进一步完善。利率市场化进程的加快将使守旧的银行失去一张赖以生存的底牌，促使我国银行业真正形成优胜劣汰的竞争机制。

二、我国商业银行在利率市场化过程中的利率风险及对利率风险管理的影响

（一）我国商业银行在市场化进程中面临的利率风险

在利率市场化进程中，我国商业银行面临的主要利率风险有：

1. 重新定价风险

重新定价风险又称期限错配风险，是指由于银行资产负债或表外业务到期日的不同或重新定价时间的不同而产生的风险。如在 2007 年，我国金融机构活期存款占总存款的 51.2%，中长期贷款占总贷款的 46.18%，在利率上升的情况下，短存长贷加剧了我国商业银行的重新定价风险。

2. 基差风险

基差风险是指在期限一致的情况下，计算资产收益和负债成本时采用不同的基准利率，而当基准利率发生不同幅度的变化时就产生了基差风险。如 2007 年 12 月 20 日，我国一年期存款基准利率上调 0.27 个百分点；一年期贷款基准利率上调 0.18 个百分点，人民银行存贷基准利率上调幅度的不一致就给我国的商业银行带来了基差风险。

此外，在利率化进程中，我国商业银行还会面临期限风险、期限结构风险和道德风险等。

（二）利率市场化对我国商业银行利率风险管理的影响

1. 推动银行产品创新，调整业务结构

存贷利差收窄的趋势下，我国商业银行被迫将更多的注意力投入非利差业务，由关系型银行向价格敏感型银行转型。从国际经验看，美国同等规模的银行有 30%～40% 的收入是来自非利息收入，而且国外银行的中间业务经营品种普遍在 60 种以上，多的达上百种，范围涉及管理、担保、融资、衍生金融工具交易等众多领域。但目前我国商业银行的这一比例较低，而且主要中间业务只是利润低的结算和一般性代理业务。利率市场化客观上促进我国商业银行进行金融创新，开发新的理财产品和中间业务，寻求新的利润来源，来增强自身

的竞争力。

2. 减少银行利差收入，使银行更容易陷入危机

利率市场化后，贷款利率下限和存款利率上限将被放开，我国商业银行将会拥有存贷款自主定价权。银行为了大量吸收存款，维持其市场份额和流动性，不得不提高存款利率；为了争夺优质客户，会降低贷款利率向其发放贷款，从而使我国商业银行的存贷利差收窄。而由于我国商业银行主要的利润都来自存贷利差。如在2010年，中国银行的净利息收入比高达70.14%，建设银行的净利息收入比高达77.75%。利息差一旦收窄，我国商业银行将会陷入经营危机。

3. 利率风险引起重视，促进银行主动进行利率风险管理

我国商业银行在利率风险管理理念、管理能力与国外先进水平相比还有一定差距，不能满足其业务快速发展和利率风险管理复杂化的需要，在金融产品创新以及利率风险管理工具使用方面也远远落后于西方国家。随着利率市场化进程加快，利率波动频率加快、幅度加大（见图1），利率风险将进一步被我国商业银行所重视，客观上有利于我国商业银行利率风险管理水平的提高。

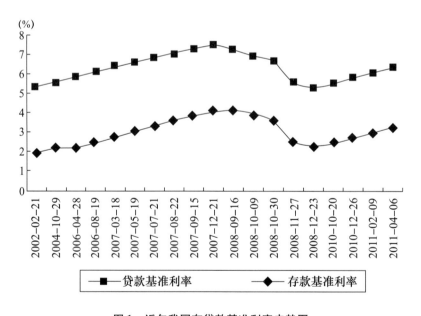

图1　近年我国存贷款基准利率走势图

三、我国商业银行利率风险管理机制的设计

（一）利率敏感性缺口模型是现阶段首选的避险工具

我国金融市场还不发达，金融产品品种单一，利率管制还在一定程度上存在，利率变动较小，银行的资产、负债的账面价值和市场价值比较吻合，国民储蓄热情高，银行资金来源充足，利率较低，缺乏强大的数据库和专业的数据挖掘。在这样的市场环境下，简单且易于操作的利率敏感性缺口模型是现阶段我国商业银行首选的避险工具。

1. 利率敏感性缺口模型简介

利率敏感性缺口模型是建立在账面价值的基础上，将银行的资产和负债按照历史成本计价，利率的变动只对净利息收入造成影响。同时，根据资产负债表中各项目对利率变动的敏感度，该模型将银行的资产和负债分为利率敏感性资产（IRSA）和利率敏感性负债（IRSL）。

利率敏感性缺口（IGAP）= IRSA – IRSL

利率敏感性比率（IRSC）= IRSA/IRSL

如果 GAP > O（或者 IRSC > 1），为利率敏感性正缺口；如果 GAP < 0（或者 IRSC < 1），为利率敏感性负缺口；如果 GAP = 0（或者 IRSC = 1），则为利率敏感性零缺口。正缺口意味着银行的资产主要由利率期限短的资产组成，而负债主要由利率期限长的负债组成。短期资产到期快，可按市场行情重新定价或者重新确定利率，此时负债还未到期，因利率期限较长，无须重新定价，因而需要重新定价的资产大于需要重新定价的负债（见表1）。

表1　资金缺口、利率变动和净利息收入变动的关系

GPA	IRSC	利率变动	利息收入变动		利息支出变动	净利息收入变动
>0	>1	上升	增加	>	增加	增加
>0	>1	下降	减少	>	减少	减少
<0	<1	上升	增加	<	增加	减少
<0	<1	下降	减少	<	减少	增加
=0	=1	上升	增加	=	增加	不变
=0	=1	下降	减少	=	减少	不变

资金缺口的大小直接影响银行的净利息收入（NII），假定利率变动为 Δr，则缺口模型下商业银行的利率风险可以近似表示为：

$$\Delta NII = GAP \cdot \Delta r$$

由此可见，保持零缺口，银行没有利率风险；正缺口和负缺口，既可给银行带来利率风险，同时也存在增加银行净利息收入的可能性。

但利率敏感性缺口法只是一种静态管理方法，忽视了利率变动对存贷款量的影响，没有考虑资本的市场价值，其存贷款利率变动幅度一致的假设也与实际情况不符。

2. 基于利率敏感性缺口模型的民生银行实证研究

本文以民生银行为例，对我国商业银行在利率波动中的风险管理情况做实证研究，探讨利率敏感性缺口法在利率风险管理中的应用。

其中，利率敏感性资产（IRSA）包括现金、存放央行、存放同业、拆放同业、拆放金融性公司、买入返售、贷款净值、投资净值等生息资产；利率敏感性负债（IRSL）包括央行借款、同业拆入、同业存放、卖出回购、客户存款、应付债券等付息负债。

由表2可见，在降息期内，民生银行3个月内到期的利率敏感性缺口为负值，3个月至1年内利率敏感性缺口为正值，总的来说，1年内到期的利率敏感性缺口为负值，1年内到期的利率敏感性比率也小于1，符合利率敏感性缺口管理的要求。同时，负缺口意味着民生银行存在用短期借款支持长期贷款的情况，面临着资产、负债的期限不匹配的利率风险。

表2   2008 年上半年民生银行缺口与净利差分析

单位：千元

时期	项目	3 个月内	3 个月~1 年	合计
2008. 06	IRSA	721178. 891	206292. 947	927471. 838
	IRSL	776784. 113	195054. 561	971838. 674
	GAP	− 55605. 222	11238. 386	− 44366. 836
	IRSC	0. 93	1. 06	0. 95
利率下降 0. 27%	净利润变动	150. 134	− 30. 344	119. 790
	对净利润的影响	2. 48%	− 0. 50%	1. 98%
			净利润	6045. 713

（二）下一阶段可以持续期缺口模型为主，VAR 方法为辅

1. 持续期缺口模型简介及其目前在我国的适用性分析

美国经济学家弗吉得里·麦克莱于 1936 年提出持续期的概念，最初用来解释债券价格变动问题。20 世纪 80 年代开始，持续期概念广泛用于商业银行利率风险管理。持续期是某项资产或负债在将来产生现金流的时间的加权平均数，即加权平均到期期限，其权数是当期现金流的现值在资产或负债当前价格中所占的比重。一般来说，当持续期缺口为正，银行净值价格随着利率上升而下降，随利率下降而上升；当持续期缺口为负，银行净值价格随市场利率升降而反方向变动；当持续期缺口为 0 时，银行净值价格免遭利率波动的影响。

但目前，我国的金融环境对应用持续期缺口模型还有一定障碍：一是由于我国国债市场规模小，品种单一，利率水平无法有效反映资金供求状况，使得计算持续期的一个重要数据——贴现率难以确定；二是由于我国商业银行资产负债构成中存贷款比例高，而存款的提取和贷款的偿还具有较大的不确定性，特别是贷款本息不按期偿还使现金流难以确定；三是持续期缺口分析需要大量数据，而我国现在的数据收集和挖掘技术都比较落后，难以满足其应用的要求。

2. VAR 方法简介及其目前在我国的适用性分析

JP 摩根银行在 1994 年最先提出了 VAR 方法，它可以对市场各种风险逐步定量化，通过资产收益的概率统计方法对市场风险进行识别和度量，从而提供了简单直接的量化风险的指标，符合银行全面风险管理的需要。

但这种方法起源于西方发达的金融市场，在我国目前的金融环境下准确性尚待考察。此外，我国既缺乏掌握这种方法的利率风险管理人才，也没有相应的数据库作为支撑，因而该方法在我国的应用非常有限。

3. 我国应用持续期缺口模型及 VAR 方法的展望

伴随着我国金融市场的日趋成熟，利率市场化进程的加快，利率风险管理日趋复杂，利率风险管理技术日趋成熟，现代化信息系统和数据库相继研发投产，持续期缺口模型和 VAR 方法也会逐渐在我国推广开来。这两种方法可以有效弥补利率敏感性缺口分析的缺陷。其中，持续期缺口模型考虑了资金的时间价值，能够较好地反映银行净资产的市场价值，对资产、负债组合持续期的考虑更全面和综合。而 VAR 方法不仅能计算出各种概率下利率对商业银行净利息收入和净值的影响，还可以分析出由于存贷款利率等资产负债利率不同步变化所导致的商业银行净利息收入和净值的变化，以及利率变动较大情况下存款提前支取或者提前还贷对商业银行的净利息收入和净值的变化。故在下一个阶段，我国商业银行

可考虑建立以持续期缺口模型为主，VAR 方法为辅的利率风险管理体系。

四、结论与建议

在利率市场化下，我国商业银行的利率风险管理现状不容乐观，利率风险管理的理念和方法与国外先进水平还有很大差距，只有建立有效的利率风险管理机制，培养利率风险管理人才，造就高素质利率风险管理队伍，提高利率风险管理意识，完善和规范内控机制，才能维护我国商业银行的市场地位和经营安全。

参考文献

［1］解川波，尹志超．利率市场化与利率风险管理［M］.西南财经大学出版社，2006.

［2］罗纳德·麦金农．经济发展中的货币与资本［M］.卢骢译．上海三联书店，1987.

［3］爱德华·肖．经济发展中的金融深化［M］.王巍，毛晓威，穆怀朋译．中国社会科学出版社，1987.

［4］黄金老．利率市场化与商业银行风险控制［J].经济研究，2001（1）.

［5］戴国强．我国商业银行利率风险管理研究［M].上海财经大学出版社，2005.

关于我国逆向物流发展问题的
国内外策略研究

张俐华

摘　要：本文针对我国逆向物流发展中存在的问题进行了深入分析，结合国内外对逆向物流的研究，列举了有关逆向物流的管理活动以及效益、信息化和绿色原则等策略研究。

关键词：逆向物流发展　国内外策略研究　效益原则

逆向物流主要指物资的逆向流动，但同时又伴随着信息流、资金流、价值流、商务流，它与常规物流（正向物流）无缝对接而成为整个物流系统的组成部分。

在我国，《中国国家标准·物流术语》则将逆向物流分解为两大类：①回收物流，即不合格物品的返修、退货以及周转使用的包装容器从需方返回到供方所形成的物品实体流；②废弃物物流，即将经济活动中失去原有使用价值的物品，根据实际需要进行收集、分类、加工、包装、搬运、储存，并分送到专门处理场时所形成的物品实体流动。

一、我国逆向物流发展问题分析

逆向物流发展到今天虽然只有短短 20 多年的时间，但在经济发达的国家已显示出它的经济效益和社会效益。由于我国目前还没有形成一套适用于逆向物流发展的法规体系和完善的回收体系，因此，逆向物流在我国的发展仍处在无序状

原文刊登于《江西企业家》2013 年第 3 – 4 期。

【作者简介】张俐华：财贸系副教授，研究方向：物流管理。

态。据有关部门的统计调查显示，我国可回收利用而没有利用的再生资源价值高达 300 亿元，每年大约有 500 万吨废钢铁，20 多万吨废有色金属，1400 万吨废纸及大量的废塑料、废玻璃、废电池没有回收利用。我国包装物的回收比例还很低，如纸包装物回收比例为 20.4%，塑料包装物回收比例为 10% 左右，玻璃瓶回收比例为 20% 左右。与发达国家相比，我国企业逆向物流仍存在很大的差距，具体表现在以下几个方面：

（一）逆向物流观念方面

企业对回收责任的意识仍然比较淡薄，还继续持有以往卖方市场的陈旧观点，认为产品一旦售出，所承担的责任就结束，企业认为逆向物流不仅不能带来经济效益，还会造成资源和时间的浪费，忽视对外部废旧产品及其物料的有效利用，使大量可再利用资源闲置、浪费；没有认识到逆向物流活动的复杂性，不重视对逆向物流的管理，认为只要投入很少的时间和精力就可以处理产品的逆向物流。企业在观念上认为逆向物流不能带来经济效益，这些思想导致企业无法从长远角度定位逆向物流，不可能将逆向物流提升到企业发展战略高度加以考虑，更不能制定有效的发展战略。他们对逆向物流的实施完全出于法律的迫使，是被动的。逆向物流的成功运作不但需要国家在宏观环境上的支持，更需要企业和人们的重视和支持。我国对于废旧物品的危害和回收价值认识不足，是导致回收逆向物流在我国发展的一大障碍。如果不加强全社会，尤其是企业的逆向物流意识，逆向物流的实施与监督就非常困难。

（二）逆向物流业务方面

我国企业的逆向物流业务对常规业务在库存配送、运输、加工等环节常常发生冲突，对供应、生产、营销、财务等业务也有一定的影响，在某种程度上，干扰着常规业务的顺利运转。逆向物流系统不像正向物流系统，逆向物流系统回收产品的供应通常不由企业决定，回收产品的数量、质量以及回收时间等通常是由产品的零售商或最终顾客决定的。他们的供应是分散的并带有很大的不确定性，从而导致非经济批量流，会增加企业的运输和处理成本，也使那些使用逆向物流回收材料来生产新产品的企业，难以制订完整连续的生产计划。另外，我国企业回收产品的再分销没有成熟的专业化二手市场和稳定的顾客群也是企业实施逆向物流的障碍。

（三） 逆向物流效益方面

我国实施逆向物流的企业，产品回收等逆向物流业务常常不仅没能带来经济利益甚至还造成亏损。因为在逆向物流初期，需要投入较多的资金和人力、物力，而且企业宽松的回收策略处理不当可能增加企业的经营风险以及回收技术的不成熟、相关法规的不健全等原因，都极有可能造成企业经济上的亏损，而这也是导致企业严格退货政策的原因之一，这种消极的退货政策阻碍着逆向物流的有效运作。这种狭隘和只顾眼前利益的传统退货政策不仅不能解决居高不下的退货率，还会导致供应链系统中存货量的加大和企业市场份额的下降。而企业逆向物流的有效实施和积极政策，不仅可以使适合的产品得到回收，以免危害环境，还可以为企业保持老顾客，吸引新顾客，创造顾客价值，增加企业的竞争优势等做出贡献。所以，必须以长远的目光，从企业的战略目标出发，看待企业逆向物流的建立问题，应认识到逆向物流对形成远期企业竞争的优势。

（四） 逆向物流信息系统方面

逆向物流信息系统的缺乏，是我国逆向物流发展面临的又一严重问题。信息技术在逆向物流中起着至关重要的作用。由于逆向物流管理显著的不确定性和复杂性，因此，建立为逆向物流服务的资讯系统，提供准确、充足的回流产品信息流对逆向物流的顺利完成十分必要。然而逆向物流信息系统的建立绝非易事，需要强大的信息系统和运营管理系统的支持才能有效。

二、国内外对逆向物流的研究

（一） 国外对逆向物流的研究

对"逆向物流"（Reverse Logistics）较早的描述由 Lambert 和 Stock 在 1981 年提出，后来有许多研究者给出了各种定义。国外对逆向物流的最新权威定义主要有以下三种：①美国物流管理协会下属的逆向物流执行协会（Reverse Logistics Executive Council）2002 年的定义，与传统供应链方向相反，为恢复价值或合理处置，而对原材料、中间库存、最终产品及相关信息从消费地到起始点的实际流动而进行的有效计划、管理、控制的过程。其后在供应链全景——物流词条术语2003年9月升级版中进一步将逆向物流解释为：由于修理和信誉问题，对售出及发送到顾客手中的产品和资源的回流运动实施专业化的物流管理。②2003年欧洲逆向物流工作组将逆向物流定义为：计划、实施和控制原材料、中间库存、最终产品从制造、分销或使用点到恢复点或适当处置点的过程。③美国学者 Rogers等在综合别人研究成果的基础上指出，逆向物流是从消费点到起源点的物料、在制品库存、成品和相关信息的流动进行设计、实施和控制的过程，其目的在于对物料重新获取利润或进行恰当处理。

国外学者对逆向物流的研究不仅起步较早，而且涉及了物流领域的许多方面。

（二）国内对逆向物流的研究

我国物流业起步较晚，在逆向物流的服务水平和研究方面还处于初级阶段，人们对它的认识还非常有限，和发达国家相比，无论是在观念认识上还是政策制定和技术发展上几乎都有一定的差距。国内对逆向物流问题的认识和理解是最近几年才开始的，而且研究工作主要集中在学术界方面。2002年，米宁研究了产品回收网络规划，姚卫新对再制造产品进行了分析。2003年，张敏等进行了退货管理系统设计方面的研究，姚卫新、胡继灵、邹辉霞等进行了逆向物流管理方面的研究，肖文等研究了产品回收再利用物流网络及其分类。周廷美在《包装物流概论》一书中，将包装和物流结合起来研究，阐述了生态循环的社会，包装再循环使用对企业与社会的影响及包装再循环的技术。黄祖庆等给出一个需求和退货从 Poisson 分布的随机库存优化模型，推导出最优订货量和期望收益的表达式及求解算法，并分析了退货率、库存成本、缺货损失参数对模型的影响，通过数值运算得出退货率对模型有明显影响的结论。顾巧论、右连栓等基于博弈论对于逆向物流供应链的定价策略进行了分析研究。黄祖庆、达庆利等研究了销售商对退回产品基于定期和定量两种不同处理方式的最优库存控制模型。在回收产品分拣法方面，国内学者主要集中在电子和汽车两个产业，并较系统完善。

我国学者对逆向物流的理论发展、实施等方面做了大量的研究，但我国企业目前还没有建立合理的逆向物流系统，在企业经营中未足够重视逆向物流，相关的逆向物流经验和逆向物流运作模式比较薄弱，造成我国企业逆向物流难以规模化实施；我国企业很少对逆向物流过程进行全程跟踪，信息系统的应用并没有普及到逆向物流的流程中；企业管理层的不重视，信息系统的不完善等已成为我国企业承包逆向物流管理中的重大障碍。

三、提高我国逆向物流发展水平的国内外策略研究

我国逆向物流的发展还处在非常落后的阶段，欧美日等发达国家和地区对于逆向物流的发展优于我国，主要体现在适用逆向物流的法规、产品的回收工艺、逆向物流的信息管理系统和整个社会的环保意识等方面上。如何迅速提高我国逆向物流发展水平，针对逆向物流问题的几个方面，国内外学者的相关策略研究如下：

（一）加强社会和企业的逆向物流意识

提高全社会的社会环境保护意识，使逆向物流有发展的空间。国家应通过媒体宣传提高全社会的环境保护意识，使公民养成自觉将物品回收和购买用再生材料制作商品的意识。同时通过对产品的回收利用，不仅可以创造客观的经济效益，保护环境，而且可以树立企业的绿色形象，创造巨大的社会效益。逆向物流的成功运作不但需要国家在宏观环境上的支持，更需要企业和人民的重视和支持。目前我国对于废旧物品的危害和回收价值认识不足，是导致回收逆向物流在我国发展的一大障碍。如果不加强全社会尤其是企业的逆向物流意识，逆向物流的实施与监督就非常困难。

（二）加强逆向物流业务管理活动

逆向物流正常运作的管理活动是逆向物流不可或缺的组成部分，国内外许多学者对此进行了研究。在国外，Fleischmann 等认为逆向物流管理活动包括三类：配送规划（运输问题）、库存管理和产品规划。Dethloff 和 Jayaraman 等认为逆向配送的研究主要集中于逆向渠道的选择以及逆向渠道和正向渠道的整合。Savaskan 等在原有的研究基础上，着重考察了从消费者手中回收产品的逆向渠道结构问题。逆向物流的渠道结构在很大程度上会影响逆向物流的效率。基于这些研究成果，有关逆向物流管理活动中的配送规划、运输问题在实践中获得了应用。对于库存管理的研究有确定性模型和随机性模型两种。Inderfurth 等认为随机性库存管理研究主要考虑了逆向物流中再制造产品的交货周期、回收产品的流入不确定等因素时的库存策略。在国内，黄祖庆和达庆利探讨了回收物品可直接再利用

的库存控制策略模型，在需求与退货均服从泊松分布的前提下提出了一个最优订货模型和求解。

（三）深化逆向物流的效益原则

现代物流涉及了经济与生态环境两大系统，架起了经济效益与生态环境效益之间彼此联系的桥梁。在国外，Madsen、Guide 等指出对于制造企业，成本节约是企业的重要目标，如果能够很好地管理逆向物流从而降低成本，企业可获得成本竞争优势。Stock 认为逆向物流不仅能够为企业降低成本，带来直接经济效益，还能够不断完善产品，改善企业形象，提高企业竞争优势等，带来多方面的间接经济收益。在国内，王长琼从降低成本、提高服务与竞争力、提高环境业绩与企业形象等经济价值角度，说明了逆向物流存在的必要性和价值意义。

（四）深化逆向物流的信息化原则

尽管逆向物流具有极大的不确定性，但是通过信息技术的应用（如使用条形码技术、GPS 技术、EDI 技术等）可以帮助企业大大提高逆向物流系统的效率和效益。在国外，Thierry 等认为逆向物流的不确定性使其需要强大的信息系统支持，为降低不确定性，提高回收作业的效率，管理系统需要特殊的信息来进行预测。Kokkinak 等特别关注了逆向物流活动与信息技术两者之间的关系，分析逆向供应链中的信息收集以及逆向物流的信息系统之间的交互活动，在此基础上引入了三种适用于逆向物流的电子商务模式。这三种电子商务模式下的逆向物流正是基于现代计算机网络技术的发展而蓬勃开展起来的。在国内，也有一批学者就我国企业逆向物流活动与信息化手段的结合做了深入的研究，其中具典型性的主要有：赵黎明等认为，准确快速的信息、先进的技术是逆向物流顺利进行的重要条件，必须建立为逆向物流服务的 IT 信息系统；王福才等通过分析逆向物流与信息技术的关系，探讨了基于信息技术的逆向物流流程，构建了一个基于信息技术的逆向物流实施网络。

（五）深化逆向物流的绿色原则

逆向物流之所以受到越来越多的专家学者和企业的关注，主要原因在于它能够实现"绿色"原则，也称为"5R 原则"，即 Reduce——节约资源，减少污染；Reevaluate——绿色生活，环保选购；Reuse——重复使用，多次利用；Recycle——分类回收，循环再生；Rescue——保护自然，万物共存。很多学者从环保、生产者责任、循环经济等多角度论证了逆向物流的绿色原则。在国外，Carter 等提出逆向物流是企业通过再生（Recycling）、再利用（Reuse）和减量（Reduce）从而在环保方面保证更有效率的过程。Christian Gotzel 等以德国的部分制造公司为研究对象，着重强调循环利用物料的环保效益。在国内，向盛斌着重从环境伦理方面论述了逆向物流管理的必要性，强调要达到保护社会环境的最终目标，必须加强政府管制。

参考文献

［1］李杏元，张坤. 绿色模式下的逆向物流研究［J］. 物流技术，2009（3）.

［2］王长琼. 国外逆向物流的经济价值及管理策略初探［J］. 外国经营与管理，2003（8）.

［3］向盛斌. 逆向物流与环境保护［J］. 物流技术，2001（1）.

［4］Blanc H M, Fleuren H A, Krikke H R. Redesign of a recycling system for LPGtanks［J］. OR Spectrum, 2004（26）.

［5］Sheu J B, Chou Y H, Hu C C. Anintegrated logistic operational model for green - supply chain management［J］. Transportation Research Part E., 2005（41）.

［6］Christian Gotzel, Jeannine Weidling, Gerald Heisig, Karl Inderfurth. Product return and recovery concepts of companies in Germany［J］. Preprint 31/99 University of Magdeburg, 2001（2）.

江西省冷链物流发展趋势研究

余浩宇　　徐细凤

摘　要：冷链物流是比一般物流更复杂的物流过程，要求食品及药品物品从生产、流通到销售全过程处于低温环境中。冷链物流分为冷藏和冷冻，不同的物品所需要的温度条件不一。江西省是农业大省，冷链物流的发展对于江西省农业发展具有至关重要的作用。江西省冷链物流处于起步阶段，在发展过程中有其优劣势，同时也会遇到很多机遇和挑战。在现有江西省冷链物流条件下，应加强江西省冷链物流的建设。

关键词：冷链物流　农产品　SWOT 分析

随着经济的快速发展及近年来食品安全事故的频发，食品安全已经成为大众日常生活中非常关注的问题，食品安全与物流的唯一联系是冷链物流。对于冷链物流行业来说，"十二五"规划期间，冷链物流发展迅速，冷链物流企业在"十二五"规划期间进行了较好的结构调整和产业升级，在接下来的"十三五"规划中，江西冷链物流要抓住机遇，发挥自身优势，确定核心能力，在未来市场竞争中占据一席之地，任务还很艰巨。江西省位于我国东南部、长江中下游交接处南岸，地处北纬 24°29′~30°04′，东经 113°34′~118°28′，东邻浙江、福建，南连广东，西接湖南，北毗湖北、安徽，南北长约 620 千米，东西宽约 490 千米，隶属华东地区，地理位置良好，怎样发展江西冷链物流就成为关键的问题。

原文刊登于《江西企业家》2015 年第 4 期。

【作者简介】余浩宇：财贸系商务教研室主任，副教授，研究方向：国际贸易、物流管理；徐细凤：财贸系助教，研究方向：物流管理。

一、冷链物流及其特点

冷链物流是指冷藏冷冻类食品及药品在生产、储存、运输、销售，到消费之前各环节始终处于规定低温环境下，以保证食品及药品的质量，减少食品及药品损耗的一项系统性工程。随着科技的进步、制冷技术的发展，冷链物流是一门以冷冻工艺学为基础、以制冷技术为手段的低温物流过程，一般分为冷藏和冷冻，冷藏物流适用物品有水果、蔬菜、蛋类，花卉、奶制品、药品及疫苗等；冷冻物流适用物品有肉类、禽类，水产品、速冻食品及冰制品等。

冷链物流作为物流的一个分支，具有一般物流的特点，也具有自身特色。冷链物流与一般物流最大的不同点：冷链物流在整个物流期间对温度具有严格要求，温度变化幅度也有严格规定，除此之外，冷链物流还有如下特点：①前期投入大，技术要求复杂；②整个冷链物流环节需要高度的协调性，对"断链"容忍性低甚至不允许断链情况的出现；③冷链物流物品季节性较强，冷链物流市场经营规模小，网络分散；④从业人员要求专业素质较高，但实际从业人员素质低下，复合型专业从业人员极度缺乏。

二、江西省冷链物流发展环境 SWOT 分析

江西省冷链物流发展情况受各方面因素的影响，除了宏观经济环境的影响，也受中微观经济的制约。改革开放的力度越来越大，国际经济形势在一定程度上也会影响江西省冷链物流的发展。下面我们运用 SWOT 分析方法对江西省冷链物流发展环境所具有的优势、机遇进行深度分析，探究江西省冷链物流发展过程中遇到的劣势和挑战，从而确定江西省冷链物流未来的发展战略。

（一）优势分析

1. 江西省冷链物流市场潜力巨大

江西省是农业大省，每年要生产大量的蔬菜、水果，由于冷链意识不强，水果蔬菜的腐坏率较高。我国果蔬腐坏率在 20% ~ 30%，而江西省果蔬腐坏率远远高于

全国平均水平，是美国果蔬腐坏率1%～2%的30多倍。易腐食品、药品的市场需求越来越大，由于这些物品的特殊性，必须由冷链物流来完成整个物流过程。

2. 食品药品安全和冷链管理受到重视

经历过诸多食品药品安全事故之后，大众对于食品安全更加重视，食品安全已成为大众日常关注的话题，而食品、药品安全问题往往出现在流通环节。随着人们对食品、药品安全意识的提高，将更多地关注食品、药品的生产、流通、销售环节，这就促使企业对食品药品的物流环节进行更多的关注。

3. 冷链物流在江西省农业发展中具有非常重要的地位

江西省是农业大省，果蔬是江西省部分人民很重要的经济来源。江西省人民政府发布的《江西省现代物流业"十二五"发展规划》中对鲜活农产品出台了绿色通道优惠政策，货物进出口的物流时间明显缩短，费用大幅下降。

（二）劣势分析

1. 完整独立的冷链体系尚未形成

田间采后预冷—冷库—冷藏车运输—批发站冷库—超市冷柜—消费者冰箱是一条完整的冷链，从蔬菜的采摘、储存、运输到消费全程处于低温状态，只有这样才能达到损耗最低。江西省甚至是全国都没有形成完整独立的冷链体系，"断链"情况极其严重，这样就导致江西省蔬菜的损耗率较高。

2. 冷链设施不足，设备陈旧

2013年江西省建成投入运营冷库储存能力2.5万吨，占华东地区的比重为3%，占全国的比重为0.9%，截至2013年底冷库总储存能力是38.6万吨，占华东地区的3.6%，占全国的比重为1.6%。江西省冷链设备大部分是由旧设备改造而来的，制冷效果不佳，同时冷链发展分布不均衡，无法为需要冷藏冷冻的食品、药品提供低温保障。

3. 第三方冷链物流发展滞后

江西省内需要冷链的食品和药品大部分是由生产商和经销商来完成的。第三方冷链物流发展滞后，服务水平不高，商品冷链成本和损耗双高。大部分的第三方物流企业以中小型企业为主，实力弱、服务标准不一，很难进行资源整合。

（三）机遇分析

1. 加强与国外成熟冷链物流企业的合作，寻求国内先进冷链物流企业共同进步

国外成熟的冷链物流企业运作经验丰富，管理技术先进，引入国外规模完善

的冷链物流企业可加速江西省冷链物流企业的发展。加入世界贸易组织以后，国外先进的物流企业也逐渐进入中国，它们对巨大的冷链物流市场具有极大的兴趣，而江西作为农业大省，冷链物流的发展势必要借助国外示范性冷链物流企业的帮助，同时可以和国内先进冷链物流企业合作，寻求共同进步。

2. 与国际接轨加快江西省冷链物流标准的制定与规范

国外先进的冷链物流企业进入我国，势必促使我国冷链物流企业加快发展，江西省也应加快冷链物流产业的发展，为了跟上国际形势，更好地和国外的先进企业进行合作，江西省冷链物流行业可以参考国际冷链物流行业标准，制定符合我国、江西省的冷链物流标准。

（四）挑战分析

国外及国内先进冷链物流企业进入江西省市场，市场竞争激烈。江西省冷链市场巨大，已经有很多国外以及国内的先进冷链物流企业进入，这对本土冷链物流企业是个不小的打击，本土冷链物流企业只有加速发展，才不会被市场淘汰。

三、江西省冷链物流现状及存在的问题

（一）冷链物流"断链"问题严重

由于食品、药品的特殊性，一旦出现"断链"，食品、药品的安全性就无法得到保证。企业在设备的完善、规范物流操作方面没有给予足够的重视。"断链"的出现，在短期内对食品、药品可能造成不了毁灭性的破坏，但是随着时间的推移，前期的"断链"会给食品、药品后期造成很严重的危害尤其是药品及疫苗。对于果蔬经销商来说，短期的"断链"不会导致果蔬的腐坏及其变质，所以其对设施设备的完善需求不迫切。在利益的驱动下，使得"断链"在现实情况中时有发生。

（二）冷链物流行业人才匮乏，从业人员资质不高

江西省低温食品需求巨大，但是在供应链上，综合性冷链物流人才成为制约

冷链物流行业发展的"瓶颈"。在江西科研高校中，物流专业开设得较晚，开设冷链物流方向的高校少之又少，在物流专业的培养方案中设有冷链物流相关课程的学校凤毛麟角。据调查，冷链物流行业从业人员高中及以下学历占到70%左右，生产部门比例最高。冷链物流行业人才匮乏，以氨制冷专业来说，由于氟利昂制冷应用的出现，氨制冷专业技术人才极其匮乏。专业人才短缺，操作人员文化程度低，工人等级教育程度低，都成为制约冷链物流发展的重要因素。

（三）冷链物流设备设施落后，后续设备跟进缓慢

据调查，江西省只有不到1/5的生产企业设有封闭式的冷库分拣区，并对分拣区进行温度控制。批发企业多数因冷库建成时间久远，都没有封闭冷库分拣区和装卸货月台等设备设施，在冷藏车上配有GPS定位系统以及温度控制仪的比例较低。

（四）冷链物流市场化程度低，第三方物流企业积极性不高

低温食品、药品的运输大部分是由生产商和经销商来完成的，很少有第三方冷链物流企业参与。一方面，第三方冷链物流企业服务水平低，整合资源能力弱，生产商、经销商不愿意用第三方冷链物流企业。另一方面，冷链物流成本高，生产商、经销商不愿意支付高昂的费用，导致第三方物流企业对冷链物流积极性不高。

（五）冷链物流信息化程度低，供应链上的企业信息交流不足

冷链物流行业处于起步阶段，大部分企业还处在硬件投入时期，对冷链物流信息化意识薄弱，只有少部分企业能实现产品的追溯。部分果蔬企业收购了上游农户的农产品，由于和下游企业签订了合同，直接让物流供应商送货上门，根本不关心商品预冷以及具体的运输信息等。参与生产、运输、配送、销售的企业良莠不齐，尚未有统一的信息平台，而企业内部的监控系统也没有和企业自身的生产环节进行有效整合，系统集合水平低下，也是企业间信息共享化程度低下的原因。

（六）消费者对冷链食品的消费意识薄弱

江西省冷链物流发展缓慢的重要原因是消费者对冷链食品、药品的消费意识

薄弱。许多冷链物流企业尤其是零售业企业反映，消费者对冷链食品并不关注。处在供应链末端的消费者对冷链食品意识不强，对冷链知识掌握程度较低。很多消费者只是凭着自己的直觉去挑选那些认为物美价廉的商品，根本不关注食品是否处在冷链环节，也不愿意为冷链食品提供额外的费用；消费者认为，冷链食品是对资源的浪费，根本没有存在的必要，这种中国式的消费方式使得严格的全程冷链服务得不到市场的认可。消费者缺乏对冷链食品价值的正确认识甚至觉得是资源浪费，这种观点严重地制约了江西省冷链物流的发展。

四、江西省冷链物流发展展望及对策

（一）积极建立和完善冷链物流标准体系

冷链物流比一般物流具有更高的要求，实施难度更大，更需要统一的操作规划和标准来引导和协调。政府虽然很关心和支持冷链物流的发展，但在标准制定过程中仍然存在很多问题。冷链物流标准的制定更多地集中在生产环节，流通、销售环节的标准较少，而冷链物流需要高度的协调性才能完成冷链物流的全过程，这就需要信息化方面的标准，否则不利于冷链物流全程系统监控的实现。

在冷链物流标准的制定方面，不仅要注重数量，也要注重质量，尽力做到与国际接轨，形成一套科学化、系统化的冷链物流标准体系，满足冷链物流行业的需要。在这方面的主要工作有：①尽快制定出一套完善的冷链物流流通、销售方面的标准；②加快冷链物流信息和管理标准的制定；③让冷链物流企业参与冷链物流标准体系的制定，提高企业的竞争力和影响力。

（二）积极鼓励发展城市共同配送

江西省冷链物流配送发展缓慢。如何提高冷链物流配送效率，降低配送成本，对改善江西省冷链物流体系现状，满足人民生活需求意义重大。积极发展共同配送模式，不仅可以保证江西省低温食品、药品安全，提高质量；还可以降低企业管理风险，提高企业核心竞争力，提高配送效率，降低物流成本，促进社会资源配置，实现绿色物流。建立一个具有公信力、透明、可视化的信息平台，积极推进共同配送。

（三）积极扶持第三方冷链物流企业，规范冷链物流市场

江西省要积极发展第三方冷链物流。大中型企业应和中小型企业进行同业整合，注重与生产企业结盟，实现供应链协同管理、整合销售渠道，开展区域配送业务、加强信息化建设。一方面加强硬件的投入，包括路网、飞机场、大型冷藏仓库、冷藏配送中心等；另一方面加强信息化建设，同时鼓励第三方冷链物流企业应用信息技术，构建综合的冷链物流信息网。此外还要加大科研院校相关专业的投入，致力培养高素质的物流人才。

（四）加快冷链设施设备的更新与完善

鼓励企业在现有技术和现有低温冷藏设备的基础上，通过建设或改建，拥有一批节能环保高效的冷库。重点加强产地预冷设施，销地封闭式接货通道设施设备的建设，减少两端"断链"情况的发生。

（五）加快冷链物流的信息化建设，积极促进冷链信息全链畅通

通过建立区域性各类生鲜食品的公共服务平台，实现数据交换和资源共享，优化冷链资源配置，鼓励企业进行信息化建设，提高冷链物流信息化管理的水平。推广应用条形码，RFID 技术等，建立生鲜产品质量安全全程控制系统平台。

（六）加快人才储备，培养专业人才

解决涉氨专业人才短缺的问题，恢复江西省大专院校制冷专业相应课程。加强全省涉氨单位操作人员技术培训讲授安全规程，安全操作和事故案例分析以及事故抢救和救护、自救的相关知识，使操作员提高安全意识和事故处理能力。

（七）积极向消费者宣传冷链知识，促进冷链终端需求

冷链物流市场需求决定了冷链物流的发展。因此，通过向消费者宣传冷链意识，促进终端消费，可以带动整个行业的发展。为加强消费者冷链意识，可以通过加强对冷链食品重要性的宣传力度，提高消费者对冷链食品的认知程度，从而在选购产品时，会有意识地去对比冷链食品与非冷链食品，通过食品的追溯，让

消费者从源头了解冷链食品的益处。零售终端是有效传递信息的媒介，通过提高终端工作人员的素质和改善基本硬件条件，加强终端管理，提高消费者对冷链食品的认可度。

参考文献

［1］李佳洁，李江华，商跃．北京市冷链物流报告［M］.中国标准出版社，2015.

［2］中国物流技术协会，中国物流与采购联合会冷链物流专业委员会．中国冷链物流发展报告［M］.中国财富出版社，2014.

［3］李学农．我国农产品冷链物流现状及发展趋势［J］.综合运输，2010（4）.

［4］郝书池．我国冷链物流发展前景及对策［J］.中国物流与采购，2010（7）.

［5］刘伟华．三大趋势引领我国冷链物流发展方向［N］.国际商报，2008 - 05 - 19.

海尔物流现代化管理

周　微

摘　要： 互联网的迅猛发展及其所创造的无与伦比的效率与价值，使原有的物流运作形式被淘汰了或者向综合化、纵深化方向发展。本文将简析海尔物流企业如何使用现代化的科技手段，提高其物流管理的水平。

关键词： 海尔　物流　现代化

一、传统物流和海尔现代化物流之间的不同点

（一）传统物流企业存在的缺陷

1. 物流服务功能单一、服务意识不强

传统物流企业仍然以仓储、运输为主，服务意识没有提高。功能比较单一，很少有企业能够提供系统化的物流服务。

2. 管理水平低下

传统物流无论是管理水平或方式，与现代的物流企业相比还有一定差距，很难符合客户的差异化需要。

3. 信息化程度低

高效的物流运作是以现代化的信息管理系统为基础的，传统的物流企业还是采用纸张、电话、传真、对讲机等方式传递信息。

原文刊登于《江西企业家》2014 年第 4 期。

【作者简介】周微：财贸系讲师，研究方向：贸易经济、金融。

4. 资源整合力度不够

提供高效的物流服务，必须要有高效的链状服务供应的组合，保证做到"无缝隙"的物流服务。传统物流企业基本上还各自为政，不愿意跟别的企业协同合作。

5. 标准化程度太低

传统的物流企业使用的设备在设计、制造时没有统一的标准，为多式联运和降低物流成本增加了不必要的硬件障碍。

（二）两者之间的优势和劣势

传统物流与现代物流优劣势最主要区别在于，其各个环节相互割裂，没有整合。

1. 传统物流只是提供简单的位移，现代物流提供的还有增值服务

传统物流是按生产和销售部门的要求进行保管和运输。现代物流是现代化的仓库、交叉理货平台和信息网络的结合体，个性化服务特征明显，可以为客户量身定做。物流企业提供的服务不仅包括运送，还增加了一系列增值性服务，如分配、包装、仓储等。

2. 传统物流侧重由生产企业到批发企业和零售企业的物流运动，是点到点或线到线的运输，运输工具单一

现代物流业是厂商直接与终端用户打交道，提供的是一种门到门的服务，通过综合运输将产品送货到位，促使现代物流必须构建全球服务网络。

3. 传统物流是单一环节的管理，现代物流是整体系统化的管理

在传统物流业中，运输、仓储、货运代理等的企业物流环节各自为政，没有整合，无统一服务标准。现代物流业的首要问题便是整合资源，通过计划、管理、控制的过程，把各环节加以组织，以最少的费用、最高的效率、客户最满意的程度把产品送到用户手里。

二、海尔物流现代化所面临的情况

（一）国内专业化物流企业开始涌现，多样化物流服务有一定程度发展

近年来，我国出现的许多物流企业主要由三部分构成：

1. 国际物流企业不断涌现

这些国际物流公司为其原有的客户——跨国公司进入中国市场提供延伸物流服务，如丹麦有利物流公司为马士基船运公司及其货主企业提供服务。

2. 由传统运输、储运及批发贸易企业转变形成的物流企业

它们依托原有的物流业务基础和客户、设施、经营网络等方面的优势，通过不断拓展和延伸其物流服务。逐步向现代物流企业转化。如中外运所属天津空运公司，不断规范、调整和创新企业的物流服务，区域从天津市场扩展至全国，服务规模从最初的几笔货物发展到每月数百吨。

3. 新兴的专业化物流企业

如广州的宝供物流公司、北京华运通物流公司等。这些企业成为我国物流产业发展中一股不容忽视的力量。

在物流企业不断涌现并快速发展的同时，多样化的物流服务形式也有了一定程度的发展。以货运代理为例，如中外运，能够提供包括报关、商检、运输合同管理等专业化的物流服务。

（二）海尔物流基础设施和装备发展初具规模

在交通运输方面，海尔物流已经建成了由铁路运输、公路运输、水路运输几部分组成的综合运输体系，运输线路和场站建设方面以及运输车辆及装备方面都有了较大的发展。在仓储设施方面，除运输部门的货运枢纽和场站等仓储设施外，企业在零售业、制造业、快递业等仓储设施相对集中。

在信息通信方面，海尔集团已拥有电信网络干线光缆超过1万千米，并已基本形成以光缆为主体，以数字微波和卫星通信为辅助手段的大容量数字干线传输网络，其覆盖范围包括全国地市级以上城市和60%的县级市及大部分乡镇，并连通世界主要国际信息网络。这就使 EDI、ERP、MRP、GPS 等一些围绕物流信息交流、管理和控制的技术得以应用，提高了物流信息管理水平，促进物流效率的提高。

在包装与搬运设施方面，现代包装技术和机械化、自动化货物搬运技术在海尔已有比较广泛的应用，在一定程度上改善了海尔物流活动中心的货物运输的散乱状况和人背肩扛的手工搬运方式。海尔自主开发和研制的各种包装设备和搬运机械设备多达几十种，估计仅搬运机械设备制造业的年产值就达到2亿~3亿元。

（三）海尔物流现代化存在的主要问题

1. 条块分割的管理体制制约着物流业的发展

条块分割主要表现在：

（1）在运输管理体制上，公司实行的是按照不同运输方式划分的分部门管理体制，同时，从总部到分部也有相应的管理部门。这样造成了部门之间、分部之间的责任和权利的交叉，导致合作与协调的效率低下。这种条块分割体制无法适应和满足物流产业发展的要求，并影响和制约物流产业发展。

（2）物流产业涉及仓储、流通、外贸、海关、工商、税务等许多部门，在多头管理、分段管理体制下，受部门、地方利益牵制，相互之间有矛盾且难以协调一致，缺乏明确、统一、有效的管理。

（3）政企不分现象依然存在。如港政管理和码头经营合一，影响企业市场竞争能力提高，而且不利于港口建设和发展。

2. 物流基础设施和装备条件落后制约着物流业的发展

近年来，公司对基础设施的投入增加了不少，修建了许多仓库，但与海尔集团以及物流的发展相比，与外国的物流企业相比仍然有较大的差距，距离高效率的物流服务仍然存在一定的差距。

（1）基础设施布局不合理，不能充分发挥现有物流设施的效率。运输设施的区域布局不均衡，存在西部地区明显落后于东部地区的现象。使得铁路运输超负荷运载现象突出，用于物流的服务远远不能满足需求；各种运输方式之间尚未形成合理分工，市场范围交叉严重，在同类货源上进行盲目竞争，使得各种运输方式不能合理地发挥各自的优势。

（2）基础设施的技术水平低，物流作业效率低。我国在交通枢纽、公共储运设施、各种现代化物流中心等物流集散设施建设方面明显滞后，铁路运输高速、自动化管理仍处在起步阶段，高速公路较少，沿海港口的装备水平也参差不齐。

（3）运输的管理及组织技术落后。集装箱运输、公路联运、水陆联运等方式在外国物流企业普遍采用。而在海尔，这主要在外贸运输中使用，内贸运输多采用的是传统运输方式，海尔运输在技术上与外国企业仍然有较大差距。

（4）在专业物流设施方面，如物流中心、高架自动仓库等的建设上，海尔的设备普遍比较落后。现代化的集装箱、散装运输发展速度缓慢，高效专用的运输车辆少，且以中型汽车为主，能耗大、效率低，装卸搬运的机械化低，难以达到对物流过程合理、有效的控制。

3. 专业化物流服务的方式有限，海尔物流的经营管理水平有待提高

现代物流的功能是设计、执行以及管理客户供应链中的物流需求，其特点是依据信息和物流专业知识，以最低的成本提供客户需要的物流管理服务。尽管海尔已经向专业化靠近，但是，物流服务水平和效率还比较低。

（1）服务方式和手段比较原始和单一。多数业务服务仍停留在仓储、运输

和搬运上，仍处于传统物流阶段，而在流通加工、物流信息服务、库存管理和物流成本控制等物流增值服务方面，尤其在物流方案设计以及全程物流服务等高层次的物流服务方面还没有全面展开，现代物流服务的功能还未得到很好的发挥。

（2）物流组织缺乏必要的竞争实力。从事物流服务的企业，包括传统的运输和储运等流通企业和新兴专业化物流企业，规模和实力都还较小，网络化的经营组织结构尚未形成。

（3）海尔物流企业经营管理水平较低，物流服务质量有待进一步提高。海尔物流企业在信息收集、加工、处理、运用能力以及物流的专门知识、统筹策划和组织管理能力明显不足，与高效率低成本的现代物流服务比还有较大的差距，很难提供规范化的物流服务。

三、提高海尔物流的现代化进程效率策略探讨

（一）海尔物流"一流三网"和 JIT 配送、采购、分拨

1. 一流三网

"一流三网"充分体现了现代物流的特征："一流"是以订单信息流为中心。"三网"分别是全球供应链资源网络、全球配送资源网络和计算机信息网络。"三网"同步流动，可为订单信息流的增值提供支持。

在海尔，仓库不再是储存物资的水库，而是一条流动的河。河中流动的是按单采购来生产必需的物资，也就是按订单来进行采购、制造等活动。这样从根本上消除了呆滞物资、消灭了库存。

海尔集团每个月平均接到 6000 多个销售订单，品种达 7000 多个，需采购的物料品种达 26 万余种。在这种复杂的情况下，海尔物流整合资源，呆滞物资降低了 73.8%，仓库面积减少了 50%，库存资金减少了 67%。海尔国际物流中心货区面积 7200 平方米，但它的吞吐量却相当于普通平面仓库的 30 万平方米。同样的工作，海尔物流中心只有 10 个叉车司机，而一般仓库完成这样的工作量至少需要上百人。全球供应链资源网的整合，使海尔获得了快速满足用户需求的能力。

海尔通过整合内部资源优化外部资源，使供应商由原来的 2336 家优化至 840家，国际化供应商的比例达到 74%，从而建立起强大的全球供应链网络。GE、

爱默生、巴斯夫、DOW 等世界 500 强企业都已成为海尔的供应商,有力地保障了海尔产品的质量和交货期。

2. JIT 配送、采购、分拨

由于物流技术和计算机信息管理的支持,海尔物流通过 3 个 JIT,即 JIT 采购、JIT 配送和 JIT 分拨物流来实现同步流程。通过海尔的 BBP 采购平台,所有的供应商均在网上接受订单,使下达订单的周期从原来的 7 天以上缩短为 1 小时内,而且准确率达 100%。除下达订单外,供应商还能通过网上查询库存、配额、价格等信息,实现及时补货,实现 JIT 采购。

为实现"以时间消灭空间"的物流管理目的,海尔从最基本的物流容器单元化、集装化、标准化、通用化到物料搬运机械化开始实施,逐步深入到对车间工位的五定送料管理系统、日清管理系统进行全面改革,加快了库存资金的周转速度,库存资金周转天数由原来的 30 天以上减少到 12 天,实现 JIT 过站式物流管理。生产部门按照 B2B、B2C 订单的需求完成以后,可以通过海尔全球配送网络送达用户手中。海尔的配送网络已从城市扩展到农村,从沿海扩展到内地,从国内扩展到国际。全国可调配车辆达 1.6 万辆,可以做到物流中心城市 6~8 小时配送到位,区域配送 24 小时到位,全国主干线分拨配送平均 4.5 天,形成全国最大的分拨物流体系。

计算机网络连接新经济速度在企业外部、海尔 CRM(客户关系管理)和 BBP 电子商务平台的应用架起了与全球用户资源网、全球供应链资源网沟通的桥梁,实现了与用户的零距离,还直接提升了物流过程的精细化水平,达到质量零缺陷的目的。

(二) 把握市场动态,制定科学的发展战略

加强公司标准化物流信息系统建设,通过信息技术手段将供应链上的各个环节连接成一个整体,这就需要在相关方面实现标准化。相关软件也需要对融入格式、流程等方面实行行业标准,消除不同企业之间的信息沟通障碍,为企业物流信息系统的建设创造环境。

在国内物流市场取得领先地位的企业,国际化战略是使企业强大的必由之路,如何努力创造属于中国的物流品牌,这是一个长期的过程。

(三) 加大信息投入,提高信息在企业发展中的含金量

随着信息技术的迅速发展,现代物流的内容不断丰富和发展。因此,海尔物

流大量的资金建设应从物流信息系统方面入手。

推进物流公共信息平台的建设，通讨对各个区域内物流相关信息的采隼，为生产、销售及物流企业等信息系统提供基础物流信息，满足企业信息系统对物流公用信息的需求，实现企业信息系统各种功能。

实现与传媒经济的有效对接。从国外的经验来看，生产的社会化和专业化协作，形成物流产业与上游厂家、商家、传媒业的密切配合，是现代物流快速发展的必要条件。因此，积极利用传媒效用宣传物流，实现现代物流与传媒经济的有效对接，才能创建新型的物流发展平台。

移动电子商务发展探析

罗　娜

摘　要： 移动电子商务是移动的信息服务以及传统的电子商务相互融合的产物。随着我国各大运营商基站的大幅建设以及无线互联网的大力发展，现在的城市里到处都可以满足高速上网的需求，这些移动的信息服务的建设为移动电商的迅速发展提供了可能。如今移动电商的销售额已经不容小觑。本文从我国移动电子商务的现状以及特点出发，对移动电子商务做出了相应的探讨，也对未来的发展提出了建议。

关键词： 移动电子商务　移动支付

近些年来，随着智能手机普及的热潮席卷全球，我国的智能机用户人数也大幅攀升，区别于以往的电脑终端，手机等移动端成为网络流量的重要流量入口。以往在 PC 端的网上支付、网购、买票、娱乐等服务，现在都可以通过移动电子终端完成。这一系列变化也带来了以前所没有的新问题，如移动网络安全性、移动技术问题等，这些问题仍然值得我们去探索和解决。电子商务的规模如图 1 所示。

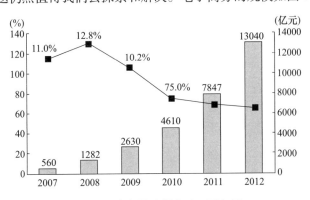

图 1　网购交易总额突破 1 万亿元

原文刊登于《江西企业家》2014 年第 4 期。

【作者简介】罗娜：信息工程系讲师，研究方向：计算机应用，电子商务。

一、移动电子商务的定义

移动电子商务是通过智能手机、便携式电脑、掌上电脑，如 iPhone、iPad 和 Android 等移动设备终端以及无线通信模块所进行的电子商务活动，它是无线通信技术和电子商务技术的有机统一体。移动端的快速发展使得移动电商的规模迅速增长，而且随着硬件和软件等性能的提升，移动电子商务的功能也在不断拓展，如网上银行、LBS、微信等。

二、当前移动电子商务的现状

我国的移动电子商务已经突破千亿元的交易规模，增长的速度与增长后的规模是人们远远没有想到的。以前的一些限制条件，如智能手机价格、网速的提高、无线上网资费的下调还有传统电子商务向移动端的转移都为移动互联网的发展提供了良好的基础。

（一）手机网民人数不断增加

现在，随着我国经济的快速发展以及智能手机价格的不断下降，使得越来越多的人开始使用电脑来进行网上的信息服务，使用手机上网成为上网的主流方式，移动互联网终端的接入使得电子商务的应用也越来越广泛，移动电子商务的发展出现新的格局，如图 2 所示。

（二）移动端的设备性能不断完善

随着智能手机还有平板电脑的快速普及，广大消费者对于智能终端本身的选择范围也越来越大，如今对于移动端所能提供的内容已经成为消费者在移动终端选择上的重要的参考内容。更薄的机身、更注重细节的设计、更好的用户体验已经是未来移动智能端的发展趋势，随着云计算、云储存等新的技术概念的兴起，未来的移动端的功能也会越来越全面。

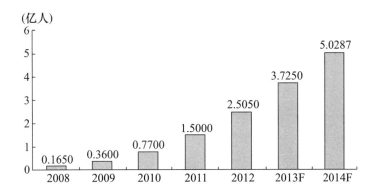

图2　中国移动电子商务用户规模达 2.5 亿人

注：F 为预测数值。

（三）移动电子商务各方面的应用不断演化

在软件以及硬件的高速发展的基础上，移动电子商务的触角不断延伸，基本已经涵盖人们生活的方方面面，如它涵盖了金融、信息、娱乐、旅游和个人信息管理等领域。其主要应用领域包括网上银行业务、网上订票、网络购物、娱乐服务、网络比价、信息推送与分享等。智能手机的推广应用使得基于智能手机的软件平台大力发展，各种各样的软件越来越多，使得 APP 的数量浩如烟海。这些方面的进步都为移动电子商务的发展奠定了良好的基础。

三、目前移动电子商务中所存在的问题

（一）移动端的网络安全问题

移动电子商务由于会涉及交易人的有关金钱方面的信息问题，所以移动电子商务在使用的时候网络的安全性也就变得至关重要。而且移动电子商务的安全问题还在很大的程度上与传统的电子商务的安全问题有所不同。移动电子商务的交易一般是通过移动端来绑定银行卡来与卖家进行，由于使用网络完成信息的交换，使得诸如密码破解、克隆信息、木马病毒等一系列的安全问题都有可能对于移动电子商务的移动支付的安全有相应的漏洞，进行移动电子商务的移动端一般都是电脑、智能手机、平板电脑等，这些电子设备本身的安全性以及在使用过程中是否遵守相关的安全操作的相关问题都是移动电子商务安全保障的前提条件。

（二）移动电商的移动支付机制问题

随着各方面的相关条件不断地完善，移动支付方式已经成为电子支付的重要使用习惯，虽然大部分人都养成了这方面的习惯，但是也存在一些支付机制上的问题。

在很多第三方支付方面，虽然在一定程度上解决了关于支付安全和支付费用等方面存在的问题，但是在第三方支付的市场上由于竞争激烈，使得很多支付公司的生存也存在一系列问题。如在银行支付方面，互联网的技术发展使得银行也不得不改变传统的服务客户的思维习惯，开始在服务上做些改进，为了多开一些卡，完全不顾相关的责任条款，为以后的服务埋下了相应的隐患。实力不济的电商公司和不规范的第三方支付公司，由于交易规模巨大，也在很大程度上透支移动电商的生命力，使得这种电子渠道的安全性得不到相应的保障。

（三）移动电子商务的移动终端存在一定的技术问题

智能机由于功能强大，屏幕较大，各种服务很大程度上需要依赖手机终端和互联网进行相应的数据连接，数据的交换是智能服务得到最好的用户体验的前提条件，所有这些行为的发生最后都会造成一个结果，那就是智能机的电池不够用，对于平板电脑来说也有同样的问题。还有就是网络信号覆盖的问题，信号还不能保证全地域的覆盖；对于移动电子商务的支持性的设备技术研发也还需要加快速度。

四、对于未来移动电子商务的前景分析

（一）交易规模继续扩大

随着现在类似苹果、三星的手机设计越来越好，功能和相关的服务也越来越全面，使得越来越多的网民都选择在手机的界面完成电子商务的购买、下单和支付等一系列环节。

由于突破了以往的时间和空间上的限制，可以更方便和快捷地完成购买意愿，而且智能手机的功能在很短的时间就可以有一个代际的提升，随着我国各方面条件的成熟，移动电子商务的网购规模也会出现新的增长。移动购物的安全问题也会得到相应的改进，对于购物者来说，将不会成为关键的影响问题。

（二）基于 LBS 的服务将会带来更大的服务商机

刚刚兴起的 LBS 服务其实就是通过网络的 GPS 定位功能，使得可以基于用户的实时位置为搜索条件，进而对于周边的商业、休闲和相关的金融服务进行筛选，实时位置的技术也为基于用户的位置来进行相关的广告投放有了相应的市场需求，进而多方都可以从中受益。如基于位置信息，用户进行搜索的服务既可以为周边的商家提供广告投放的服务，也可以为特定的商家提供不同客户的流量去向，以帮助分析用户的需求，进而可以有针对性地开展商务活动。

（三）二维码技术的使用方便了交易发生

很多时候，客户在大街上看到一件商品，有一种购物的冲动，但是如果不能够把这种冲动方便地转移到搜索结果上的话，那么这种购物的冲动也就不会变成商品的销量。

很多潜在的客户在这个环节就被筛选掉了，这对于交易双方来说都是损失。用户的体验没有让其满意，商家的商品也没有完成销售。但是现在出现的二维码的大量使用，在很大程度上对这个问题有了相应的改善，提高了用户在使用移动互联网过程中搜索的用户体验。使用移动终端的摄像头来对信息媒介二维码进行扫描，就可以很完整地得到想要的信息，这种方式的使用为用户及商家节约了大量时间，大大拉近了商户与最终用户的距离，减少了中间交易环节，更好地改善了用户的体验问题。

五、结语

如今，智能手机已经渗透到人们生活的方方面面了，在日常生活中，如公交车、地铁、商场等地方，几乎每个人都在使用手机或者平板，这也为在上下班休闲的时间里进行购物提供了无限的商机。据权威调研公司的报告，使用安卓系统来进行移动支付的手机用户基本占到全部移动支付用户的六成以上，而且还在快速上升。再加上传统的电子商务巨头开始把资源以及技术都往这方面投入，这些人力和物力的投入对于未来互联网的发展趋势将会有重要的影响。随着3G的普及和4G网络的引入，网络资费逐渐优惠，人们的消费理念和商家的传统理念都在不断转变，移动电子商务必将成为人们生活不可或缺的部分，并对我国经济产生深远的影响。

参考文献

［1］赵学军等 . 智能终端发展关键技术探讨［J］. 电信科学，2012（5）.

［2］冯莉. 浅析我国移动电子商务的发展［J］. 现代经济信息，2010（11）.

基于物联网的物流管理
信息系统优化研究

陈　磊

摘　要： 随着我国物流产业的迅猛发展和互联网技术的日益成熟，物流管理已迈向信息化进程。物联网技术对于物流管理信息化建设而言，既是机遇，也是挑战。本文对物联网的原理及构架进行了介绍，分析了当前物流管理信息系统的现状及不足，对基于物联网的物流管理信息系统的优化进行了研究和探索。

关键词： 物联网　物流管理　信息系统优化　系统功能模块

一、引言

随着我国物流产业的迅猛发展和互联网技术的日益成熟，物流管理已进入信息化时代。物流管理信息系统高效、便捷地为物流产业提供服务，一线物流工作者可以通过信息系统管理物品入库、出库、存储、运输、配送等一系列流程；物流企业管理层和决策层也可以通过对系统统计的运营数据进行分析，达到科学管理、智能决策的目的。但是，随着顾客对物流行业的认识和信赖度的加深，顾客对物流行业提供的物品流向精准度查询要求、运输品质要求也在提升。当前物流行业常用的物流管理系统只能做到对传递过程中的结点信息进行更新，其中主要是对运输各地的中转站进行位置信息更新，对于在物品流通过程中的信息监控完全是空白，这就无法满足客户对物流物品位置的精准查询定位需求，对于某些特殊物品，如危险化工材料、药品和贵重物品而言，更是无法完成物流任务。这一

原文刊登于《价格月刊》2014 年第 8 期。

【作者简介】陈磊：学工处学生教育管理科科长、副教授，研究方向：计算机应用、计算机教育。

情况已经成为制约物流行业进一步发展的绊脚石。如何切实提高物流管理信息系统的科学化、时效化，提升其工作效率及功能，已然成为物流管理信息系统的发展方向和要求。

物联网是当前全球信息化建设的热点问题之一，是继计算机技术、互联网技术、移动通信技术之后的信息技术新浪潮，将会在各行各业的信息化发展中发挥极其重要的作用。对物流行业而言，融入物联网技术的物流管理信息系统可以实现物品的实时信息收集、传递和管理，监控物品流通过程中的每个环节，真正实现物品流向和物品信息同步更新，有效地提高企业的物流管理效率和管理能力，它也是当前物流企业培养核心竞争力的有效途径。所以，通过物联网技术对物流管理信息系统进行优化，对物流行业有着极其深远的意义。

二、物联网的运行原理及构架

国际上，信息化行业组织对物联网进行了多次定义，在我国，通常认为物联网是在互联网的基础上，通过感知技术、通信与网络技术、射频识别技术、智能运算技术等技术融合，综合实现的物物相连的网络。具体而言，就是在物品中嵌入具有感知能力的芯片，通过一系列设备和软件，自动读取芯片中的信息，使物品能够"智能"地表达自己，物品"智能"化后便可以与互联网连接起来，让物品与物品"对话"、"交流"，实现物与物、物与人、物品与网络的信息交互，最终达到高效识别、统一管理、实时监控的目的。

在逻辑功能上，物联网主要分为三个构架层，即感知层、网络层和应用层。三个层次的功能结构如图 1 所示。

（一）感知层

感知层是架构中的最底层，它主要负责完成物品属性信息的采集、转换和收集工作。感知层的组成部分包括感知工具、感知传输网络、实体感触端；关键技术包括传感器技术、射频识别（RFID）技术、GPS 技术、二维码技术、无线传感器网络技术、无线通信技术等。

（二）网络层

网络层是中间层，主要负责物品属性信息汇集后的传输、调用、存储和处理。网络层由接入单元和接入网络组成，其关键技术包括移动数据通信（3G/4G）技术、有线网络传输技术、无线网络传输技术等。

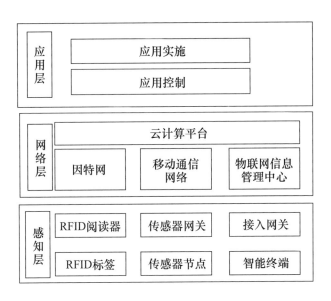

图1 物联网功能架构示意图

（三）应用层

应用层是物联网架构的最上层，主要负责传输的所有信息数据的控制和应用实施。应用层由物联网中间件和应用平台组成，其关键技术包括 M2M（机器对机器通信）技术、人工智能技术、云计算技术、数据挖掘技术、物联网中间件技术等。

三、物流管理信息系统现状分析

在物流企业信息化发展的进程中，受到企业发展规模和经济实力的影响，物流企业的管理信息系统现状存在一定的差异，中小型物流企业的信息化水平相对落后，就整体而言，普遍存在以下问题：

（一）物流管理功能有待完善

物流管理信息系统应全面包含企业资源管理、分销需求管理、仓储管理、运输管理和货物配送等多个信息管理系统模块，其本质是多个子系统模块共同联动从而提供服务。据了解，目前不少物流企业还停留在办公自动化和仓储管理信息化的水平，其他系统功能并不完善，其主要原因是物流企业对信息化建设的硬件设备和软件设施投入不足，信息化管理理念滞后。物流管理信息化建设的滞后直接导致物流物品信息不能及时、准确更新，物品属性信息不能第一时间传递和共享。

（二）物流环节信息共享有待加强

我国物流产业中间环节较多，供应环节链较长，而各环节信息化水平和能力又参差不齐，无法达到供应商、企业、客户多方信息资源共享的目的，不便于物流信息化的整体运作。

（三）物流数据采集效率有待提升

当前物流企业对物流数据的采集主要是通过各物流结点的人工输入单号或对面单进行条码扫描，由于人工操作数据存在较大的误差率，且在物品流经每一物流结点都需要反复进行数据采集，无形中误差率放大了数倍，由此而产生的货损和丢包问题一直无法解决。

（四）物流运输实时监管能力有待改进

大多数物流系统并没有设置物品在运输过程中的实时监控功能，一旦物品离开前一物流结点向下一物流结点运输时，运输情况、运输环境、运输位置都成了无法监管的问题。对于普通的客户而言，无法实时查询物品的流动信息会带来诸多不便。对于某些特殊物品的物流需求，由于物流企业无法实时掌控它们在运输过程中的相关情况，加大了不安全因素，也制约了物流物品的服务范围。

四、基于物联网的物流管理信息系统优化研究

（一）关键技术

物流管理信息系统从无到有，从起步到完善，发展至今已进入了个瓶颈状态，急需在技术上有新的突破，物联网技术的运用正好可以解决这一问题。在基于物联网的物流管理信息系统的优化中，主要运用到了以下核心技术：

1. RFID 技术

射频识别（RFID）技术是一项通过无线电信号识别特定目标的技术，可以实现对特定目标进行数据读取和写入。在对数据读写的过程中，RFID 阅读器和标签之间可以允许出现一定的距离。

2. GPS 技术

全球定位（GPS）技术是指通过卫星导航、定位的技术，可以实时定位移动物体的三维位置，信号稳定，应用范围广泛。

3. 无线传感网络技术

无线传感网络技术是将传感器接收到的数据通过通信技术进行收集、传输的技术。它在物流管理系统中责任重大，是信息来源的主要渠道。

4. 移动数据通信技术

当前国内主流的移动数据通信技术包括移动 3G 和 4G 技术，移动通信网络具有覆盖面广、传输速度快的特点。

5. 人工智能技术

人工智能技术是使计算机模拟人的思维路径做出事务性判断、决策的技术，是一项多学科融合的技术，通过人工智能技术能为管理系统赋予"智能"，自动做出工作流程、流向的判断。

6. 云计算技术

云计算技术是通过现有的互联网，在网络端获取分布式计算机的数据存储、数据分析和科学计算等服务的技术，能够为本地计算机提供高性能的计算。

（二）系统功能模块优化研究

通过物联网技术对现有的物流管理信息系统进行优化，可以实现多个功能模

块的智能化，其中主要包括物品入库和出库管理功能模块、仓储管理功能模块、运输管理功能模块、货物配送功能模块、客户服务管理功能模块、企业决策管理功能模块等。

1. 优化入库管理功能模块

物品入库时，通过给物品嵌入一张 RFID 技术的电子标签，可以存储物品的完整属性信息。属性信息通过阅读器识别完成后，再通过网络技术实现全程数据共享，有效减少了中间物流环节数据录入的反复操作过程；有效降低了传统入库人工重复操作而产生的误差率。在入库功能的实现过程中，传统的条码识别技术要求识别器与条码在距离近、相对静止的条件下才可以识别，而 RFID 标签对识别器的识别距离允许范围较大，而且在物品动态运输的情况下也可完成识别任务。这一技术上的进步，可以大大提高物品入库环节的工作效率。

2. 优化仓储管理功能模块

在仓储管理功能模块中，通过物联网技术和原有的仓储管理模块融合，可以实现仓储管理智能化。仓储管理信息系统根据 RFID 阅读器将扫描所得的物品属性信息，根据自动分类、匹配的原则，自动选择物品的仓储区域和位置编号，货运管理人员直接根据系统提示将物品进行放置。通过系统分配仓储地址，能够有效地提高仓储空间的利用率，为物流企业减少硬件投入，增加物流吞吐量。此外，在整个仓储空间中，通过全方位的摄像装置、温度传感器、湿度传感器组建成仓储的传感网络，能够有效地监控仓储空间中的任何一个角落的任何情况，发现突发情况系统自动报警处理，有效地保障了仓储货品的安全。

3. 优化出库管理功能模块

在出库管理功能模块中，现有的物流管理信息系统已经能够实现物品根据配送时间和配送目的地自动生成配送方案。由于在前期的入库和仓储环节中智能化处理了物品的存储位置，在出库管理模块中，淡化了拣货的操作环节，节约了人力资源的开支。同时，在物联网技术的基础上，出库管理方面可以根据更加详细的物品信息进一步科学化、高效化自动生成配送方案；在出库时物品通过 RFID 技术快速地识别信息，提高了出库工作效率。

4. 优化运输管理功能模块

在传统的物流管理系统中，处于运输过程中的物品信息并不能及时返回到物流信息系统，在优化后的运输管理功能模块中，首先，系统会根据物品运输需求最优化安排车辆。其次，在货车出发前通过给车辆配置 GPS 定位装置，可以在运输管理模块生成运输实时位置信息和路径跟踪功能，实现对每辆货车的运动轨迹同步查询，结合市政建设的天网摄像分布网络，甚至可以实现对每辆货车的视频监控，确保整个运输管理过程中工作人员操作的规范化。优化后的运输管理功能模块可以大大提高顾客对物流服务的信任度，提高了运输管理透明度。

同时，通过 RFID 技术、EPC 技术和 Savant 系统对特殊属性物品提供专项物流（仓储环境、运输车辆、运输技术环境、GPS 全程定位）服务。特别是为特殊属性物品提供温度、湿度等外部环境的密切监控，监控数据和后台服务器端不断同步更新，当外部环境出现异常情况时，后台服务器将开启运输辅助设备中的温度、湿度调节功能，以保障特殊物品的环境要求。

5. 优化货物配送功能模块

当货物抵达目的城市后，基于物联网技术的货物配送功能会根据物品信息提前规划好物品所属的配送区域，并自动生成配送批次时间、最优配送路径，极大地提高了配送员的工作效率。

6. 优化客户服务管理功能模块

在已有的物流管理信息系统中，客户服务主要体现在可以通过官方网站查询物品运输过程中的物流结点位置信息。通过物联网技术和现有的计算机网络技术、无线通信技术相融合，可以优化客户服务功能，实现客户在 PC 端甚至智能手机终端的实时查询服务。顾客可以全程了解物品的精准运输位置，并通过以上信息的了解，便于安排接收物品的时间和地点，从而让顾客享受智能化物流的便捷。

在客户服务管理功能模块中，还可设置 VIP 客户管理功能。物流企业可以给每个优质客户发放"物流一卡通"。该一卡通可以通过和阿里巴巴支付宝等付费软件结合，具备物流签收和消费的功能。客户在邮寄快递或支付到付快递费用时，只需要在配送员提供的便携式支付设备上通过 RFID 技术刷"物流一卡通"，即可完成签收和付费。通过"物流一卡通"，顾客享受快递服务就像乘坐地铁、公交一样便捷，而且有效地避免了配送员人工收费的标准不一，使物流企业收费更加公开。

7. 优化企业决策管理功能模块

物流行业的发展空间已被国内经济专家所认可，物流企业之间的竞争也日益激烈，优胜劣汰、适者生存的态势愈演愈烈。企业的决策是发展的命脉。物联网技术可以将企业大量的信息数据进行统一整理，通过与数据库技术、数据挖掘技术结合，利用物联网云计算平台对企业数据进行处理，可以在物流的每一个环节进行数据分析整合，并生成企业整体的管理统计分析，找到企业的薄弱点，通过各项资源的整合，为物流企业提供最科学的决策参考。

五、对物流管理信息系统优化的建议

物联网技术运用于物流管理信息系统势在必行，好的物流管理信息系统会成为物流企业的核心竞争力之一。本文针对物流管理信息系统优化的实施，提出如下建议：

（一）加快物流企业信息化平台的建设

物联网技术是一项集合众多跨行业学科的综合技术，由于前期各物流企业的信息化发展进程存在一定的差异，各物流企业应该清楚地认识到基于物联网的物流管理信息系统的投入能够在物流管理工作效能提高、人力成本节约上有长期回报，在资金投入上应根据实力尽量加大信息化进程的发展和对物联网技术的支持力度。

（二）加快物流业务流程改革

随着物联网技术在物流信息化系统中的深入使用，必然导致物流业务流程的改革，建议各物流企业减少物流中间环节，针对不同类型物品采用不同类别的运输方式，为普通客户提供人性化物流服务，为特殊要求客户提供专业化物流服务。

（三）加强物联网信息安全建设

物联网技术可以为物流管理的信息收集、处理、统计带来极大的便利，同时，信息的安全保障应引起物流企业的高度重视。在物联网技术的运用中，建议物流企业在对管理系统优化的过程中，对 RFID 技术的加密传输功能、数据通信中的动态身份验证功能、上层数据传输的加密技术等安全体系都必须完整构建，做到针对不同的工作流程和环节，有效地采取专用的系统安全措施。

（四）加快物联网技术人才培养

物联网作为多种高端技术融合后的复合技术，由于目前我国高等院校并未开始对物联网人才进行批量化专业培养，精通物联网的技术人才较为稀缺。面对这一情况，建议物流企业对现有信息部门的人员加以培养，通过外出学习、交流，将原有的信息人才队伍打造成精通物联网技术和物流信息化技术的通用人才，为物流信息化升级做好人才储备工作。

六、结束语

随着对物联网技术的进一步研究，它必将在未来各行各业的信息化发展中担任重要角色。对于当前物流管理工作而言，物联网技术的加盟势必会带来物流信息化发展的一次革命，为物流企业带来空前的机遇和挑战。

参考文献

[1] 姚万华. 关于物联网的概念及基本内涵 [J]. 中国信息界，2010（5）.

[2] 盘承军. 物联网环境下的物流信息系统关键技术研究 [J]. 广西民族大学学报（自然科学版），2013，19（4）.

[3] 刘锦. 我国物联网现状及发展策略 [J]. 企业经济，2013（4）.

[4] 隋振有. 基于云计算的物流公司业务信息管理的研究 [J]. 物流技术，2012（21）.

[5] 邢智毅. 基于物联网技术的物流企业信息系统集成 [J]. 计算机光盘软件与应用，2012（15）.

[6] 方秋诗，王琦峰. 基于 SaaS 的运输云物流平台及运作模式创新研究 [J]. 软件导刊，2013（5）.

[7] 杨永生. 基于射频识别技术的仓储系统中间件的设计 [J]. 成都电子机械高等专科学校学报，2011（2）.

[8] 赵娟. RFID 技术在物流系统中的应用 [J]. 电子技术，2011（5）.

[9] 桂波，李飞虹. 物联网 RFID 识别技术的应用领域 [J]. 才智，2010（29）.

[10] 季顺宁. 物联网技术概论 [M]. 机械工业出版社，2012.

基于移动互联网的微信
电子商务发展研究

魏　林

摘　要：随着计算机技术、网络技术和通信技术的迅猛发展，电子商务已经融入现代生活的各个领域，微信平台的兴起和开发技术的成熟，促使电商业正由传统的电子商务转向移动电子商务发展。本文对基于移动互联网的微信电子商务发展优势进行了总结，分析了当前微信移动电子商务中存在的问题并提出应对策略，并对微信移动电子商务的发展前景进行了展望。

关键词：移动互联网　微信　电子商务　O2O

一、基于移动互联网的微信电子商务的发展背景

移动互联网是一个用户使用手机、平板电脑等智能设备通过移动通信技术与互联网技术进行数据通信的网络平台，它是移动通信技术和互联网技术融合的产物，具有网络覆盖区域广泛，便捷、便携、即时等特点。

在国际上，对电子商务的定义是利用主流的计算机技术、网络技术和通信技术在互联网上完成商务活动，人们足不出户便可满足各类商务需求。基于移动互联网的电子商务是指通过移动互联网进行的商务活动，而传统电子商务则是在传统互联网和 PC 环境中进行的商务活动。

移动电子商务与传统电子商务相比，受到 3G 网络的普及、4G 网络的崛起和

原文刊登于《江西企业家》2015 年第 1 期。

【作者简介】魏林：信息工程系副教授、网络工程师，研究方向：软件技术、计算机应用。

智能终端设备的价格走低等因素影响，已经对传统电子商务产生了巨大的冲击。亚马逊全球供应链副总裁于刚指出，移动电子商务不仅仅是一个电子商务的进化，电子商务从 PC 搬到移动设备上，移动设备凭借它随时、随地、随身、随心的优势，利用它的语音、扫描、图像识别等大量的创新功能，让不同层次的用户都能享受电子商务随时随地的便利。他预言将来的电子商务将是无商不电商，无商不移动的。

在当前主流的移动互联网社交平台中，腾讯公司的微信平台是我国最成功的平台。据统计，微信已在全国范围内拥有 6 亿以上用户。腾讯公司瞄准电子商务领域，通过微信好友的开放体系，把无数个交际圈、人脉圈发展成为服务企业的电商平台。截至 2013 年 12 月，微信产品的公众账号用户已经超过 200 万个，业务领域涉及销售、通信、金融、银行、政府、物流、媒体等。亚马逊、京东、苏宁、国美等传统电商巨头纷纷抢滩微信平台，利用微信具有一定用户规模的平台进行移动化尝试，风险低、进展快，微信正逐渐演变成为大商业交易平台，微信移动电子商务对电子商务领域带来的发展契机不可小觑。

二、基于移动互联网的微信电子商务的发展优势

（一）成熟的通信技术

在 2G 通信时代，手机的主要功能停留在通话、短信的服务上，GPRS 上网功能并没有得到广泛使用，随着 3G 通信技术的发展成熟，特别是 4G 网络的普及覆盖，我们的通信生活已经进入了新纪元。人们可以通过智能终端设备接入移动互联网，随时随地享受网上冲浪的乐趣与服务。可以说，通信技术的成熟为人们的互联网生活带来了一次质的飞跃。同时，在电子商务领域，摆脱了传统电子商务受网络条件和上网设备制约的缺点。

（二）广泛的用户群体

微信的主流用户群体是当前最具消费能力的中青年群体，他们追求生活品质，崇尚便捷消费。"手机族"、"拇指族"等代号能够说明他们对移动互联网的依赖，通过移动互联网交际、购物、消费已渗透进了常态化生活。微信账户无须

注册，通过手机号码或 QQ 号码都可以直接登录。微信的朋友圈功能更是将通讯录中的好友、QQ 账户中的好友一并集合，实现了用户群体的最大化。

（三）超低的入户门槛

微信公众平台于 2014 年 6 月正式推出"微信小店"，想要开网店的用户只需要开通微信支付功能的认证服务号，就可以在微信公众平台申请开通"微信小店"，小店虽小但能够帮助卖家实现批量添加商品达到快速开店的目的。为鼓励淘宝卖家"搬迁"至微信平台，腾讯公司要求用户只需要缴纳开通微信支付功能的 2 万元保证金即可轻松入驻微信开店。

而更便捷的是第三方软件"微店"，只需要注册个人信息，"微店"里的淘宝搬家助手，一键就可以完成淘宝店铺到微信的搬家，身份证、手机号和一张银行卡就能开起一家"微店"。这意味着在微信真正实现了开店"零门槛"、技术"零门槛"的电商接入模式。这一优势对于事业处于起步阶段的年轻人开展电商创业极具吸引力。

三、发展中存在的问题及应对策略

2013 年 8 月，微信 5.0 正式上线，这是微信平台里程碑式的一个版本，全新的微信支付功能以及游戏中心等商业化功能的推出，标志着微信商业化正式开始，微信的移动电商业务逐渐向系统化和平台化演变。从微信接入大众点评到"我的银行卡"下的三级入口，到腾讯公司入股京东并提供一级入口"购物"，如今通过"微信小店"来帮助更多的中小型企业认证的微信公众账号方便、快捷地提供各类电商服务，微信的移动电子商务领域一直在拓展，在其发展的过程中我们不仅要肯定微信的优势，同时也要重视微信移动电子商务中存在的问题，并为微信移动电子商务的长足发展提出应对策略。

（一）移动支付技术存在安全威胁

微信支付是基于微信及腾讯旗下第三方支付平台——财付通联合推出的移动支付产品，注册用户需要在微信中关联一张银行卡，完成身份认证，便可以将装有微信软件的智能终端变成一个全能钱包，当用户支付购买合作商户的商品时只需在自己的智能终端上输入密码，无须刷卡步骤即可完成支付，整个过程简便流畅。伴随着微信支付的上线，移动支付的安全性也成为关注焦点，在完成微信支付一系列的动作时，用户受到了诸多的安全威胁，如来自移动通信智能终端的安全威胁，手机等移动设备安全保护非常有限，一旦发生数据丢失意味着泄露用户敏感的个人数据，使得非法使用者可以通过移动终端上的数据资源（如数字证书、交易验证等）访问支付系统。3G、4G设备、操作系统、应用、网络技术的多样性和不成熟的客户群体，随意安装应用软件以及二维码泛滥使用加剧了移动终端病毒和恶意代码攻击的威胁与风险。无线通信网络的安全威胁是不可轻视的，由于无线通信网络本身是个开放的信道，不像有线网络可以依靠信道的安全来保护用户的数据和信息，尤其是在无线传输的数据涉及在多个无线网络中更替时，商务数据的保密性和完整性就会受到威胁，使移动支付账户信息和密码安全处于危险状态。

移动支付的安全威胁已经迫在眉睫。因此，微信支付需要腾讯与财付通、网络运营商、银行等群体共同达成统一的标准，提高移动支付的防火墙技术、数据加密技术、数字签名技术、认证技术及反病毒技术等，以确保微信用户的交易安全，并打造由警方、银行、商家、第三方支付企业等协同参与的移动支付的保护链条，提供系统性的安全解决方案，切实保护支付安全。

（二）平台开发模式应该规范统一

微信的商业开发模式多样化，有将微信公众号进行二次开发变成微信商城的，或是将二级域名网站解析嫁接到微信系统，实现与HTML5商城互通的，或是朋友圈发送地址链接到微信小店的，并未最终稳定成型。多样化的开发模式在某种程度上也是导致微信移动电子商务不规范的原因。

正是由于多样化开发模式的存在以及微信平台的特殊性及隐蔽性，致使微信平台上进行买卖的行为仍处在管理的真空地带，一旦出现纠纷，维权困难，也让某些商户有机可乘。因此微信在开放开发接口的同时，应规范统一商业开发模式，建立统一标准的接入服务，规范微信平台的生态环境，为中小型商家利用移动互联网搭建更好、更便捷的电商平台。

（三）微信支付功能仍需深入开发

微信支付商业化功能于2013年8月在微信5.0版本中推出，与有着11年历史的支付宝相比，微信支付还好似1岁的孩童刚学会走路，微信支付只接入了中国银行、建设银行、招商银行等 13 家银行，而支付宝接入的银行近 180 家。微信支付场景仅有手机话费充值、理财通、彩票、滴滴打车、精选商品等十余个，在产品数目与支付功能上远没有支付宝繁多。

电商的支付功能必须依附于交易场景才能发生，而这个场景并不局限于线上消费，微信已着手与线下商户展开合作，商户货架上的商品均可通过二维码扫一扫，由用户采用微信支付完成购买，免去收银台排队等候。微信通过掌握重要的线下消费场景，逐步拓展自己的地盘，构建新的移动 O2O（Online to Offline，线下商务与互联网结合）电商消费场景。

微信支付仍然年轻，O2O 电商模式也才刚刚起步，想要赶超支付宝需推出更多贴近生活的产品，增强用户黏性，继续坚持自己的 O2O 电商模式，争取更多的线下资源，以微信支付为核心，串起整个消费平台。

（四）消费保障机制亟须科学构建

随着越来越多的"商家"进驻朋友圈，简单易用的"微店"逐渐流行起来，与淘宝店铺相比，微店的开设成本低，没有实名认证和审核，通过在朋友圈发图片配文字，产品的价格、型号、销量等需要通过微店链接全面了解，或将销售商品信息发到朋友圈，买家点开后便可直接交易，整个交易在微信程序内，十分便捷。但在买家付款后，缺少了第三方平台作为资金的中转储存，一旦交易出现分歧，买家利益难以保障。

微店最大的缺陷是没有信用评价体系，这给许多不法商户亮起了绿灯，一件商品在一个月内销售了多少件、大家的反馈如何、商家是否有不诚信行为等，对新的购买者无从参考，没有完善的评价体系将导致消费者购物时丧失对微店的商品和服务质量的评判，支撑移动电子商务的诚信体系只来源于朋友圈的信任感。

然而，在电子商务法律缺位的情况下，行业的一定规范是非常有必要的。淘宝建立的评价体系，长时间以来对买卖双方的信任交易起到了很好的保障作用。如果没有完整的评价评分等保障机制，必然会给买家带来很多负面影响，如商品质量依据匮乏、虚假信息泛滥，不能提供好的商品和服务的商家将鱼目混珠，浑水摸鱼。因此，如果微店仍然采用即时到账的模式，不建立评价体系，不纠正买卖双方的不对等关系，那微信电商也只是移动电子商务中的昙花一现。

微信目前并不对线上第三方商业贸易承担责任，但随着微信电商的进一步发展，腾讯公司在企业监管力度等方面，需尽快着手建立相关消费保障机制。

（五）移动电商立法需要加强建设

在我国，针对电子商务的业务范围已出台相关法律法规，但是针对微信移动电子商务在进行商业活动中从广告到商品交易众多的环节都难以用现行法律来进行制约，如微信朋友圈发布广告，因微信中含有大量私人交流信息，缺乏明显的广告标识，被认定为广告还是传播，还没有定论。同时，微信广告不受时间、地域的限制，广告受众一般分散在不同的区域，而微信广告发布者随时随地可以删除发布的宣传信息甚至整条广告的内容，也使得追查违法广告的发布源头成为电商监管的难题，确定相应地区的机关执法管辖成为微信平台消费者维权的障碍。

在商品的退换货环节，由于微信平台的申诉体系尚未建立，一旦出现交易纠纷，卖家和消费者的合法权益缺乏第三方监督和保障，这就使得微信移动电子商务的卖家和消费者双方权益保护处于真空，这对微信移动电子商务的发展而言是亟待完善的。

因此对于超前的微信移动电子商务，建议微信团队配套相应的风险监管措施，包括电商身份认证、工商注册或登记备案、信用评价等，通过引入第三方监督机制保障电商交易的诚信与安全。微信卖家或消费者如果在商品交易中受到财产损失，应当立即向公安部门报案，如果卖家存在虚假宣传、商业欺诈等行为，都可以向消费者协会或者当地工商部门投诉，通过政府部门保障合法权益。同时，我们应呼吁有关部门提高立法、管理、监督的速度和力度，为移动电子商务消费提供公平、诚信、便捷的商业环境。

（六）用户深度体验必须加大力度

传统电子商务的消费模式已经深入人心并有了相当大的受众群体，移动电子商务仍然处于起步阶段，在未来还需经历相当的磨合时期，现如今微信需要鼓励、刺激消费者对移动电子商务进行深度体验，逐步占领电子商务市场。

微信自开启移动电商之路后，一直都努力地把社交流量转化成电商流量，2014 年 1 月微信将"滴滴打车"电商板块植入微信"我的银行卡"，将生活服务进行线上线下的结合，初步改变了用户的消费习惯，2014 年春节的微信红包笼络了近 500 万人密切关注微信，凭借微信良好的用户黏性及年轻群体对新产品的热衷度，微信红包一炮而红，结果是微信支付井喷式发展。

但是，微信用户的体验并没有在购物上得以加深，微信里的微生活、微购物、微团购模块难以被发现甚至发现不了，而微信开拓的这些微电商只是微信众多订阅号、服务号里的其中三个，需要用户主动添加关注才能开启微信的移动电商业务，而"发现"中的购物也只接入了京东商城。

因此，为达到迅速占领市场的目的，微信必须要提高用户体验，需要合理控制消费用户的期望，并提高消费用户的实际体验，如产品本身质量、购物流程体验、售后服务等，特殊情况下还能通过送券、红包、打折等意外惊喜来提升用户消费体验，从而加深用户对移动电子商务的体验，并努力做到便捷、流畅和自然。

四、结束语

在微信移动电子商务诞生和发展的过程中，我们必须看到，随着微信的商业化趋势，微信已经逐渐把腾讯品牌从原先的社交属性里延展出来，在不久的将来，微信移动电子商务必然可以和成熟的淘宝一较高下，微信也将通过不同的方法将线上平台和线下商务连成一片，打破线上和线下的障碍，实现"二维码＋账号体系＋基于位置服务＋支付＋关系链"一体化，形成一个 O2O 闭环，并引进优秀的生活服务 O2O 企业，围绕微信支付打造良好的微信生活服务生态圈，以此带动其他行业的发展。微信移动电子商务不会抄袭淘宝，它将不断完善开发技术，整合各种商务交易、支付以及生活服务，进而打造出一个极具黏性的移动互联网接口。

我们深信，随着微信专业平台的进一步人性化升级和二次开发技术的进一步规范，微信移动电子商务的蓬勃发展势不可当，在未来，微信移动电子商务一定会改变我们的生活。

参考文献

[1] 赵晓津. 计算机安全技术在电子商务中的应用探讨 [J]. 硅谷，2014 (4).

[2] 雷殷睿. 网络安全技术在电子商务中的融合 [J]. 计算机光盘软件与应用，2014 (4).

[3] 余佩颖. 微信电子商务模式探讨 [J]. 软件，2013，34 (10).

[4] 邵泽云. 数字签名技术在电子商务中的应用研究 [J]. 农业网络信息，2014 (3).

[5] 齐赫. 基于物联网技术下的电子商务发展策略研究 [J]. 计算机光盘软

件与应用，2014（5）.

　　[6] 汪顺. 计算机技术用于电子商务的研究 [J]. 电子技术与软件工程，2014（5）.

　　[7] 李珣. 移动支付进击的微信 PK 无力应对的支付宝 [J]. 记者观察，2014（4）.

　　[8] 敖祥菲. 支付之战微信支付宝争夺消费场景 [N]. 重庆商报，2013 – 11 – 10.

　　[9] 吕廷杰. 移动电子商务 [M]. 电子工业出版社，2011.

房地产估价行业产业组织角度分析

龚鹏腾

摘　要：以梅森、贝恩为主要代表的哈佛学派（Harvard School）创立的结构—行为—绩效（SCP）理论范式一直是产业组织理论的主流学派，该范式认为市场结构决定市场行为，在给定的市场结构下，市场行为又决定市场绩效。尽管后来芝加哥学派对该理论范式进行了修正和补充，以及新产业组织理论对现代产业组织理论产生了巨大的影响，但哈佛学派的 SCP 范式仍然是运用产业组织理论分析产业、市场和企业的有效工具。本文结合传统的 SCP 范式来研究房地产估价行业的产业组织情况。

关键词：房地产估价行业　产业组织角度　SCP 范式

一、市场结构因素

（一）房地产估价行业市场集中度

市场集中度包括买者集中度和卖者集中度，这里我们主要是看卖者集中度的情况，以此来判断行业的垄断竞争情况。在服务行业中，服务质量决定着服务价格，而服务质量的考核又比较困难，因此，在《房地产估价机构管理办法》中，国家就把估价企业按资质划分为三个层次。

根据《房地产估价机构管理办法》的规定：从事房地产估价活动的机构，应当依法取得房地产估价机构资质，并在其资质等级许可范围内从事估价业务。

原文刊登于《江西企业家》2015 年第 3 期。

【作者简介】龚鹏腾：建筑工程管理系讲师，房地产管理教研室副主任，研究方向：房地产经济、房地产经营管理、房地产估价、物业管理、建筑环境与测绘。

一级资质房地产估价机构可以从事各类房地产估价业务。

二级资质房地产估价机构可以从事除公司上市、企业清算以外的房地产估价业务。

三级资质房地产估价机构可以从事除公司上市、企业清算、司法鉴定以外的房地产估价业务。

由于国家强制性的规定，使得房地产估价业务的分配一开始就出现了不平衡情况，更多的业务向拥有一级资质的公司流动，其次是二级资质的公司，最后才是三级资质的公司。全国有房地产估价公司 2327 家，其中，一级资质 240 家，二级资质 612 家，三级资质 985 家（这是从房地产估价师学会网上查到的 2012 年的数据，考虑到一部分信息还未及时增加上来，实际数量会再多些）。从数量上看，一级资质的房地产估价公司要少些，而其执业范围却很大，并且一级资质的房地产估价公司可以在本省或全国范围内建立分公司，这样就与众多的二级、三级资质房地产估价公司形成了一种争抢业务的态势。在某些县级市或地级市，房地产估价公司并不多，再加之与政府机关脱钩之后的裙带关系，一家房地产估价公司就能形成对一个县级市或地级市的完全垄断态势。有的地方稍好点，正处于寡头垄断的市场结构。只有在省会级城市和沿海大城市才会有竞争比较激烈的状态。

（二）房地产估价行业产品差异化

产品差异化是企业根据某些消费者特别的偏好而产生的，与其他企业所生产的产品具有不完全替代关系的产品的情况。用以衡量这种替代关系的方法是用两种产品需求的交叉弹性绝对值大小来表示，如果交叉弹性绝对值大于 1，则说明两种产品的替代性很强，如果交叉弹性绝对值小于 1，则说明两种产品的替代性很差，产品差异化由此产生。

房地产估价是一种服务产品，作为服务产品，本身就有很强的差异性，在这里笔者从供给和需求两个角度来看其差异性。

从供给的角度看，同样一宗房地产由不同的估价公司来评估，在相同的时间内会得出不同的价格，所出具的技术报告在选取参数时会有不同，技术路线也会不同。这种不同是由估价师个人的理论与实践经验差异造成的。

从需求的角度看，委托人总希望看到一个符合其主观愿望的价格，越接近其主观期望价格，委托人就越愿意采用这个价格。但是，主观价格总是会背离客观价格的，就连估价师也不能幸免于这条规律，由于前面所说的估价师个人的理论与实践经验差异造成的不同评估价，使得评估价也不一定就是客观真实价值或价格，估价师只是模拟市场形成价格的机制测算和判断房地产的客观价值或价格。

（三）房地产估价行业进出壁垒

1. 进入壁垒

由于房地产估价产品的差异性，所以很难形成规模经济，"规模经济"因素不会成为新的房地产估价公司进入房地产估价行业的障碍。

2. 退出壁垒

由于行业内估价师比较稀缺，估价师从一家公司中脱离很快就会有许多房地产估价公司来争抢，估价师更乐意多换公司，不会赖在原公司不走，对于退出本行业的估价公司在费用上不会成为其退出的壁垒。目前，还没有哪项法规限制房地产估价公司退出行业的。看得出来，政府是以一种"清理门户"的方式来保证房地产估价市场中的执业机构的质量。

二、市场行为因素

按照产业经济学的分析方法，对于一定市场结构情况下的企业，为了生存下去，为了生存得更好，必定会以一定的市场行为来争取更大利润和市场占有率。市场行为又可以从价格行为、非价格行为和组织调整行为三个方面来进行分析，对于房地产估价公司来说，它的市场行为又当如何呢?

（一）价格行为

根据原国家计委（现更名为"国家发展与改革委员会"）、原建设部（现更名为"住房和城乡建设部"）关于《房地产中介服务收费的通知》的有关规定，房地产估价收费标准是按照房地产的价格总额采取差额定率分档累进计收（见表1）。

表1　房地产估价收费标准

档次	房地产价格总额（万元）	累进计费率（‰）	评估收费（元）
1	100 以下（含 100）	5	5000
2	101～1000	2.5	27500

档次	房地产价格总额（万元）	累进计费率（‰）	评估收费（元）
3	1001 ~ 2000	1.5	42500
4	2001 ~ 5000	0.8	66500
5	5001 ~ 8000	0.4	78500
6	8001 ~ 10000	0.2	82500
7	10000 以上	0.1	>82500

从表中可以看出，就算是存在寡头垄断也不可能让寡头赚取超额利润，因为行业内的收费标准已经明确。在产业经济学的价格行为理论中，也提出了成本加目标利润定价行为、价格竞争行为和价格协调行为等。从前面的内容来看，成本加目标利润定价行为已经不可能了，除非是非房地产估价业务。接下来，我们讨论价格竞争行为和价格协调行为在房地产估价行业当中是否存在。

1. 价格竞争行为

由于区域经济发展不平衡，中西部地区的房地产市场不发达，房地产估价市场处于买方市场的状态，作为房地产估价服务的供应者，房地产估价机构经常需要以竞相降价来争取顾客。业务的委托人往往不直接找房地产估价机构，而总是先找到中间人，中间人总是要从中分割一部分正常利润。如银行的住房抵押贷款业务，住户因为个人资金问题把自己的住房拿来向银行抵押贷款，住房的市场价值则成为了贷款的依据，这时需要房地产估价公司的参与，可是银行垄断了所有的这类抵押评估业务的源头，估价公司只能通过银行内部的抽签方式来取得评估业务，评估完后，银行并不会严格按照房地产估价行业的收费标准来支付费用给房地产估价公司，原因是银行具有垄断势力。其实不仅银行的抵押贷款业务是这样的，二手房中介的银行按揭业务更是如此，因为中间经过了两道"关卡"，即银行和二手房中介，房地产估价公司能拿到的评估费用少之又少。

为了与银行建立长期的合作关系，房地产估价公司必须按照银行的要求交一笔数额不菲的准入保证金，这对于一些刚起步的房地产估价公司来说，是一个大门槛。

2. 价格协调行为

价格协调行为是企业之间在价格决定和调整过程中相互协调而采取的共同行为。在寡头市场结构中最常见这种协调行为，生产型企业也容易形成这种阻碍竞争的价格卡特尔，对于服务型企业最大的特点就是分散性，按道理来说很难形成价格协调行为，但如果能形成行业协会，情况就会发生变化，服务型企业也会形成类似价格卡特尔的组织。1994 年 8 月，在北京成立了中国房地产估价师学会，

2004 年 7 月又更名为中国房地产估价师与房地产经纪人学会。该学会成立后，在全国许多省市也成立了房地产估价师学会，都是以社会团体的形式出现，它们对于行业的健康发展起到了促进作用，但不具有价格卡特尔的特征，学会的力量不足以使全国各地的房地产估价公司统一口径，毕竟学会只有民间协调的作用，而不具有政府行政的强制力。

（二）非价格行为

企业的非价格行为主要有两种：一是产品和技术开发；二是销售活动，其目的在于通过扩大产品差别化程度，增强其竞争力。房地产估价是一项经济技术活动，它不像实体的商品有专项技术或是专利技术，它的技术是有国家标准的（《房地产估价规范》GB/T50291－1999），要开发新产品、新技术就需要跳出房地产估价行业的技术标准，拓展业务范围，把"触角"延伸到土地估价、资产评估、房地产测绘、房地产法律法规咨询、固定资产管理、房地产投资咨询、房地产营销、物业管理等相关领域，这就需要房地产估价师们掌握更全面的知识，甚至是多"师"于一身（除了是注册房地产估价师的身份，同时也是注册测绘师、注册造价工程师、注册物业管理师等），或是房地产估价公司除了聘请房地产估价师还聘请其他相关的"师"。

对于实体商品来说，销售活动可以促进其销售总额的增加，这实际是运用了营销理论带来的好处。对房地产估价这种服务性商品是否也存在运用营销活动来增加"销量"呢？答案是肯定的。"房地产估价服务"这种商品的需求者是特定的，并不是像日用品那样人人都需要，所以，房地产估价公司的营销策略当然也与众不同。如它们的渠道策略，就选择了房地产管理局、银行、法院、房屋征收部门、二手房中介等这些特定群体。再如它们的促销策略，则是长期与以上各部门合作，或是干脆长期驻扎在那里，专设一个办事窗口，一方面给来办事的潜在客户造成一个"官方"许可的假象，另一方面也让来办事的潜在客户形成长期记忆，若再次听到或见到该公司名称时，很快就能想起这家公司，并产生极强的信任感。

（三）组织调整行为

企业的组织调整行为是指企业合并、兼并、联合等行为。它是对市场结构和市场绩效影响较大的一种市场行为。

大量的外商独资房地产估价公司进入中国，对以后的国内房地产估价行业会造成巨大的冲击，原因是，外商独资房地产估价公司大多资本雄厚、业务范围广泛，而且筹资速度快，如第一太平戴维斯就是一家在伦敦股票交易所上市的全球领先房地产服务提供商，它可以在全球范围内筹集公司运作的资金，迅速进行资本集中，这一点比国内房地产估价公司靠自身缓慢的资本积累来得更快，不能不说对国内房地产估价公司是一个巨大的威胁。房地产估价行业中的优胜劣汰，导致一些弱小的房地产估价公司退出行业，或在不久的将来被大公司"吃掉"，房地产估价师们从原公司脱离出来后迅速向某几家公司集中，形成几家跨省或跨国性质的大房地产估价公司。

三、市场绩效因素

下面从四个方面分析市场绩效因素，即行业的规模结构效率、资源配置效率、技术进步程度、销售费用。

（一）规模结构效率

产业的规模结构效率是从产业内规模经济效益实现程度的角度来考察资源的利用状态。规模经济效益的实现程度，通常用达到或接近经济规模的企业产量占整个产业产量的比例来表示。产业内规模经济效益的实现情况可以分为三种：第一，未达到获得规模经济效益所必需的经济规模的企业是市场的主要供给者。这表明该产业的规模结构效率不高，存在大量低效率的小规模生产。第二，达到和接近经济规模的企业是市场的主要供给者。这说明该产业充分获得了规模经济效益，产业的规模结构效率处于理想状态。第三，市场的主要供给者是超经济规模的大企业。由于这种超经济规模的过度集中，已不能再使产业的长期平均成本降低，只是加强了企业的垄断力量，因此，并不能提高产业的规模结构效率。

在房地产估价行业中是否存在规模结构效率呢？这需要首先清楚房地产估价公司的经济规模是多大，即公司的每年业务量做到多大时平均成本降到最低。然后清楚房地产估价行业中有多少公司达到了这个标准，达到这个标准的公司的业务量总和是不是占到了整个市场业务量的大部分。由于房地产本身的不可移动性，造成了市场的区域性，房地产估价市场不可能在全国范围内形成一个统一的市场，经济规模的大小必然受到区域经济的影响。

房地产估价公司的总成本（TC）的构成为估价师工资、财务管理人员工资、业务人员工资、中高层管理者工资、行业协会会费（这五项费用为固定成本 FC）、税费、业务人员提成、估价师提成（这二项与总收益成正比关系，属于变动成本 VC）。设 FC 为常数 a，VC 为总收益 TR 乘以一个已知系数 b，即 FC = a，VC = b×TR，那么 TC = a + b×TR。

$$AC（Q）=\frac{TC}{Q}=\frac{FC+VC}{Q}=\frac{a+b×TR}{Q}=\frac{a}{Q}+b×AR$$

公式中的 a/Q 项，当 Q→∞ 时，它的极限为零，这就意味着平均成本 AC 最终由平均收益 AR 来决定，而 AR 又与市场结构有关系，当市场结构趋向竞争状态时，AR 会较低，平均成本想要迅速降到最低就会有难度，当市场结构趋向垄断状态时，AR 会较高，平均成本想要达到最低很容易，甚至还能获取超额利润。在市场经济比较发达的城市，市场竞争比较激烈，在房地产估价公司没有获取垄断地位之前，他们都很难达到最低平均成本，即很难达到经济规模，这样的公司会成为大多数，市场供给将由这些公司提供。也就是说，行业的规模结构效率很差。在市场经济欠发达的城市，由于地方保护主义的存在，进入这一区域性市场的公司数量很少，AR 较高，最低平均成本也较高，估价公司很容易就达到了经济规模，市场供给将由这几家公司提供。也就是说，行业的规模结构效率很好，但我们也不用高兴得太早，因为我们忽视了一项影响平均收益 AR 的因素，那就是寻租成本。这个成本如果过高，就会严重降低 AR，从而降低 AC，使得公司实现经济规模有一点难度。

（二）资源配置效率

资源配置效率是同时从消费者的效用满足程度和生产者的生产效率大小的角度来考察资源的利用状态。它的内容包括三个方面：第一，有限的消费品在消费者之间进行分配，以使消费者获得的效用满足程度；第二，有限的生产资源在生产者之间进行分配，以使生产者所获得的产出大小程度；第三，同时考虑生产者和消费者两个方面即生产者利用有限的生产资源所得到的产出大小程度和消费者使用这些产出所获得的效用满足程度。

目前，普通消费者对房地产估价服务的消费大多是通过中间环节获得的，只有生产型企业是直接消费这类特殊服务的。前者主要是房地产抵押贷款、二手房交易中通过银行和二手房中介提供房地产估价服务；后者主要是企业资产上市之前的资产评估，其中土地和房产的评估需要房地产估价服务。房地产估价服务还不算是稀缺状态，消费者和生产型企业要获得这类服务还是比较容易的，因此，它们获得的效用满足程度还很高。但这种情况以后也会变化，由于房地产市场交易量的增加和资本市场的活跃，房地产估价服务的需求会越来越多，到那时或许也会因为卖方市场的出现导致消费者获得效用满足程度降低。

　　房地产估价公司的"生产资源"主要是房地产估价师，到 2012 年为止，通过国家司法考试的人数有 19 万人，通过注册会计师考试的人数为 15.8 万人，而通过房地产估价师考试的只有 3.9 万人，"生产资源"相对 200 多个城市几千家的房地产估价公司而言还是很紧张的，每一年的全国房地产估价师执业资格考试的难度在不断增加，能够通过考试的人总是很有限，以 2011 年房地产估价师考试通过人数为例，江西省仅通过 49 人，通过人数最多的一个省是江苏省，共 184 人，全国通过人数为 2221 人（见表 2）。

表 2　2011 年全国各省、直辖市、自治区通过房地产估价师执业资格考试人员数据情况

省、市、自治区	北京	天津	上海	江苏	浙江	广东	安徽
通过人数	123	58	118	184	95	182	82
省、市、自治区	新疆生产建设兵团		辽宁	吉林	海南	广西	内蒙古
通过人数	6		60	73	7	45	41
省、市、自治区	河南	河北	湖南	大连	四川	重庆	云南	贵州
通过人数	129	97	84	19	91	40	55	45
省、市、自治区	新疆	西藏	湖北	青海	宁夏	甘肃	江西	黑龙江
通过人数	24	0	69	2	9	17	49	94
省、市、自治区	陕西	山东	山西	福建
通过人数	31	182	25	85

（三）技术进步程度

　　技术进步的含义很广泛。广义的技术进步包括除资本投入和劳动投入之外的所有促进经济增长的因素。在产业组织理论中，对技术进步的理解是狭义的，主要包括发明、革新和技术转移。技术进步程度最终是通过经济增长的市场效果表现出来的。在房地产估价行业中，技术进步主要是估价技术进步和科学管理方法的进步，前者决定了估价结果的质量，后者决定了估价服务的质量，这两个质量搞好了可以使房地产估价公司增加单笔业务的附加值，从而提高收入，提高知名度，公司收益进入长期增长状态，从而促进经济增长。

（四）销售费用

在非价格竞争中，过度的销售费用和过于频繁的产品改型，尽管从某企业的利益上看或许是迫不得已的，但从宏观经济效益上看却是一个巨大的浪费。因此，产业组织理论中把销售费用水平作为衡量市场绩效的一个重要尺度。

非价格行为的第一个方面，房地产估价公司无非是增加人力资本，给各种"师"们开出工资，但这是有相应收益回报的，所以，不算是销售费用的增加。非价格行为的第二个方面，房地产估价公司要与那些中间环节建立长期合作关系并设立"窗口"就必须支付一定的入场费或保证金，这实际上就是一种寻租成本的概念，可以算是一项销售费用。

参考文献

［1］史忠良. 产业经济学［M］. 经济管理出版社，1998.

［2］张东祥. 房地产评估新制度研究［M］. 中国经济出版社，2005.

［3］柴强. 房地产估价理论与方法［M］. 中国建筑工业出版社，2009.

［4］沈建忠. 房地产基本制度与政策［M］. 中国建筑工业出版社，2009.

［5］潘家华，李景国. 2010 年中国房地产发展报告（房地产蓝皮书）［M］. 社会科学文献出版社，2010.

［6］蒋昭夹，E. A. KOhJIeha，沈正平. 产业组织问题研究理论、政策、实践［M］. 中国经济出版社，2009.

［7］胡乐明，刘刚. 新制度经济学［M］. 中国经济出版社，2009.

［8］于同中. 发展经济学［M］. 中国人民大学出版社，2009.

新型城镇化与房地产业
互动协调发展对策探讨

余 杰 黄小平

摘 要: 新型城镇化战略的实施给房地产业的发展带来了机遇, 也提出了挑战, 两者既是相互促进的关系, 也存在一定的利益冲突。本文提出应从加快户籍制度改革, 破解土地财政, 完善住房保障体系, 有序推进农业转移人口市民化, 加快建设绿色、环保、节能建筑等途径去推动新型城镇化与房地产业的互动协调发展。

关键词: 新型城镇化 房地产业 协调发展 对策

城镇化推动了房地产的需求和投资, 而房地产业的发展又推动了城镇化的发展, 两者是相互促进的关系。但是由于各种原因, 目前我国的房地产业价格过高、房地产结构不合理, 阻碍了我国新型城镇化的进程, 因此, 如何促进新型城镇化与房地产业的互动协调发展, 化解两者的利益冲突, 就成为值得探讨的课题。

一、新型城镇化需要与房地产业协调发展

(一) 新型城镇化对房地产业的发展有巨大的促进作用

1. 新型城镇化有利于促进房地产的需求

新型城镇化进程的加快会引起房地产需求的巨大增加, 首先, 新型城镇化率

【基金项目】2014 年江西省高校人文社科规划基金项目 "新型城镇化与房地产互动关系研究——以江西为例"。

原文刊登于《商业时代》2014 年第 10 期。

【作者简介】余杰: 建筑工程管理系副主任, 教授, 研究方向: 物业管理; 黄小平: 工商管理系办公室主任, 副教授, 研究方向: 经济管理。

的提高会吸引大量人口到城镇集聚，这会直接引起房地产需求的增加。根据国家发展规划，到 2050 年，我国的城镇化水平要达到中等发达国家平均水平，意味着在未来 30 多年中每年大约有 1400 万人口需要从农村向城镇转移，这会对房地产产生巨大的需求。其次，在城镇化进程中，城市规划布局更加合理，建筑质量明显提高，各种配套设施、交通便捷度及各种管理设施合理布局，激发了消费者对房地产的需求。最后，城镇化进程的提高，使居民收入提高更加有保障，城镇居民的生活水平不断提高，他们对房屋的建筑面积和建筑质量的要求都在不断提高，如 1980 年我国城镇人均住房面积仅为 7.2 平方米，2000 年上升到 20.3 平方米，2013 年上升到 34.66 平方米。

2. 新型城镇化有利于促进房地产的投资与供给

一是城镇化的推进会引起人口素质的全面提高以及生活质量的提高，居民对居住条件要求提高，如对居住环境、住宅面积、住宅质量、物业管理及基础设施等，这会刺激房地产投资的增加，提高住宅建设质量，完善各种设施及服务；二是在城镇化进程中，政府对城市规划布局更加合理，学校、医院、公交等配套设施布局齐全，有助于开发商更快地销售房屋和销售价格的提高，提高了开发商的积极性。

（二）房地产业的发展有利于新型城镇化的提高

1. 房地产开发改善了人居环境，有助于城镇规模扩大

房地产开发有利于形成基础设施完善的大型社区，提高了城镇居民的生活质量和居住环境。居住环境和生活质量的改善，又会吸引更多的农村人口向城镇转移，从而加速了城镇化进程，推动城镇规模不断扩大。改革开放以来，我国的城镇化率不断提高，由 1978 年的 17.9% 上升到 2013 年的 53.73%，平均每年提高 1.02 个百分点，远高于改革开放前 29 年（1949~1978 年），平均每年提高 0.25 个百分点。其中一个重要原因就是我国加大了城镇房地产开发，改善了人居环境，吸引了大量人口向城镇集聚。

2. 房地产开发解决了大量农民工进城就业，加快了城镇化进程

房地产业是我国国民经济的支柱产业之一，能够带动建筑业和装饰装潢等相关产业的发展，拉动了建筑材料和装潢材料的消费，促进了运输业和劳务产业的发展，而这些行业往往是农民工进城就业的主要行业。在国家鼓励农民工进城落户和解决子女教育、医疗保险等诸多利好政策的配合下，农民工进城落户的数量不断增加，增加了房地产的需求，从根本上加快了城镇化进程。

二、新型城镇化与房地产业协调发展存在的主要问题

　　房地产价格过高影响了城镇化进程。随着城镇化进程的不断提升，房地产的需求增加，对房地产的投资与投机日渐增多，使房价整体出现过高，房价收入比严重不合理，阻碍了城镇化进程，表现在：一是房价增长幅度超过了城镇居民收入增长幅度，降低了居民的实际收入，原有城镇居民生活质量无法得到提高，就没有更多的收入去改善住宅；二是影响了农民工进城买房，农民工被迫只能把城镇当作流动打工的场所，无法安心固定下来就业；三是房屋价格的上涨，会带动房屋租金的上涨，增加了大学生等群体的租房成本，增加了这些群体落户城镇的成本。以上三个因素都会对城镇化进程造成严重的阻碍。

　　房地产结构不合理，影响了城镇化的后续发展。从总体看，我国房地产市场保持了健康、快速发展的态势，但在某些地区出现了投资增幅过大、土地供应量过多、价格上涨过快和结构不合理等突出问题，重点表现在六大方面：一是脱离经济发展水平和实际需要，盲目攀比、急功近利，导致房地产开发规模过大；二是部分城市政府将规划、土地管理权限下放，导致土地供应过大，房地产开发无序扩张；三是部分城市调控房地产不力，引起房地产价格快速上涨和投机炒房客大量出现；四是部分政府严重依赖"土地财政"，盲目上大户型、高层、高档项目，导致中低收入家庭买房困难，商品房积压严重；五是个别城镇任由开发商侵占城市绿地、景区兴建别墅和"豪宅"，不仅造成土地资源浪费，而且破坏城镇规划；六是部分城镇经济增长过分依赖房地产的开发，一旦房地产开发投资增幅下降，势必将对城市经济发展造成较大影响。以上六大因素都会影响房地产的健康发展，影响城镇的后续发展。

　　城镇建设缺乏合理规划，影响了房地产业的开发秩序。城镇规划是对城镇土地使用和建设发展进行控制的社会活动，它确定了城镇未来一定时期的发展性质、规模和发展方向（柴青，2010）。但是由于体制机制的原因，目前我国城镇建设缺乏合理规划，主要表现在：一是城镇建设规划滞后，布局不合理，严重影响了建设质量；二是城镇规划不严肃，更改的随意性强，导致用地布局较为混乱，一些城镇甚至出现先建设、后规划或边建设、边规划，规划跟着建设走的现象。在这种规划不合理的引导下，往往会出现开发商片面追求高容积率或更改规划图，占用城镇其他公共设施的资源，损害业主的利益，导致房地产开发秩序混乱，一定程度上影响了城镇化进程。

保障房建设跟不上城镇化进度，影响了城镇化的进程。我国政府加快了经济适用房、廉租房、公租房和限价商品房的建设力度，但从总体上看，我国保障房建设力度赶不上城镇化进度。主要表现在：一是保障房的准入、退出机制不完善，对弄虚作假者惩罚轻；二是保障对象覆盖面较窄，主要针对城镇低收入家庭或个人，大批农民工和刚毕业的大学生基本享受不到住房保障；三是保障房地理位置不理想，缺乏必要的交通、医院、学校、购物等配套设施，造成居民工作生活极不方便（施凤蕾，2012），从而在一定程度上影响了城镇化的进程。

三、新型城镇化与房地产业互动协调发展的对策

加快户籍制度改革，建立城乡均等的公共服务体系。由于户籍制度的限制，虽然有大批农民工进城务工，但他们依然享受不到市民待遇，无法在城镇安家，消费需求无法释放出来。因此，推行在中小城镇全面取消户籍制度，建立人口登记制度，剥离户籍制度的福利分配功能；大中城市户籍制度基本放开，全面实行居住证制度等核心的户籍制度改革，才会使新市民释放出更大的房地产投资与消费潜力，更好地推进我国城镇化进程。同时，建立城乡均等的公共服务体系，解决好农民工进城后的就业、住房、看病、养老及小孩上学等问题，实现城乡劳动者同工同酬，城乡居民教育机会均等，城乡医疗、养老保障等制度并轨，可以使农民工能够在城镇安心就业创业。

破解土地财政，防止城镇化就是房地产化。土地财政是一些地方政府依靠出让土地使用权获取土地使用权出让金来维持地方财政支出。其产生的弊端：一是将土地收入大多用于城市建设，城乡差距不但没有缩小，反而扩大了；二是政府将土地收入大量投向城市建设，刺激了房地产业、建筑业的繁荣，出现"城镇化就是房地产化"的现象，造成房地产投资和价格过高，阻碍了城镇化进程。因此，为了切断地方政府与房地产业的利益捆绑，一要创立土地财产税，让地方政府从土地交易和级差收益上涨中获取长期的税收；二要完善公共财政体制，将地方政府从城市投资的主导者变成公共服务的提供者；三要改变土地单一招拍挂制度，阻断地方政府的卖地机制。完善住房保障体系，形成多层次的房地产供给模式。1998年我国住房货币化改革以来，房地产业发展迅速，住房需求得到合理释放，房地产投资额不断增加，2013年，我国房地产投资额达到86013亿元，商品房和住宅销售均价分别为6237元/平方米和5850元/平方米，商品房销售面积达到13.1亿平方米，初步形成了市场供应与政府保障相结合，以市场供应为主

的城镇住房供应体系。但我国住房供应体系也存在一些问题，突出表现在：一是政府对经济适用房、廉租房、公租房和限价商品房等保障性住房供应不足，覆盖面较窄；二是商品住房供应结构不合理，大户型、豪华型商品住房供应多，而价格适中的中小户型住房供应偏少；三是住房租赁市场不发达，造成住房购买需求旺盛；四是房价过高，严重降低了居民的购买能力。因此，我国必须完善城镇住房供应体系，策略有：一是提高中小户型住房供应比重，重点建设面向广大群众的普通商品住房；二是大力发展租赁房屋市场；三是保护居民的刚性住房需求，抑制投机需求；四是明确保障性住房的政府投资主体地位；五是完善保障性住房的进入、退出机制。

坚持以人为本的城镇化，有序推进农业转移人口市民化。城镇化的本质是人口的城镇化，目前我国大部分农业转移人口仅仅完成了从农民到农民工的转变，并未实现农民工到市民的转变，所以以现有的通过"城镇人口/总人口×100%"计算得出的城镇化率指标并不能全面地反映城镇化质量（谭晓林等，2014）。因此，应把有序推进农业转移人口市民化作为城镇化的重要任务，努力提高人口城镇化水平：一是统筹推进户籍制度改革，对户籍实行一元登记制度，把进城落户农民完全纳入城镇社会保障体系，解决农民工的就业、住房、医保、养老及子女的就学等保障问题；二是深化农村土地制度改革，提高农民征地补偿，保障农民合法权益；三是将农民工住房问题纳入城镇住房保障体系，建立"经济适用房、廉租房、公租房、限价商品房"四位一体的城镇住房保障体系；四是加快发展第三产业及劳动力市场，拓宽农民工就业渠道，增加收入；五是提升城镇居民综合素质，鼓励农民工参加市民素质培训，提升农民工就业能力。

以绿色、节能、环保的理念推进房地产业的发展。新型城镇化注重集约、智能、绿色、低碳，未来的房地产业是绿色、节能、环保的产业，因此一定要以生态理论去推动房地产业的发展。一要以绿色建筑发展和绿色城区建设为引领，鼓励开发企业建设绿色建筑和住宅小区；二要积极推进既有住区的环境整治、棚户区改造和城中村改造。加快城市市政公用设施建设、城市绿化、改善城市人居生态环境；三要加快推进住宅产业化，建立符合产业化要求的住宅建筑结构体系，实现住宅规划、设计、部件生产、施工、管理和服务等环节联结为一个完整的产业链；四要从房地产的规划、设计、施工、使用、维护和拆除再利用全过程以及建筑全寿命周期着手，努力推进建筑节能、节地、节水、节材和环保。

参考文献

[1] 柴青. 浅谈如何做好小城镇规划 [J]. 山西建筑，2010，3（9）.

[2] 施风蕾. 我国保障性住房建设中存在的问题及对策 [J]. 盐城工学院学

报（社会科学版），2016（1）.

　　［3］房地产市场逐步降温调控成效初显现［N］.人民日报，2012　07　10.

　　［4］谭晓林，汪玉奇.2014 年江西发展形势分析与预测［M］.江西人民出版社，2014.

江西省服装文化创意产业研究

袁　欣

摘　要：服装文化是文化产业题中应有之义。近年来，创意文化在服装产业链的各个环节长驱直入，迸发出巨大的活力和能量。服装文化创意产业是指以服装设计师的创新设计为核心，创意与经济相结合，受知识产权保护的服装产品构成的产业。服装创意产业正在逐渐成为服装业发展的核心。

关键词：服装　创意　产业发展

一、江西省服装文化创意产业基础

近 10 年来，江西省服装产业充分利用我国加入 WTO、国际国内服装产业转移速度不断加快的良好机遇，各项主要指标实现了持续快速增长，产业规模快速壮大，产销总量及效益连创历史新高，在全国同行业的排位迅速前移，已成为全国第六大、中部第一大服装主产区。

江西服装产业主要生产羽绒服、防寒服、针织圆领衫、POLO 衫、便服、休闲服等产品，几乎涵盖所有服装门类。从企业地域分布情况来看，规模以上服装企业遍布全省 11 个设区市，南昌、九江、赣州、吉安、新余、抚州、上饶和宜春 8 个设区市服装产量在 3000 万件以上，其中，南昌、九江、赣州 3 个设区市集聚了全省约 75% 的服装产量。全省 100 个县（市、区）中，南昌的青山湖区，九江的共青城、都昌县、瑞昌县、德安县、庐山区、修水县，赣州的经济开发区、于都县、兴国县，吉安的井冈山开发区，上饶的广丰，抚州的南城、崇仁，

原文刊登于《中国电子商务》2015 年第 2 期。

【作者简介】袁欣：党委宣传部副科长，讲师，研究方向：经济管理。

宜春的袁州区等地服装产销量排在前列。

江西在不断加快的服装产业梯度转移过程中，有着明显的区域承接优势。江西服装已形成 12 亿件的生产能力，产品品类齐全，具有进一步做大做强的基础条件和发展潜力。全省 94 个工业园区中有 41 个开发区将纺织服装列为主导产业，具有载体优势。同时，江西服装职业教育全国领先，以江西服装学院为龙头的服装职业教育每年为企业输送了大量的优秀人才。随着电子商务的快速发展，所有服装品牌企业在网购领域中被拉回到同一起跑线上，正在起步发展的江西服装品牌面临新的机遇。

江西省文化创意产业正处于起步阶段，目前的江西省服装产业缺乏创意文化，产品附加值偏低。随着生活水平提高以及新生活方式的转变，人们对于服装的需求将更多地追求时尚化、个性化，时尚感逐渐成为服装增值的空间所在。江西服装企业除少数品牌外，大部分企业缺乏对服装流行时尚的研究，服装出口主要以来样加工为主，ODM 比例较低，内销市场除羽绒产品外，西裤、女装、服饰等产品主要面向县级及以下的地区。江西有国内外市场都十分畅销的麻、棉、再生纤维素纤维等纺织材料，由于原创设计能力不足，导致服装产品的附加值较低。

二、江西省服装文化创意产业发展重点

（一）加快推动服装文化创意产业发展

积极开展服装文化创意产业园建设先行先试，通过建设服装文化创意产业园，促进提高江西服装设计创新能力，促进提升服装出口加工 ODM 比例。

（二）强力推进服装品牌建设

重点培育发展产品品牌、制造品牌、区域品牌三大类品牌，引导发展设计师品牌。优化品牌发展环境，搭建品牌创新服务平台，促进优势资源向品牌企业集中。

（三）大力推进电子商务平台建设

鼓励文化创意服装形成产业集群基地或企业自主打造电子商务平台，或与第三方电子商城合作建立网上交易平台，构建"传统与现代"、"线下与线上"融合发展的营销模式，建立多层次的自主品牌产品销售渠道。

（四）提升产业集群协调发展能力

对现有文化创意类服装产业集群进行分类指导，使之立足产品特色，突出创新驱动，完善产业配套，培育龙头企业，统一质量标准，打造区域品牌，促进产业集群从单一的加工能力集聚逐渐发展成为产业特色明显、产业链配套较完善、设计研发能力较强、较高效的专业化生产能力，有龙头企业、骨干品牌支撑的、核心竞争力较强的特色产业集群，进而有效支撑江西服装产业的持续发展。

三、江西服装产业发展途径

服装业的总体发展趋势是由低端到高端、从加工到创意、由低附加值到高附加值、由生产制造到品牌经营。西方发达国家如英、法、美等也曾是服装制造大国，但它们更早地将服装创意产业推进到了更高的发展阶段，重视时尚、品牌价值和文化内涵，牢牢掌控与此相关的研发、设计、标准、营销等高端环节，并由此衍生出时尚产业，法国巴黎、英国伦敦、意大利米兰和美国纽约这些曾经的服装制造中心已经发展成为全球公认的时尚之都，高居服装行业微笑曲线的两端。近年来，北京、上海、深圳、杭州等中心城市均在全力推进创意产业发展，创意产业已经成为服装发展的核心，越来越多的服装企业把总部或设计营销中心设在这些中心城市。

江西服装具备做大做强的规模基础，但要实现更高质量发展，就必须以文化创意领航，提升服装创意设计能力。

（一）政府多方位搭台引导，为文化创意产业"开路"

国内文化创意产业发展最快的地方是上海、北京、深圳、杭州，服装创意是这些城市最早进入创意领域且取得明显发展成效的行业。上海市的目标是打造国际文化大都市和"设计之都"；北京市的战略构想是建设创新型城市和建设"时装之都"，可参照其他省市的做法，根据自身特点，举办多种多样的文化活动；深圳市意在成为"魅力东方都市"；杭州市提出要成为"女装之都"。这些城市的共同点是，政府是最大的时尚推手，集中资源为创意产业"开路"。

江西可参照北京市的做法成立"江西省服装创意产业促进中心"，协调开展相关工作。可通过举办服装文化高峰论坛、客家文化之旅体验、红色文化之旅体验、时装设计比赛、工艺制作竞赛、邀请国内外时尚界与江西籍服装设计的优秀人才畅谈江西服装文化创意产业发展前景等多种多样的文化活动，发出江西要大力发展服装文化创意产业，成为中西部"时尚中心"的信号与决心。

（二）科学规划选址建园，创建文化创意地标

借鉴先进国家与地区经验，通过发展服装文化创意产业园来对服装创意产业价值链的各种创新要素进行高效整合，使服装创意产业紧跟市场与科技的发展。服装创意产业园区是在服装创意领域，由诸多互相联系的服装创意企业以及相关协作部门或机构，依据专业化分工和价值链共享的原则建立起来的，在一定区域集聚而形成的产业园区。从目前的发展条件看，南昌青山湖区、九江共青城、赣州地区较具比较优势。因此可在这三个地方创建服装文化创意产业园。

近年来，随着北京 798 文化创意产业园区、上海时尚园（上海离合器总厂）等的蓬勃发展，国内兴起了一股利用老旧工业化厂房发展创意文化产业的热潮。

江西服装文化创意产业园区的规划应详细研究国内外景点文化创意产业园区的案例，充分考虑到人文、艺术、技术、绿色、环保、时尚等体现文化内涵的诸多因素，高度重视建筑外形的设计创新，构建我国中西部地区服装文化创意园区地标形象。

（三）创意业态定位准确，突出服装文化创意主题

服装文化创意产业园业态定位要与城市发展功能定位相适应，与区域经济发展特色相协调，形成产业特色鲜明、服务功能突出、产业链带动效应明显的园区。要紧紧抓住江西服装产品及文化优势，重点在南昌青山湖区创建以针织服装为特色的服装创意产业园，打造"时尚昌东"，目标是占领中国针织服装流行趋势发布制高点，成为"全国服装产业转型升级示范区"；在九江共青城或周边（世界名山庐山、西海）创建以羽绒服装为特色的服装创意产业园，融入共青城独特的青年文化，目标是抢夺中国羽绒服装流行趋势主导权，成为中国青年服装设计师理想聚集地；在赣州客家人的主要集聚地，创建以女性服饰、客家服饰为特色的服装创意产业园，融入客家女贤良贞淑、坚毅顽强、聪明进取、自立自强的传承文化，目标是打造"女性服饰"名片，成为客家服饰的研发展示基地。

（四）重视文化创意产品营销，促进成果与市场对接

服装文化创意产业链包含上游、中游、下游等环节，上游是创意来源（内容产业），有历史的、有文化的、西方的、东方的等，中游是产品设计、打板、样衣制作等，下游是营销服务产业。各环节之间存在一定关系，且各个环节都有增值，都能带来利润。

在建设服装文化创意产业园的同时，应重视研究服装创意产业文化园区的运营模式，可通过建立分销传播网络、市场推广服务中心等方式，一手抓创意产品开发，一手抓成果市场转化，让创意产品与市场及时对接。支持省内大企业职业装的采购首选服装创意产业园的设计团队。建立健全创意产品市场管理体系，保证创意产品市场的健康繁荣发展。

（五）推进产学研合作，健全人才保障体系

事实证明，拥有高素质文化创意设计人才队伍是创造出适应国内外市场需求的品牌产品的根本保证。如上海在同济大学周边形成了西湖创意谷，北京依托国内著名的设计师工作室形成了798文化创意园区。江西应紧紧依托江西服装学院领先全国的服装职业教育能力，有效利用其服装设计师高产区的人才优势，鼓励省内院校、品牌企业与创意园区开展多种形式的合作，构建产学研合作平台，促进服装创意产业发展。要充分发挥江西服装学院历届毕业生在全国男装、防寒服、西裤、针织服装领域的设计优势，出台多项优惠政策吸引包括赣籍设计师在内的服装设计人才来赣创业，着力打造服装设计产业。同时，要充分利用江西服装市场国际化程度不高的后发优势，积极开展与意大利、法国的服装国际合作，引进意大利、法国中小服装品牌来赣销售并把江西作为其进入中国市场的"桥头堡"，进而吸引更多国际优秀的服装设计师进入江西，带动提升江西服装创意设计水平。

参考文献

［1］王跃明．我国服装产业文化创意研究［D］．中南大学博士论文，2008.

［2］陈树永．大连市文化创意产业发展对策研究［D］．辽宁师范大学博士论文，2010.

［3］程亮，李涛．时尚氛围—创意产业—时装之都迎来新契机［J］．北京服装纺织，2007（4）.

经济型酒店在中国的发展现状与策略研究

黄红英

摘　要： 在欧美发达国家，经济型连锁酒店是一种发展得相当成熟且非常成功的酒店经营模式。随着我国旅游经济的快速发展和旅游市场需求的不断变化，经济型连锁酒店已成为酒店业发展的热点领域。本文通过对经济型连锁酒店的发展现状及相关原因进行分析，提出未来中国经济型连锁酒店的发展策略是以连锁和品牌取胜，走集团化发展的道路。

关键词： 经济型酒店　品牌连锁　集团化经营

　　当酒店产业由面向"大款"的神坛走向大众时，曾经边缘化的经济型酒店被历史地推向酒店产业的舞台，它们不再远离资本和徘徊在低素质的边缘，而是以大产业、大资本和高素质的姿态打造一种全新的产业形象。法国雅高集团创始人杜布吕表示，亚洲旅游的最大增长点来源于旅游意识尚不够成熟的旅游者，经济型酒店面向的顾客群体主要为国内和地区性的客源，与高星级饭店比较而言，具有更强的灵活性。另外，经济型酒店投资回收期比较短，所使用的土地资源升值空间巨大。所以，针对经济型连锁酒店的投资已经成为当前酒店市场的大热点，业内人士普遍看好经济型酒店在中国的发展。

原文刊登于《江西企业家》2015 年第 3 期。

【作者简介】黄红英：财贸系副教授，研究方向：旅游管理、酒店管理。

一、经济型酒店及其发展现状

（一）经济型酒店的概念

经济型连锁酒店在我国尚属新兴概念，但在欧美国家已经是相当成熟的产业。它是相对于传统的酒店而存在的一种酒店业态，以价格和设施差异为主要区分标准。

（二）经济型酒店的发展现状

经济型连锁酒店强调"经济"，但并不意味着降低酒店的管理服务标准。经济型酒店的服务规范从服务质量和员工的专业水平来说，与其他星级酒店的要求是一致的。据悉，"宜必思"的东家法国雅高正在做一个15分钟的满意承诺：保证针对客人的投诉，如果15分钟之内不能给出让客人满意的结果，客人的该项服务免费。

在我国，经济型连锁酒店与一般小旅馆的主要区别是：以连锁形式吸引更多顾客，尽量节省成本，只满足旅客的最低入住要求。经济型酒店一般都选址在偏僻但是交通方便的地段来降低成本，客房内只保留基本设施，以足够大的客流量保证薄利多销。虽然单个店面的利润总量不大，但能以房间的数量优势和酒店的数量优势获得大量的客人，并且以会员制的方式留住客人，进而在连锁店的内部实现客流共享。针对工薪阶层旅游者和一般公务出差人员，经济型酒店的平均每晚住宿费用不超过180元，客人花28元就可以享受有海鲜的自助餐，客房充满浓郁的家庭气息，种种特色使得经济型酒店在国内呈现巨大的发展空间。

（三）经济型酒店业当前所面临的竞争格局

法国雅高集团在中国已经开办约82家经济型酒店，美国的"速8"国际酒店集团在中国已经开办近500家经济型酒店，面对国际知名品牌纷纷抢滩中国市场，国内成长起来的经济型酒店品牌也不示弱，作为中国经济型酒店行业的领袖品牌，"如家快捷"现已在全国30个省和直辖市覆盖近100座主要城市，拥有连锁酒店 500 多家；"锦江之星"遍布全国 171 个城市，共 648 家门店。另外，经济发达区域的地方经济型酒店品牌也争得部分市场，如上海的"草泰尔 168"，门店总数 402 家；"中外快捷"，门店总数 51 家。国内的三个主要经济型酒店品牌是"锦江之星"、"如家快捷"、"莫泰尔 168"，而它们均面临着与国外知名品牌如"速 8"和"快捷假日"酒店的激烈竞争。总体而言，国际品牌的经济型酒店连锁已经拥有了相当的市场知名度和美誉度，在酒店管理方面也相对成熟，具有一定的优势；而中国本土的经济型酒店品牌建设尚处于初级阶段，与国际知名品牌的竞争是极其激烈的，对于我国经济型酒店来说，当前所面对的既有机遇也有挑战。

二、当前阻碍我国经济型酒店迅速发展的主要原因

（一）酒店网络销售体系亟待完善

星级酒店，尤其是外资高星级酒店基本上形成了较完善的预订和销售网络，并且拥有较稳定的基本客源市场，而经济型酒店往往只能依靠等客人上门维持销售。尽管这种状况在逐步改变，但经济型酒店在网络预订方面的投入还有待进一步加大。

（二）管理观念有待更新

许多低星级经济型酒店是由原来政府部门的招待所脱胎而来，此类酒店至今大多还是某级政府或者部门的接待单位，不具备完全的现代企业制度特征，管理水平较低；尤其是其人力资源短缺的特点非常明显。中国培养的大部分酒店经理人都是为大酒店"定做"的，专业的中小酒店管理人才特别稀缺，抓紧培养和引进中小酒店经理人已成为经济型连锁酒店的当务之急。

（三）价位的吸引力有待进一步凸显

由于酒店业中企业进入过度，形成过度竞争的态势，在全国酒店业价格竞争日益激烈的情况下，高星级酒店将价位降低到中档酒店的正常价位附近。同样，

中档酒店将这种压力传递给经济型酒店，夺走了经济型酒店相当一部分客源。

（四）市场定位有待进一步明确

1. 经济型酒店缺乏正确的市场定位

在国内外旅游者的普遍观念中，经济型酒店尚未得到广泛的认同，对其"涉外"色彩的习惯性认识，不利于经济型酒店争取国内客源。

2. 经济型酒店的品牌特色不明显

经济型酒店中没有形成像中高档酒店那样的品牌，品牌意识薄弱，无法将品牌能够蕴涵的质量可靠、一致等信息传递给消费者，从而影响了销售。

3. 中国本土的经济型酒店经营者的品牌建设意识不强

经济型酒店的经营者以追求短期利润为目标，很少注重既费时又费力的品牌建设问题，也缺乏雄厚的资金来进行品牌建设。

三、未来 20 年中国经济型酒店发展策略

（一）建立经济型酒店品牌

"酒店是船，品牌是帆"是对酒店与品牌之间辩证关系的生动描述。"帆"是船的动力，在一定条件下，对于"船体"的航行起着决定性的作用。经济型连锁酒店要运用相同的服务模式向普通消费者提供相同的服务，很多旅游者将会根据过去的经验在陌生的旅游目的地选择同家酒店，以此来增强品牌的竞争力。

1. 经济型酒店的品牌宣传

首先应考虑成本相对较低的户外招牌，力图做到简洁明快，招牌背景、文字、图案应对比鲜明，颜色具有穿透力。

2. 品质是品牌的根本

经济型酒店除考虑顾客的需求外，还应强化"时尚、亲和、实惠、随意"的形象，开发设计出独特的产品和服务，通过建立质量检查和绩效考核制度，有效监控服务与产品质量的标准化、规范化和专业化。

（二）走集团化经营发展之路

鼓励酒店行业自身的整合，加速通过兼并、拍卖、转让、出售、股份制等形式，实现酒店业的集团化整合，扶持经济型酒店建立自主服务品牌。针对市场上众多单体经营、规模不大的旅馆，可以采取管理合同、租赁、加盟连锁等方式进行连锁经营，以此形成规模经济和资本优势，集中优势资源做好、做快、做强。

（三）进一步降低成本，增强自身竞争力

在硬件支出方面，经济型连锁酒店应精打细算。客房使用分体式空调，在冬天只用暖气；客房不用地毯，而是由特殊耐磨材料所替代，拉开客房的床，下面没有涂料，只露出水泥，或者房间用复合式地板；卫生间用简洁的淋浴取代大型浴缸，香皂是空心的。在这些方面，江西南昌的7天连锁酒店颇有借鉴之处。该酒店宣布，全面推行洗漱用品套装精致旅行包，内有牙刷、牙膏、梳子、浴帽、肥皂、肥皂盒，大量减少了一次性洗漱用品的使用量，实现了资源的节约，环保又实用。任何一家经济型酒店，要在竞争中获得胜利，成本控制是极其重要的。精明的投资者应少用豪华材料，少建宴会厅、会议室、娱乐设施，复印、传真、打字等商务活动可由前台代劳。

（四）加强网络营销

经济型酒店的客户多为白领阶层、商务客人及普通游客，这些客人的网络使用频率非常高。因此，经济型酒店的发展需要信息技术的支持。一方面利用网络介绍、宣传酒店产品和特色；另一方面建立网上预订系统，实现资源共享。以上两方面都要保证随时更新相关信息，在第一时间把最新的数据提供给网络客户。

根据欧美国家的统计资料显示，一个成熟的酒店业市场，高星级酒店与经济型酒店的比例是1:7。目前在我国，这个比例几乎是倒置的，由此可见，我国经济型连锁酒店的现有规模还很小。根据《2013年中国经济型饭店调查报告》显示，中国排名前十的经济型连锁酒店品牌平均增长速度为74%，这也反映出我国经济型酒店发展速度之快和空间之大。有业内专家指出，再经历3~5年的兼并、收购、整合，70%的经济型连锁酒店将会控制在约30家管理公司的手中。随着资本的介入、市场环境的改变，整个中国的酒店产业将走向整合。连锁超市的今天很可能就是中国经济型连锁酒店的明天。众所周知，包括中国在内的"金

砖五国"是当今全球经济最活跃的地区，中国正经历着 21 世纪最激动人心的产业革命，经济型酒店这种新业态很自然地将成长为全球资本追逐的焦点。可以预见，未来我国将会出现越来越多的在国际市场上有一定影响力的经济型酒店品牌。

参考文献

［1］谷慧敏．世界著名饭店集团管理精要［M］．辽宁科技出版社，2014.

［2］邹统钎．饭店战略管理——理论前沿与中国的实践［M］．广东旅游出版社，2013.

［3］戴斌等．饭店品牌建设［M］．旅游教育出版社，2012.

［4］魏小安，厉新建．经济型饭店的十大误区［N］．中国旅游报，2005 - 11 - 09.

［5］冯冬明．经济型酒店发展、问题、策略［J］．旅游学刊，2006（7）．

［6］甄红线．我国经济型饭店的发展对策［J］．商业研究，2005（22）．